权威·前沿·原创

皮书系列为
"十二五""十三五"国家重点图书出版规划项目

中国社会科学院创新工程学术出版项目

汽车蓝皮书

BLUE BOOK OF
AUTOMOTIVE INDUSTRY

中国汽车产业发展报告
（2016）

ANNUAL REPORT ON AUTOMOTIVE INDUSTRY IN CHINA
(2016)

国务院发展研究中心产业经济研究部
中国汽车工程学会　　　　　　　　　／编　著
大众汽车集团（中国）

社会科学文献出版社
SOCIAL SCIENCES ACADEMIC PRESS（CHINA）

图书在版编目（CIP）数据

中国汽车产业发展报告. 2016 ／ 国务院发展研究中
心产业经济研究部，中国汽车工程学会，大众汽车集团（
中国）编著. -- 北京：社会科学文献出版社，2016.8
（汽车蓝皮书）
ISBN 978 - 7 - 5097 - 9610 - 8

Ⅰ. ①中… Ⅱ. ①国… ②中… ③大… Ⅲ. ①汽车工
业 - 经济发展 - 研究报告 - 中国 - 2016 Ⅳ.
①F426. 471

中国版本图书馆 CIP 数据核字（2016）第 196667 号

汽车蓝皮书

中国汽车产业发展报告（2016）

     国务院发展研究中心产业经济研究部
编   著 ／ 中国汽车工程学会
     大众汽车集团（中国）

出 版 人 ／ 谢寿光
项目统筹 ／ 郑庆寰
责任编辑 ／ 郑庆寰

出   版 ／ 社会科学文献出版社·皮书出版分社 （010）59367127
      地址：北京市北三环中路甲 29 号院华龙大厦   邮编：100029
      网址：www. ssap. com. cn
发   行 ／ 市场营销中心 （010）59367081   59367018
印   装 ／ 三河市东方印刷有限公司

规   格 ／ 开 本：787mm × 1092mm   1/16
      印 张：21   字 数：315 千字
版   次 ／ 2016 年 8 月第 1 版   2016 年 8 月第 1 次印刷
书   号 ／ ISBN 978 - 7 - 5097 - 9610 - 8
定   价 ／ 98. 00 元

皮书序列号 ／ B - 2008 - 103

前　言

为推动我国制造业跨越式发展，实现"两个百年"的奋斗目标和中华民族伟大复兴中国梦，由工信部牵头，会同国家发改委、科技部、财政部、质检总局、中国工程院等有关部门和单位联合编制了《中国制造2025》，第一次从国家战略层面描绘了建设制造强国的宏伟蓝图，同时也是我国实施制造强国战略第一个十年行动纲领。

《中国制造2025》指出，"新一代信息技术与制造业深度融合，正在引发影响深远的产业变革，形成新的生产方式、产业形态、商业模式和经济增长点"。汽车工业涉及数字化、网络化、智能化以及新能源、新材料、新装备等多个方面，规模效应大、产业关联带动强，是一个国家制造水平与经济实力的重要体现，因此，积极探索新的历史时期下汽车产业变革的驱动力及其价值链、产业链、创新链的内在变化历程和趋势，具有跨时代意义。

目前，世界经济和产业格局正处于大调整、大变革和大发展的新的历史时期。国际金融危机后，欧美发达国家纷纷推出"再工业化"战略，力图抢占国际竞争制高点，如美国制定了"先进制造业"国家战略计划，德国推出了"工业4.0战略"，法国出台了"新工业法国"等。与此同时，新兴国家也不甘落后，如2014年9月，印度发布"印度制造"战略，希望利用后发优势和低成本优势实现工业强国的目标。可以说，我国汽车制造业发展面临发达国家和发展中国家的"双重竞争"，我们必须前瞻布局、主动应对，在新一轮的全球竞争格局中赢得主动权。

截至2015年底，我国产销汽车超过2450万辆，年产销量再创全球历史新高，汽车保有量达到1.8亿辆，连续六年汽车产销居世界第一。在新一轮科技革命和产业变革的历史背景下，汽车行业亟须形成新的生产方式、产业

形态、商业模式和经济增长点。

同时，随着全球汽车保有量的迅速增长，汽车工业面临的能源、环境和安全的压力日益加大。从可持续发展看，汽车产业必须突破能源紧缺、环境污染、驾驶安全问题和交通拥堵等外部制约，低碳化、信息化与智能化汽车已被认为是解决方向。目前，全球汽车产业正处于深度调整与深刻变革的关键时期，伴随着移动互联网、智能化技术的快速发展，智能网联汽车逐渐成为全球汽车产业发展的又一个新的趋势，根据各大汽车公司发布的计划，到2025年智能网联汽车将实现大规模商业化推广普及，世界汽车产业已进入智能网联汽车实用化的竞争发展阶段。

接下来我们需要明确的问题有四个：首先，在我国汽车产业由大变强的发展过程中，中国汽车产业国际竞争力经历了哪些变化，需建立相应的差距分析模型并解析中国国际竞争力的内在变化；其二，目前中国汽车产业突破式创新的内涵及驱动力是什么，突破式创新的主要标志是什么，并分析由此带来的深远影响；其三，新技术革命影响下的汽车生产方式、产品形态和服务模式将发生怎样的变革，这种变革的内在发展路径是什么；其四，新技术革命影响下的汽车产业价值链、产业链与创新链的变化过程是什么，其对相关产业格局的影响如何。

同时面对智能网联汽车发展的顶层设计需要明确几个重要问题。一是确认全球汽车产业智能网联发展的大趋势，为各利益相关主体指明未来发展方向；二是明确智能网联汽车发展对国民经济社会发展的重大意义；三是明确促进产业发展的基本原则；四是提出政策保障措施实施的新思路。本次由国务院发展研究中心产业经济研究部、中国汽车工程学会和大众汽车（中国）投资公司合作撰写的《中国汽车产业发展报告（2016）》试图回答上述问题。

本书以"我国汽车产业智能化发展趋势及格局变化"为切入点，对我国汽车产业突破式创新的驱动力、表现形式和价值链、产业链、创新链动态调整过程进行了深入研究，为我国智能网联汽车发展战略建言献策并提出了一系列切实可行的政策保障建议。以"汽车产业突破式创新"为主线，梳理了"互联网＋"影响下汽车产业智能制造、智能产品和智能服务的"端－网－云"发展模型，提炼出了我国在顶层设计、部门协作、基础设施、核心技术、标准体系和法律法规方面的配套措施。报告还对中国与世界汽车产业发展的竞争力进行差距分析，总结我国汽车产业国际竞争力的基本变化并给出评价。书中包含的重要数据、政策和重大事件汇编等，能够为广大读者全面了解我国汽车产业的未来发展提供翔实的资料，也可为相关政府部门制定政策、汽车企业进行战略决策提供参考依据。

国务院发展研究中心产业经济研究部的赵昌文、石耀东、王晓明、宋紫峰，中国汽车工程学会的付于武、张进华、张宁、公维洁、张文杰、孙宁，大众汽车（中国）投资公司的孙忱、任笑以及上海交通大学的金隼、中国汽车工程研究院的陈涛等专家学者在本书的撰写过程中付出了辛勤的努力，社会科学文献出版社为本书出版做了大量工作。在此，一并表示感谢。希望这本已连续出版了九年，汇集业内专家学者心血和智慧的成果，能够为我国汽车产业今后的创新发展做出贡献。

摘　要

　　"汽车蓝皮书"是关于中国汽车产业发展的研究性年度报告，2008 年首次出版，本书为第九册。本书是在大众汽车集团（中国）支持下，在汽车产业资深顾问指导下，由国务院发展研究中心产业经济研究部和中国汽车工程学会集中了多位专家、学者，共同撰写的全面论述中国汽车产业发展形势的权威性著作。

　　本年度报告的主题是：我国汽车产业智能化发展趋势及格局变化。正文包括总报告、发展综述、主题研究、专题研究等主要内容。

　　目前，世界经济和产业格局正处于大调整、大变革和大发展的新历史时期，在此背景下，汽车工业亟须形成新的生产方式、产业形态、商业模式和经济增长点。特别是在当前我国全面深化改革的新形势下，在我国汽车产业由大到强的战略目标指引下，我国汽车产业发展的变革之路既面临新的机遇，也面临新的挑战。首先，在"两个百年"奋斗目标和中华民族伟大复兴中国梦指导下，《中国制造 2025》为我国汽车产业的发展变革提供了顶层设计和总体指导，是汽车产业发展变革和创新的重大机遇；其次，高速发展的汽车工业面临着日益加大的能源、环境和安全压力，汽车产业必须突破能源紧缺、环境污染、驾驶安全问题和交通拥堵等外部制约，汽车产业发展的变革和创新迫在眉睫；最后，在新的工业革命和产业变革背景下，整个汽车产业从研发到生产、从产品技术到制造技术、从产业结构到产业组织、从销售模式到服务模式等都将发生机制性变革，这些应作为汽车产业发展变革和创新的重要考量。

　　本年度报告以"我国汽车产业智能化发展趋势及格局变化"为主题，对我国汽车产业发展变革和创新的内涵与驱动力、生产革命、产品革命、服

务革命以及价值链、产业链、创新连的动态变化进行了全面的分析和系统的阐述。在内涵与驱动力上，提出了汽车产业技术创新模型，分析了需求革命、技术进步和约束条件下汽车产业变革的内在驱动力及深远影响；在生产革命上，以制造业的信息化进程为主线，提出数字工厂、智能工厂和智慧工厂的发展逻辑和模式界定，指明了智能制造的发展之路；在产品革命上，以汽车产品的智能化等级为主线，梳理了先进驾驶辅助系统、智能网联汽车和云端出行生态的产品构成和关键技术，指明各阶段的发展重心；在服务革命上，以汽车出行服务的互联网化为主线，描绘出"互联网 + 汽车服务"、"互联网 + 出行服务"和智能交通云服务三个典型阶段的内涵界定和特征，详细分析各阶段内部的变化历程，在智能服务的历史背景和未来发展之间寻求汽车服务的变革之路；在价值链、产业链、创新连的动态变化上，系统分析了三者各自变化带来的深远影响，以及三者动态调整对汽车产业格局变化的巨大推动。

综观全书，不论是研究的深度，还是资料的广度，均有助于广大读者全方位了解中国汽车产业发展态势，对汽车产业管理部门、企业决策部门、企业战略研究机构和中外投资者具有重要的参考价值和借鉴意义。

Abstract

"*Blue Book of Automotive Industry*" is an annual research report on the auto industry development in China, firstly published in 2008 and this book is the 9th volume. With the support of Volkswagen Group (China) and guidance of the senior advisers of auto industry, this book is an authoritative work on the domestic auto industry development situation, which is jointly written by multiple experts and scholars organized by the Industrial Economy Research Department of the Development Research Center of the State Council and the Society of Automotive Engineers of China.

The theme of this annual report is: The intelligent development trend and pattern change of the auto industry in China. The text is composed of the General Report, Development Overview, Thematic Study, Focused Study, etc.

At present, the world economy and the industrial pattern are at the new historical period of great adjustment, great reform and great development. Under such a background, it is pressing for the auto industry to form new modes of production, industrial forms, commercial models and economic growth points. Especially under the new trend of comprehensively deepening reform in China at present, guided by the strategic target that China's auto industry will become powerful from being big, the reform path of the domestic auto industry development is faced with new opportunities and new challenges. First of all, guided by the grand target of "Two Centuries" and the China Dream of great rejuvenation of Chinese nation, *Made in China 2025* provides the top-level design and overall guidance for development and reform of the domestic auto industry and it is the important opportunity of reform and innovation of China's auto industry development. Then, the rapidly developing auto industry faces increasingly heavy pressure from energy, environment and safety. As a result, the auto industry has to break a series of external restrictions, such as energy shortage, environmental

pollution, driving safety and traffic jam. Reform and innovation of the auto industry development are extremely urgent. At last, under the background of the new industrial revolution and the industrial reform, the whole auto industry, from research and development to production, from product technologies to manufacturing technologies, from the industrial structure to the industrial organization, from sales mode to service mode, will experience mechanism reform and these shall be taken as the significant considerations for reform and innovation of the auto industry development.

The theme of this annual report is "intelligent development trend and pattern change of China's auto industry". In this report, connotation and driving force of reform and innovation of the domestic auto industry, production revolution, product revolution, service revolution, as well as dynamic changes in the value chain, the industry chain and the innovation chain are completely analyzed and systematically elaborated. With regard to connotation and driving force, the technical innovation model of the auto industry is proposed and the internal driving force and profound influence of reform in the auto industry under demand revolution, technical progress and constraints are analyzed; with regard to production revolution, informatization process of the manufacturing industry is taken as the main line. Development logic and mode definition of the digital factory, smart factory and intelligent factory are proposed and the development path of intelligent manufacturing is pointed out; with regard to product revolution, intelligence levels of auto products are taken as the main line. The product composition and crucial technologies of the advanced driver assistance system, the intelligent & connected vehicle and the cloud travelling ecology are organized and the development core at each stage is clearly pointed out; with regard to service revolution, Internetization of the vehicle travelling service is taken as the main line. Connotation definition and features of "Internet +" auto service, "Internet +" travelling service and intelligent traffic cloud service are depicted, and internal change process of each stage is analyzed in detail so as to seek for the reform path of vehicle service between the historical background of intelligent service and future development; with regard to dynamic changes in the value chain, the industry chain and the innovation chain, profound influence caused by their respective changes, as well as the powerful driving force caused by their dynamic adjustment, imposed on pattern change of the auto industry are systematically analyzed.

In terms of depth of research, or breadth of data, this book can help a multitude of readers comprehensively understanding the development situation of the auto industry in China, and it has important reference value and reference significance for the auto industry management department, enterprises' decision-making department, enterprise strategy research institutions and domestic and overseas investors.

目　录

Ⅰ　总报告

Ⅱ　发展综述

Ⅲ 主题研究——我国汽车产业智能化
发展趋势及格局变化

IV 专题研究——我国智能网联汽车 发展战略及政策建议

Ⅴ　附　录

皮书数据库阅读**使用指南**

CONTENTS

I General Report

II Development Overview

Ⅲ   Thematic Study— Intelligent Development Trend
      and Pattern Change of the Auto Industry in China

Ⅳ   Focused Study—Development Strategies and Policy Recommendations for Intelligent and Connected Vehicles in China

V Appendix

总 报 告

General Report

B.1

汽车产业突破式创新的影响及
智能网联汽车前瞻战略

一 汽车产业正在经历突破式创新

（一）汽车产业突破式创新的主要标志

按照创新过程中技术强度的大小，技术创新可分为渐进性创新和突破式创新。渐进性创新是对现有技术的改进或升级引起的渐进的、连续的创新，通常它对现有产品的改变相对较小，仍以充分发挥已有技术潜能为主，并能强化现有成熟型公司的优势。突破式创新是人类向前跨越的一大步，它使不具备"先来者优势"的企业体现独有优势。突破式创新虽然出现次数少，但是它的每一次变革都将引发巨大影响。

我们认为，在新一轮科技革命的深远影响以及传统汽车产品技术创新逐步出现边际递减效应条件下，未来5~10年，汽车产业必将经历一场突破式

创新的变革。

1. 汽车产业突破式创新的主要标志

汽车产业突破式创新的标志主要体现在三个方面。

首先，产品结构的变革。汽车产品未来的变革方向是电动化、网联化和智能化。20 多年以来，跨国汽车巨头致力于新能源汽车产品的开发，随着技术成熟度逐步提高，购买和使用成本的降低，以及产品节能、排放优势的显现，新能源汽车将逐步成为汽车产品的主角。与此同时，搭载网联化、智能化功能的汽车产品正在"颠覆"传统汽车的概念，汽车产品的定义将会进一步拓展，汽车产品本身的功能属性也将发生重大变化。其次，产业形态的变革。产业形态变革体现在两个方面，一是生产形态方面的智能制造，二是使用形态方面的智能网联、节能减排和共享。汽车产品的变革直接触发产业形态变革。传统汽车产品生产企业凭借长期形成的技术曲线，对其他企业形成了较高的技术壁垒，即渐进性创新对于在位者具有独特优势，依靠学习曲线可以不断优化产品的性能；新进入者由于没有学习过程，没有规模经济的积累，很难生存。然而，一旦进入突破式创新变革期，新进入者可以快速切入，同时利用跨界思维将优势不断转化、放大。汽车产业正迈入产业变革期，以 IT 企业为主的行业新进入者逐步增多，且趋势越来越明显。最后，全球格局的变革。在产品结构变革、产业形态变革的深度影响下，全球汽车产业将发生一系列的深度调整，同时呈现多极化发展趋势，这为中国成为汽车强国提供了发展契机。中国汽车工业的发展虽举世瞩目，但如果仍沿着传统技术路线追赶汽车强国将无比艰辛，巨大的技术落差，形成了难以逾越的技术壁垒。近年来，国家部委和地方政府陆续出台多项支持政策促进节能和新能源汽车产业的发展，以及"互联网＋"行动计划上升至国家战略，这为中国借助突破式创新的变革期实现汽车强国梦提供了难得的战略机遇。

2. 基于技术创新的视角看汽车产业突破式创新

技术创新通过生产要素的转移和扩散来推动产业体系的发展。我们认为，"工业 4.0"将会对全球产业体系格局造成重大影响。

以大数据、物联网、新材料、3D 打印、智能机器人等为代表的技术创新，正在制造业领域进行组合式创新。数据信息与汽车制造的整合将会对产业分工格局产生重大且深远的影响，新的价值链分工也会应运而生。处于价值链高端的产业将会攫取高额利润。

新科技的迅猛发展不断催生新的技术创新浪潮，随之而来的是更快速的科技成果转化和更短的产业更新换代周期。技术创新在汽车企业成长和发展过程中的作用也变得愈加重要。企业越来越需要通过建立起效能更强、效率更高和费用更低的生产经营系统，推出满足消费者多样化需求和更具竞争力的汽车产品，开辟新的市场，并建立汽车企业新的组织。

这样的技术创新对于汽车企业的推动作用主要体现在两个方面，一方面，可以提升企业的核心技术竞争力；另一方面，可以帮助企业突破产业原有的发展模式。在全球技术融合的发展阶段，汽车产业的内涵和外延都在延展，汽车企业也需借助新领域的技术才能使企业具有可持续发展的创新动力。

（二）需求革命、技术进步、约束条件构成汽车产业变革的重要驱动因素

汽车产业的突破式变革并非一蹴而就，以需求革命、技术进步、约束条件为代表的因素是产业变革背后的强大驱动力。

1. 需求革命推动汽车产业变革

随着互联网技术的广泛运用和日趋成熟以及电脑等办公设备在家庭中的普及，SOHO（Small Office Home Office）成为越来越多的人可以尝试的一种工作方式。对于汽车产业而言，SOHO 工作模式的日益普及将在一定程度上减少居民对于汽车的需求，降低了在汽车上的花费；从另一个层面来看，由于居民在使用私家车上下班过程中，通常载客 1~2 人，上下班出行量的减少可以在一定程度上减少效率低下的汽车出行。

随着计算机信息技术快速演变和互联网的不断发展，我国电子商务逐渐发展成为新兴产业的中坚力量，从快速发展期逐渐过渡到成熟稳定期。电子商务的日渐普及和其替代传统商务的潜力逐步增强，尤其在购物领域，对于

特定类型商品（例如电子类、图书类产品）的购买，正在改变居民的消费偏好和日常生活出行方式，这对减少个人出行带来重大影响。在研究美国大都市区购物出行次数时，研究人员发现网络渗透率越高的区域，购物出行频率相对越低，即网络购物对于传统购物模式具有一定的替代作用。因此，电子商务在某种程度上降低了人们对于汽车的使用频率，减少了行驶里程。

社交网络在全球范围内受到欢迎，随着中国社交网络的迅速发展，社交网络的产品形态日益丰富、生态系统和格局不断完善，为网民提供了多角度、全天候的网络社交生活。在信息进化的背景下，社交网络本质上是一种信息，这种垂直服务显示了弱关系在社交网络上的拓展超出了传统媒体的范畴，更加广泛地影响着每个人的生活。社交网络凭借便捷、快速的特点，有效提高了人们的沟通效率，在一定程度上替代了传统社交方式，并减少了一定的出行量，降低了使用汽车的频率。与此同时，随着实名制社交网络应运而生，这种沟通媒介更具有真实、准确等特点，未来具有更大的应用空间。

随着科技的发展、社会的进步，人类对生活品质的追求不断提高。出行作为生活中极其重要的一部分，未来必将朝着便捷、智能、高效的方向发展。与此同时，互联网思维正逐步改进其运行方式，大数据智能出行应运而生。汽车共享作为一种环保有趣的创新出行方式，虽然仍处于起步阶段，但已经成为很多人出行的选择之一。预计到 2030 年，移动出行 O2O 服务将削减新车 10% 的销量。近年来，滴滴、Uber、凹凸租车等移动出行软件大大改变了人们日常的出行习惯，调动了社会闲置资源，既提高了人们的出行效率又减少了资源浪费。"95 后"、"00 后"其独特的成长环境导致了这一群体与上几代人不同的价值理念与消费行为方式。新生代逐步养成"用手机出行"的习惯，开始意识到车辆资源的闲置是一种浪费，并乐于资源共享，相反其购车意愿在逐步降低。未来，共享出行服务的汽车相对私家车更新换代速度将要更快。

今后一段时间内，随着中国经济的发展，人们收入的增加，及对高生活质量的追求，汽车保有量必将进一步增加。但前述科技进步带来的人们对汽车需求形式的变化也不容小觑。综合而言，2030 年中国汽车新车市场的规模将达到 4000 万辆。

2. 技术进步促进汽车产业变革

"节能""环保""安全"是当代汽车技术创新的主要目标，是应对能源安全、气候变化、社会用车结构变化、产业结构升级的重要突破口，汽车技术创新将成为推动经济增长的重要新兴手段之一。汽车技术创新将主要集中在动力与传动系统发展、新能源汽车技术发展、汽车轻量化发展等领域。

随着信息技术的高速发展，互联网、大数据、云计算、人工智能等新兴技术将全面重塑汽车产品本身以及产业生态。新一代信息技术将促进智能网联汽车的广泛应用，进而改变整个汽车社会。信息化技术将深刻改变现有汽车产业生态，促进汽车产业向制造服务业的转型升级。同时由于智能网联汽车的功能多样化与复杂化，多方参与、平等互利的生态圈理念将成为产业发展共识。随着智能网联技术重要性的不断提升，汽车产业的边界将大大拓展，互联网企业、通信企业、软件企业等非传统汽车供应商将越来越多地参与到汽车产业的发展过程中，跨界产业联盟不断涌现，甚至有望成为新的主导力量。

以智能制造为核心的制造业变革，引起了各工业大国的广泛关注。2015年，我国推出《中国制造 2025》战略规划，将发展智能制造作为建设制造强国的战略决策。各国政府积极推进智能制造相关战略，足以说明智能制造将在未来一段时间内给全球制造业带来突破式创新。以智能技术、数字化技术为基础，在互联网、大数据、云计算的支持下，汽车产业制造模式、商业模式、产业形态等都将发生重大变化。

3. 约束条件迫使汽车产业变革

社会资源的低效使用迫使汽车产业进行变革。拥有汽车一度成为人们身份和地位的象征，而如今随着汽车产品逐步走入家庭，汽车作为社会资源的一部分，其低效使用、资源浪费的问题逐步凸显。随着经济快速发展和人口不断增加，我国社会资源不足、分配不均问题逐步显现，开源和节流是化解资源不足矛盾的主要路径。在未来的变革中，人作为一个个体所扮演的角色将不再单一。角色的切换正无时无刻地创造着价值，而这种价值的创造，正

是对现有资源的充分利用、高效利用。未来的价值创造，将会更多依赖资源的互换，由资源本身的流动产生。在共享经济模式下，对于生产者而言，市场交易成本降低导致传统企业边界收缩，从而引发个体经济的强势回归。对于消费者而言，交易成本的下降促使汽车由"以买为主"向"以租为主"转变，增加了消费者的福利。通过"自由人"的联合，共享经济赋予供求双方更自由的选择，同时又自下而上地推动制度变革。如此一来，不仅经济运行效率得到大幅提升，整个社会的资源利用率也相应提高。在未来，共享经济还将更深刻地改变社会。

自然资源的制约迫使汽车产业变革。中国人口的增长将会使石油、天然气、钢材、水和其他宝贵资源的需求出现前所未有的增长，同时资源的大幅消耗将带来严峻的问题。亚当·斯密在《国富论》中点明生产力的三大要素，分别是劳动力、资本和土地或自然资源，在此前的每次工业革命中，生产力的三大要素都发生了改变，但是一定会有某一种要素变化最为剧烈。第三次工业革命更需要充分利用自然资源。具体到汽车领域，汽车产业属于资金密集型产业，资本不是短板，同时，汽车产业始终重视持续提高劳动生产率，劳动力也不是短板。而资源的紧缺正成为制约汽车产业发展最为突出的问题。在世界范围内，资源对汽车产业发展形成约束的根本原因是汽车的日益普及。当今世界，已经处于汽车社会的发达国家人口约为10亿，仅占世界总人口的1/7。如果按照现有模式发展下去，试想当合计25亿人口的中国和印度，及将达到25亿人口的非洲等发展中国家和地区陆续进入汽车社会时，必将造成空前严重的资源问题。因此，汽车产业未来发展的一个核心议题就是节约资源。首先，未来，随着道路和基础设施与车之间通信的实现，汽车的使用效率将会大幅提升，汽车通过智能化的路径规划，最大限度地减少燃油的消耗，缩短到达目的地的时间。其次，科技的进步将会减少甚至避免交通事故的发生，并将大幅减少汽车事故造成的汽车修理和新车购置需求，节约资源的使用。再次，汽车产业材料的可循环使用可以从另一个角度节约资源。最后，摩尔定律表明数字设备将会以指数级的速度发展。随着电子元器件的广泛应用，这将使无人驾驶的大规模实现指日可待，资源的利用效率将会进一步提升。

环境承载力接近上限迫使汽车产业实行变革。中国经济在经过三十多年的持续高速增长后，污染物排放仍居高位、能源资源利用效率仍然较低，环境质量改善与全面建成小康社会和生态文明建设的目标依然存在较大差距。同时，中国经济发展产业结构失调、生态环境承载力严重超标、资源能源消耗总量大、资源利用效率不高的状况难以在短期内发生根本转变，"十三五"期间的经济增长仍将面临严峻的资源环境瓶颈约束。我国社会经济活动对环境的影响正在逼近环境所能支撑的极限。因此，我国汽车产品使用的环境容量很小，我国汽车产业必须走环境友好之路才可持续发展。

二　智能化对汽车产业产生全方位的影响

汽车产业突破式创新将给全行业带来翻天覆地的变化，以智能化为主要特征的新一轮技术创新与产业革命的兴起，加之来自能源、资源、环境的约束和挑战，将会对汽车产业的生产制造、产品形态、服务业态等产生重大而深远的影响。

（一）汽车产业智能制造生产模式发生重大变革

1. 汽车产业智能制造变革主要发展趋势

智能制造的研究大致经历了三个阶段：智能制造概念起始于 20 世纪 80 年代人工智能在制造领域中的应用，发展于 20 世纪 90 年代智能制造技术、智能制造系统的实践，成熟于 21 世纪以来新一代信息技术条件下的"智能制造"。智能制造成为主要发达工业国家政策计划的关键领域。智能制造已经被普遍认为是此轮工业革命的核心动力，日本、美国、德国等主要发达工业国家都已出台相应政策对智能制造发展积极筹划布局。2015 年，国务院正式出台《中国制造 2025》（Made in China 2025）战略性文件，为实现制造强国的目标，确立了"三步走"战略：第一，力争用十年时间，迈入制造强国行列；第二，到 2035 年达到制造强国中等水平；第三，到 2049 年制

造业综合实力进入制造强国前列。

汽车业是综合性较强的行业，同时也属于资金密集型、技术密集型行业，所以，汽车工业的水平可以反映一个国家的综合实力。世界各国在积极探索通向智能制造的道路，德国利用制造业来繁荣经济，美国利用互联网加速经济发展，日本则格外重视能源的供给。作为汽车产量第一大国，我国汽车业面临很大的挑战，传统制造工艺还没完全过关，汽车电子系统与国外品牌也有差距，国内自主品牌生产制造的自动化、智能化水平较低，智能化汽车也处在学习、追赶的阶段。

实际上，对于尚处在"工业2.0"和"工业3.0"时期的我国汽车制造业来说，较其他制造业更具备向智能制造转型的条件。在工业"4.0"智能化浪潮的推动下，我国汽车制造业应立足中国制造业实际，重构历史积淀，补足体系性不足，充分运用智能设备、互联网软件，并整合价值链，找到一条适合自身发展的路，推动我国汽车制造业进入一个全新的机遇与挑战并存的多元化发展阶段。

2. 制造信息的纵向集成——数字工厂

数字工厂（Digital Factory）是在产品数据的基础上，综合应用虚拟技术、仿真技术、试验验证技术等，使产品在每个工位、生产单元以及整个工厂中的所有真实活动虚拟化，并且对加工和装配过程进行仿真、分析、优化的一种集成组织方式，是运用虚拟技术、计算机技术、网络技术等相关技术构建起来的虚拟的生产线仿真环境。制造信息的集成主要包括产品设计、制造装备、制造工艺、制造系统的信息集成四部分。

汽车设计开发过程中的最理想的模式是零实物验证，即在一个新车型的设计、制造的整个过程中，全部采用数字化技术进行设计方案优化、性能仿真分析和验证评价，避免了实物样车制作和实验验证，从而节约成本。不同CAD（UG和CATIA）、CAD和CAE、CAD和CAM模型的不可重用性将有可能导致重复建模，浪费资源，并且集成度差。因此必须建立一个统一的、支持不同软件或应用系统的产品信息描述和交换标准，以实现产品模型数据的共享，从而实现产品设计的信息集成。

制造装备的信息集成是在传统制造技术的基础上，借鉴并融合多学科（控制、软件、算法）发展的成果，构造多源大数据的分析模型与挖掘算法，预测并诊断质量问题，找到成本过剩点，发现制造效率瓶颈，实现有效融合、智能分析、自动执行，摆脱对人工经验的依赖，全面提升质量、提高效率、降低成本。先进制造技术与计算机技术的迅速发展和推广，为产品整个生命周期的数字化应用提供了契机。

制造信息集成就是在中央计算机的管理下，通过数据联系、决策联系和组织联系把各个部门及其相应的信息流和数据流通过各类专家系统连接成一个有反馈信息的调节回路。在这个整体制造系统的信息集成过程中，数据资源的共享和各部门间的有效联系和协调合作使制造过程更加合理和更为优化。

3. 制造信息与装备的融合——智能工厂

智能工厂是利用各种现代化的技术，进行计划排产智能、决策支持智能、质量控制智能、资源管控智能、设备互联智能和生产协同智能六位一体的智能工厂建设。汽车生产的诸多方面都需要满足"智能工厂"的要求，主要包括：车身制造智能化、动力总成制造智能化、汽车总装智能化。

首先，车身制造智能化重点涵盖冲压成形、焊接、涂装的智能制造。其次，要实现发动机的智能制造，基础和前提是实现生产、制造的标准化、模块化以及数字化。最后，汽车总装配是将各种汽车零部件按规定的技术要求选择合理的装配方法进行组合、调试，最终形成可以行驶的汽车产品的过程。汽车总装工艺作为汽车制造的最重要环节，在规模、质量、即时性、成本、产品先进性等方面都影响着市场竞争力。目前汽车总装工艺技术发展向着模块化、自动化、柔性化、人性化、智能数字化的趋势发展。

4. 产业链的横向集成——智慧工厂

智慧工厂是现代工厂继自动化、数字化、信息化发展之后又一个更高的发展阶段。其设计初衷是在数字化工厂的基础上，运用更先进更发达的技术和系统来服务整个工厂，这些技术包括当前最前沿的物联网、大数据、云计算等技术；在实际生产过程中，智慧工厂所具备的功能可以完全掌控整个工

厂内的一切生产计划安排和实时动态信息，并通过对所收集的信息的整理，得出最利于生产的决策。总之，智慧工厂是一个将智能决策和绿色环保相结合、融合并运用高精尖技术的智慧型工厂。

汽车产业智能制造的最终形态将会是产业链的集成，它使整个汽车产业生态形成了一个有机、高效、完整的系统，并且实现向生产、制造、销售一体化的服务型制造转变。三段生产链集成，可以大大降低汽车生产成本，使生产制造可以对市场的需求做出快速响应，从而形成一个更加贴合市场的体系。例如未来面向消费者的大规模个性化定制，一旦将生产链集成，客户所需要的定制信息可以很快地从销售端反馈到制造端，数据信息的集成管理将会使生产一台个性化的汽车变得很容易，这样的汽车产业生态将会惠及消费者和制造商。

（二）智能网联汽车是汽车智能产品的最佳形态

1. 智能网联汽车产品形态的演进

智能网联汽车是指搭载先进的车载传感器、控制器、执行器等装置，并融合现代通信与网络技术，实现车与 X（人、车、路、云等）智能信息交换、共享，具备复杂环境感知、智能决策、协同控制等功能，可实现"安全、高效、舒适、节能"行驶，并最终成为替代人来操作的新一代汽车。

随着先进技术的不断突破和数据信息的加深应用，智能化技术和网联化技术由独自发展走向融合发展。随之而来的是，汽车产品不断向智能网联协同应用的方向发展。智能网联汽车的产品演变大体可分为 5 个阶段：产品为驾驶人员提供道路危险警示、产品部分时刻实现车辆的控制、产品大量实现智能化信息与网联化信息的融合、产品实现城市环境下车队协同和自动驾驶、产品实现全自动驾驶和新型交通系统。

2. 汽车智能产品的价值延伸

智能化在汽车产业的广泛应用将极大地提升了汽车产品的价值，重点体现在安全性、舒适性、环保性三个方面。

行车安全满足人类基本需求。随着智能化和网联化的发展，道路、环境、车辆运行等交通信息能够高效、快速地在整个交通参与"人员"之间进行传递。丰富交通信息则有效地降低事故发生概率，极大地提升单车行车安全和交通系统安全。

舒适便捷提升人们出行品质。车辆的智能化和网联化使车辆不再是单一的出行工具，而成为一座移动的、高信息化的"房屋"。智能网联汽车不仅承载各种信息服务，满足人们出行需求，方便人们生活，而且其智能化的应用与服务极大地降低驾驶强度，提升现代车辆易驾驶性，使其面向更多、更广的驾驶人员，甚至部分特殊人群。

节能减排实现可持续发展。能源、环境等问题是社会关注的焦点，也是交通领域备受关注的问题，更是新一代汽车设计和研发的出发点。智能网联汽车和智能交通以合理的信息建议、有效控制管理等方式来解决城市拥堵、缓行、低效率等问题，实现能源消耗降低、尾气排放减少和交通环境改善的目标。

（三）汽车智能服务促使产业深刻变革

1. 汽车智能服务的内涵及发展阶段

汽车产业的智能服务是指在汽车产业链的互联网化进程中，其所能提供满足现在或者未来消费者需求的服务，按照服务内容和服务方式的不同，具体可划分为"互联网＋汽车服务"、"互联网＋汽车出行"、智能交通云服务三个阶段。

"互联网＋汽车服务"加速了传统汽车产业链各环节内的信息流、资金流等的流通，提升了汽车消费者服务能力，但本质上没有改变汽车产业链的原有逻辑结构。"互联网＋汽车出行"将提供可捆绑汽车产品的汽车消费者服务，消费者不再追求汽车产品的拥有权，而是接受汽车消费者服务共享，这本质上已经改变原有汽车产业链的逻辑结构，且在重构过程中，不断形成新的商业模式和商业形态。智能交通云服务将为智慧城市的智能交通系统实时分析社会出行总需求，横向集成不同社会出行形态和内容的总供给，形成多拓扑动态稳定形态的社会出行配给，从根本上解决城市交通面临的安全、

拥堵、污染等重大社会问题。

2. 智能服务的纵向集成——"互联网 + 汽车服务"

"互联网 +"加速了传统汽车产业链各渠道内的信息流、资金流等的流通，提高了消费者服务效率和服务体验。"互联网 + 汽车服务"重点体现在"互联网 +"汽车销售服务、汽车市场后服务和二手车服务三个方面。

目前的汽车销售互联网化仍处在探索阶段，且多种商业模式并存，依据汽车销售的互联网化程度，可归纳为传统零电商阶段、现有电商辅助阶段和未来全电商阶段三个层次的新车销售互联网化迭代进程。

从未来发展趋势看，随着智能制造和零部件模块化技术的深层次推进，汽车维修保养的技术壁垒和垄断地位将被进一步打破，形成为互联网电商提供配套服务的专业维修保养企业，互联网对汽车市场后服务的改造会实现服务链的全面融合。此外，汽车市场后服务将会以满足车主多元化需求为中心，应用大数据、云计算等技术，加强对车主消费需求和行为的分析，为消费者提供更加精准和个性化的服务，打造一站式汽车生活驿站和高价值车主生态圈。

随着限迁、税费等制约二手车发展的政策壁垒陆续被打破，二手车源将更加顺畅地在全国范围内流通，为正处于市场培育期的二手车电商平台的发展提供良好的机遇，同时二手车电商也将会在二手车交易服务链中的售后服务、金融服务、数据服务、技术服务、物流服务等方面探索新的商业模式，但这些在线交易模式仍处在探索中，需要接受市场的检验，全产业链的配套服务仍需进一步深化和挖掘。

3. 智能服务与汽车产品的融合——"互联网 + 出行服务"

"互联网 + 出行服务"是指在车联网、智能网联等技术和"轻拥有、重使用"等消费观念普及的前提条件下，融合汽车产品的互联网出行服务对汽车产业链进行重构，具体表现为"互联网 +"提供可捆绑汽车产品的共享出行服务，消费者不再追求汽车产品的拥有权，而是关注交通出行需求是否得到满足，这本质上已经改变原有汽车产业链的逻辑结构，即改变了汽车制造商与消费者之间的关系，实现汽车产业链条的重构，且在重构过程中，不断形成新的商业模式和商业形态。

理想汽车共享出行服务是指"互联网＋"提供可捆绑汽车产品的共享出行服务，具体是指在卫星导航、位置服务、无线通信技术融合的基础上，云平台可对车主进行定位、数据分析、系统整合、实施共享出行等各项信息服务，并针对个性化需求进行实时准确响应，实质是基于大数据实行智慧出行，满足人们便捷和舒适的出行需求。理想的共享出行服务模式将显著提高汽车的利用率，保障社会整体的出行需求得到满足，提升人民的出行便捷性和舒适性，从而改变整个社会的出行模式，成为智能交通和智慧城市的重要组成。

4. 出行供给侧的横向集成——智能交通云服务

智能交通云服务，是指在实现汽车共享和智能制造的基础上，整合道路交通综合信息服务平台、公共交通信息服务系统和交通管理综合管理系统等城市交通出行相关系统，开展与铁路、民航、公安、气象、国土、旅游、邮政等部门数据资源的交换共享，通过智能公共交通出行和自动驾驶车辆出行满足全社会高效率、多层次的出行需求，它实现了出行供给侧的横向集成，实现了社会出行效率的最优化，体现了"安全出行、绿色出行、快乐出行"的理念。

智能网联汽车发展的意义不仅在于汽车产品本身与技术的升级，更将带来智能交通技术体系与相关产业体系的重塑，从根本上解决目前交通行业面临的安全、拥堵、污染等重大社会问题。智能网联汽车与智能交通系统的协同可以保障二者均高效稳定运行，并降低各自的建设成本。

三 汽车产业价值链、产业链、创新链面临重构

汽车产业突破式创新将从根本上改变汽车产品的价值属性以及价值创造的过程，对整个汽车产业的价值链、产业链、创新链产生深远影响。

（一）汽车产业传统价值链转移，重构汽车产业新型价值链

1. 汽车产业价值链变化的影响因素

随着技术的进步、汽车产业的发展以及人们消费观念的改变，汽车传统

的价值链发生了巨大的变化。

首先，年龄结构的改变使得现在汽车的消费者更能接受共享经济。共享经济①是借助互联网的平台将商品、服务、数据或技能等在不同主体间进行共享的经济模式。"人需要的是产品的使用价值而非产品本身"是共享经济的核心理念。在共享经济模式中，人人皆是生产者同时也都是消费者。现在的汽车主流消费者更倾向于低频次、长时间的消费，未来当消费者变为更倾向于高频次、短时间消费时，这将要求经销商、后市场服务提供商等向全方位的"汽车生活"角度转变，而不仅仅停留在销售、售后、服务等单一层面。

其次，互联网技术的蓬勃发展为共享经济提供了技术基础。互联网技术对汽车行业的渗透最主要的体现就是车联网技术。车联网（Internet of Vehicles）是由车辆位置、速度和路线等信息构成的巨大交互网络。通过GPS、RFID、传感器、摄像头图像处理等装置与技术，车辆可以完成自身环境和状态信息的采集；通过互联网技术，所有的车辆可以将自身的各种信息传输汇聚到中央处理器；通过计算机技术，大量车辆的信息可以被分析和处理，从而计算出不同车辆的最佳路线、及时汇报路况和安排信号灯周期②。

最后，资源的束缚也将促成汽车传统价值链的变化。在城市内密集区，私有汽车预计将被逐渐放弃，取而代之的将是"按需出行"服务，从而实现缓解拥堵、减少停车在空间和时间上的资源浪费。出于同样的考量，已经有少数大城市采取立法等手段限制私人拥有汽车的数量。在城市内人口稀疏地区，私有汽车持有量预计将减少，人们将通过"按需出行"服务满足出行需求。在城郊地区，个人汽车保有量预计不会有明显下降，"按需出行"服务将仅限于对消费者来说更为方便的特殊应用场景。在乡村地区，由于较低的人口密度大大削弱了车辆共享的效率优势，预计绝大多数消费者仍将通过私家车满足出行需求。

---

① 杨天波、吴晓隽：《共享经济："互联网＋"下的颠覆性经济模式》，《科学发展》2015年第12期。

② Http：//baike. baidu. com/link？url＝KavlLDWLoLrdjb－1＿ tx5ZiHw4xS2X＿ J6qFawyxtOCDaJ4 KUMKdA4r4jTP4zk6dHhnosL3JO89e54oYtmH8hD1q#3.

2. 汽车产业价值链变化影响下新兴主体出现

汽车价值链的变化使得汽车行业中衍生出三个新的主体：互联网造车企业、汽车共享平台以及特斯拉一类的新车企。

互联网造车企业：谷歌公司的 GoogleX 实验室研发出的 Google Driverless Car 是一款全自动驾驶汽车，不需要驾驶者就能启动、行驶以及停止。蔚来汽车是一家从事高性能智能电动汽车研发的公司，由互联网企业腾讯和易车创始人李斌、汽车之家创始人李想、京东创始人刘强东以及知名投资机构共同发起设立。同期，乐视、百度、苹果等互联网公司也纷纷涉足造车领域。

汽车共享平台：罗兰贝格在 2014 年 6 月进行的一项统计显示，欧洲已经有超过 200 个活跃的汽车共享品牌，虽然其在亚洲、非洲、拉丁美洲的普及程度很低，但汽车共享公司正逐渐覆盖世界的趋势明显，有代表性的是 Uber 和滴滴打车。

特斯拉一类的新车企：成立于 2003 年的特斯拉，其首款车型 Tesla Roadster 以英国莲花跑车 Elise 为基础设计，是全球首款纯电动量产敞篷跑车，也是第一款使用锂电池每次充电可行驶 320km 以上的电动汽车。特斯拉作为新生品牌进入汽车市场，直接从高端切入，获取很高的品牌溢价，在建立良好的口碑之后，特斯拉还将业务拓展到储能设备、电池生产等领域。

3. 传统整车企业的价值链变化及应对策略

以戴姆勒、宝马、奥迪等为代表的传统整车企业随着汽车价值链的变化开始发展共享经济模式。

戴姆勒 Car2Go。戴姆勒集团于 2008 年推出 Car2Go 汽车共享项目。该项目打破了传统租车企业按天计费和在门店租车还车的运营模式，用户通过手机即可预约附近车辆，此外还可以通过手机或者会员卡取出放置在车内的钥匙。起租时间从车辆启动开始计时，以分钟计费。租赁结束后需要将车停在划定区域内。此时如果附近有其他人租用，即可继续使用该车辆。若暂时无人租用，会有专人将车辆开回指定停车位。[①]

---

① 赵娜：《Car2Go 纹路：戴姆勒入华新攻略?》，《21 世纪经济报道》2013 年 6 月 17 日。

宝马 DriveNow 服务。2011 年宝马在欧洲推出了 DriveNow 服务，该服务已经覆盖许多欧洲城市以及北美地区。2016 年 4 月 9 日，宝马在西雅图推出了打车服务 ReachNow，ReachNow 使客户通过智能手机开启和使用汽车，初期提供 370 辆宝马和 Mini 供用户使用，使用方式包括乘车、短期租赁和长期租赁等。

奥迪 "Audi at home" 项目。2015 年，奥迪汽车美国公司推行 "Audi at home" 项目，"Audi at home" 能够为用户专门提供一支高端奥迪车队，该车队可随时待命为客户服务。用户可以随时预订汽车出行，而且能够从 "Audi at home" 车队中选择最希望使用的车型，这样用户就会感受到除自有车之外其他车型的驾乘体验。

根据罗兰贝格的研究报告《汽车 4.0 时代》，伴随着汽车共享和按需出行服务的逐渐普及，以及自动驾驶相关技术的进步，未来消费者在车辆保险和维护方面的支出将会减少。同时，一些拥有两台或三台私人用车的家庭将会整合需求，通过拥有一辆汽车搭配按需出行服务的模式满足出行需求。在这种情形下，消费者将会有更充裕的资金用以购买更少量的私人用车，因此，他们会更倾向于选择高端品牌，从而形成需求"高端化"趋势[1]。

该报告还指出，尽管整车企业都受到汽车价值链变化带来的影响，然而不同类型的企业所受影响程度不尽相同[2]：高端车企（如戴姆勒、宝马等专注于高端市场的车企）凭借其高端产品从需求"高端化"中受益，另外，得益于强势品牌，由这些企业提供的按需出行服务对消费者将更有吸引力；与此同时，其他车企的高端品牌将会向目前的高端车企发起强有力的挑战，而且高端车企在规模方面的不足也会在一定程度上限制其自有按需出行服务的发展。中高端车企（如大众/奥迪、丰田/雷克萨斯等规模庞大、覆盖包括高端车型在内几乎全部细分市场的车企）则需加大对高端市场的投入，

---

① 报告 | 罗兰贝格：《汽车 4.0 时代》，https：//www.rolandberger. com/publications/publication_ pdf/roland_ berger_ tab_ automotive_ 4_ 0_ 20150224. pdf.

② 报告 | 罗兰贝格：《汽车 4.0 时代》，https：//www.rolandberger. com/publications/publication_ pdf/roland_ berger_ tab_ automotive_ 4_ 0_ 20150224. pdf.

并且针对受按需出行服务冲击较小的细分市场（如 SUV）开发中端车型。鉴于其规模优势，此类企业在按需出行服务领域将会占据相当大的市场份额，尽管如此，它们仍将在这一领域与实力雄厚的科技企业和高端车企一起竞争。中端车企（如福特、FCA 等主要关注中端市场、拥有多个中端品牌的车企）的市场将会受到需求"高端化"和按需出行服务的双重挤压，因而将会面临巨大挑战。此类车企在综合开发高端市场的同时，还特别需要考虑如何更好地参与到按需出行服务当中：与科技企业联手，或者是独立生产具备按需出行服务特点的车辆，都是潜在的发展方向。低成本车企（致力于将成本降到最低，主要服务对象是对价格较为敏感的消费群体的车企）可选择与科技公司或者高端车企合作，为其提供低成本同时又具备按需出行服务特点的车辆。

（二）汽车产业变革浪潮下，重塑汽车产业链

1. 汽车产业链变化的影响因素

产业链是通过社会分工将初始自然资源进行加工和处理，变为最终产品到达消费者这一过程所包含的整个生产链条。汽车产业价值链的变化同时也会带来产业链的变化。

新进入者有可能带来传统汽车产业链的变化。互联网市场环境下诞生的汽车融合了网络时代的属性，必须实现快速的迭代。IT 公司的加入，将打破传统汽车产业的组成模式，IT 公司是轻资产的管理模式，代工是 IT 行业普遍采取的方式之一。在这种产品的理念之下，IT 公司在汽车行业所采取的商业模式必然会与传统汽车企业的产业模式有很大的不同。

新进入者自身能力和制造方式不同带来产业链变化。在造车方式上，新进入者主要分为两类：新实体制造商和虚拟制造商。由于品牌被淡化，汽车产业会出现一些像富士康一样的代工厂，为汽车租赁公司和互联网汽车公司代工，且工厂的制造时间加快、由只生产一种车型的平台变为可以生产多种车型的平台。整车制造成本大大降低。

智能制造使整车制造柔性化。传统汽车制造商通过智能制造延续其优势

地位，目前，北汽、上汽、一汽、东风、广汽、长城等汽车制造企业越来越多地选择使用汽车制造业智能化机器人满足高效的汽车流水装配作业。新进入者利用智能制造技术降低产业进入门槛。智能制造业的发展使得汽车流水线更具灵活性，因而对于新进入者来说，利用智能化的流水线来实现自己的造车理念将变得更加容易。

零部件的模块化、通用化、标准化降低了新进入者的进入门槛。模块化的核心是最大限度地提高零部件的标准化和通用化水平，从而最大可能地实现零部件共享，以实现更大规模、更高效率的生产，摊销不断增多的车型数量和不断缩短的产品生命周期导致的高昂开发成本。实现模块化生产，零部件厂商的地位发生重大变化。零部件模块化的同时也带来了零部件的通用化和标准化，使得不同车型、不同配置的汽车可以使用同一种零件模块。模块化使得创新性技术主要由零部件厂商来掌握，这进一步导致整车厂商的技术优势减小，汽车产业新进入者的门槛也大大被降低。

2. 传统整车企业的产业链变化及应对策略

由于制造业以及零部件产业的变化，传统的整车企业会进行一系列战略调整以适应新的汽车产业链，主要包括整零关系的调整和生产方式的调整。

整车企业进行生产平台的调整。整车企业将对自身的生产线进行更新换代改进，比如大众采用 MQB 平台取代了之前的 PQ25、PQ35、PQ46 平台。该平台不仅在大众、奥迪、斯柯达和西雅特等品牌中得到广泛应用，同时还支持生产 A00、A0、A、B 等四个级别的车型。

整车企业进行生产方式的调整。整车企业将进行生产方式的调整，由制造升级变为智能制造。在新的产业链条下，整车企业再进行生产方式升级时将更注重生产的智能化与定制化，即整车企业将充分利用智能制造技术来快速地进行产品的更新换代，利用大数据云平台对客户的驾车习惯、消费习惯和购车需求进行分析，为每一位客户制造出符合其需求的定制化汽车。

整车企业将进行整零关系的调整。以往零部件供应商属于整车企业上游产业，一个整车厂往往有很多个零部件供应商，在合作关系中，整车厂往往占据上风，更具议价优势。而零部件模块化之后，整车厂的供应商将变为几个大的模块供应商，整车厂将省去对零部件供应商的挑选以及议价等大部分工作。同时，零部件的标准化将使得零部件市场被几个大的模块厂商所垄断，这进一步导致整车厂对价格的控制力减弱。

（三）汽车产业变革浪潮下，打通汽车产业创新链

1. 汽车产业创新链变化的影响因素

汽车产业传统创新链由以下四部分构成：一是产业创新链的主体，包括作为主要参与者的企业，以及作为次要参与者的高校和科研机构、中介机构、用户和供应商、金融机构、政府；二是产业创新链的资源要素，包括高校和科研机构所提供的知识、技术资源，中介机构提供的技术市场、创业中心和咨询等服务，以及政府为促进产业创新发展所提供的必要科技基础建设；三是产业创新链的对象，包括通过创新链作用实现的技术、组织、管理创新；四是产业创新链的运行机制，涵盖政府为了促进产业创新体系形成和完善而提供的政策引导和法制调控，还有行业协会提供的规则和标准，以及产业创新体系在形成和发展过程中自身生成的用以约束相关参与主体行为的机制。

信息网络技术与传统汽车技术的深度融合带来汽车技术体系的变化。传统汽车技术体系已经发展得比较完善，近年来汽车技术的创新大多来源于汽车传统技术以外的技术，结合大数据、物联网与云计算等技术来实现汽车的智能化和网联化以及提升安全技术水平。同时，信息化、网络化、数字化、平台化成为汽车产业创新的主要方向。目前国际国内的整车企业和互联网公司都在致力于开发新的车载信息化数字化系统。

2. 汽车产业创新链变化的驱动力

新的汽车产业创新链的形成背后是学科的交叉融合和人才结构的调整。大数据时代，诸多表面上看来毫不相干的学科，借助数据的视角，呈现的却是相互贯通的画面。伴随社会整体数字化程度的深化，将会有更多的学科在数据层面趋向一致。今后，大数据分析应用的重大趋势之一就是跨学科领域交叉数据融合分析与应用。为了顺应这一趋势，作为培养人才的主要基地，

高校对于自身的课程设置也进行了相应的调整。

　　传统企业进行战略调整面临的最大挑战是知识结构和人才结构的调整。创新离不开人才，传统的整车企业、互联网企业等在新的汽车产业结构下更加需要大批的人才，在传统的整车企业中，除去销售和管理等员工外，工人和技术人员偏多，传统的整车企业如果想在新的汽车市场中立足，就必须吸纳更多互联网、大数据等方面的人才。与此同时，由于整零关系的对调，整车企业可以适当减少与零部件企业对接的销售人员。对于新进入者来说，新进入者大多缺少汽车行业背景，因而新进入者需要引进更多汽车方面的人才来为进入汽车行业做准备。

四　中国智能网联汽车的发展战略及政策保障

（一）把握智能网联汽车发展机遇，前瞻布局智能网联汽车未来发展战略

　　1. 将智能网联汽车产业打造成新常态下中国经济增长动能转换战略的重要引擎

　　中国经济正进入增长动能转换的新时期。从产业层面观察，近二十年来中国经济之所以能保持9%以上的高速增长，主要得益于基础设施、房地产和汽车等大规模市场需求不断释放，而持续快速的城镇化和居民收入的稳定增长保证了上述需求的实现。从国际范围来看，当人均收入在12000国际元（以1990年国际元计算）左右时，汽车市场会进入中低速增长阶段。近两年，尽管中国经济增速有所放缓，但人均GDP已经接近12000国际元，而沿海发达地区有些城市已经明显超过这个门槛，汽车市场进入低速增长期是正常的规律性趋势，也符合汽车大国发展的历史轨迹。智能网联汽车的到来，开启了新常态下中国经济持续增长的新序幕。

　　2. 将智能网联汽车发展作为国家制造强国战略的重要领航工程

　　制造业这个在后工业化国家曾经逐渐衰落的产业门类正迎来新的发展机遇。制造业的重要性随着新一代信息技术、材料技术、新能源技术的大规

模、高强度的渗透，正被发达国家的战略决策者和企业家重新发现。无论是德国的工业 4.0 战略还是美国的制造业复兴计划和制造业创新网络，都再次将制造业托举到全球竞争舞台的中央。正如《中国制造 2025》规划所言，"制造业是国民经济的主体，是立国之本、兴国之器、强国之基。"

智能网联汽车是中国制造 2025 战略的"牛鼻子工程"。智能网联汽车是实现制造强国的首选产业，它涉及面广、产业链条长，涉及生产材料、生产过程、生产工艺、组织方式、商业模式、管理体制等方方面面的改革与发展，集中了当前中国制造业绝大多数的突出矛盾和问题。如果中国汽车产业以此为突破口，补足和打通智能网联汽车产业的短板和产业链，整个制造业的水平和能力就会上一个台阶。

智能网联汽车改写中国汽车微笑曲线的位势。汽车电动化使得中国与发达汽车国家之间在内燃机上的技术鸿沟被填平，专利壁垒完全被打破，清晰的战略目标，"三纵三横"的战略布局，自上而下的战略行动，以及系统的财税激励政策，使得中国在短短的三四年时间内迅速超过美国成长为全球规模最大、品种最多的电动车消费市场。然而，仅有电动汽车这一条腿是不够的。因为，借助移动互联网、大数据和云计算等新一代信息技术的革命性突破，全球汽车产业格局正在被智能网联汽车时代所改变。

智能网联汽车进一步强化"工业强基工程"。国家"十三五"规划明确提出要实施工业强基工程。加强工业基础能力建设是《中国制造 2025》提出的五大工程之一。智能网联汽车发展也将推动云计算、大数据技术的创新与应用。因此，如果将智能网联汽车纳入国家工业强基工程建设的体系，作为重点突破和示范应用的标杆，将有助于强基工程建设的整体推进。

3. 将智能网联汽车纳入国家智能交通系统和可持续交通战略统筹发展

如果将智能网联汽车看作一个子集，那么，它将同时处于智能交通体系和智慧城市体系这两个更大的集合之中。实际上，无论是智能交通还是智慧城市，从内涵到外延，从构成要件到支撑体系，从认识到行动，都要比智能网联汽车起步更早，发展也更成熟。

智能网联汽车是打开智能交通体系（ITS）大门的"金钥匙"。在智能

网联汽车发展（"1＋X"模式）过程中，嵌入式的联网道路设施、信号系统、空间地理系统、气象系统、交通信息系统等问题，都会逐个破解。从这个意义上说，智能网联汽车是破解智能交通系统难题的钥匙，而且是一把金光闪闪的钥匙。

智能网联汽车是可持续交通战略的重要支柱。环境改善、交通效率和交通安全是可持续交通的三大主题。从欧盟和美国等国家和地区的实践来看，智能交通总是与可持续交通概念交织在一起。无论是交通工具还是交通设施的智能化，智能化和互联化发展都会促进交通信息的实时互联互通，从而促进交通结构的优化和交通效率的提高，而这必然会反映在环境改善、交通效率和交通安全上。

（二）促进中国智能网联汽车产业发展的政策保障

1. 制定发展战略，为中国智能网联汽车产业发展提供顶层设计

在全球汽车产业竞争的新格局下，再考虑到汽车产业作为我国国民经济发展重要支柱产业的地位在短期内不会改变的现实，如何促进我国智能网联汽车的发展就无疑具有极为重要的意义。与此同时，智能网联汽车的发展在全球仍处于起步阶段，其影响范围包括政府部门、社会组织、企业和消费者，且还存在着诸如管理权限划分调整、法律责任认定、信息安全等一系列新的问题，这都要求我国尽快出台相关顶层设计，为各利益群体提供一个行动指南。

智能网联汽车发展的顶层设计需要明确几个重要问题。一是确认全球汽车产业智能网联发展的大趋势，为各利益相关主体指明未来发展方向。二是明确智能网联汽车发展对国民经济社会发展的重大意义。在经济发展层面上，这个跨界融合、体量巨大的产业的良好发展，对实现国民经济持续健康发展和创新驱动发展都具有重要的推动作用。在社会和环境层面上，智能网联汽车的发展能够有效减少交通事故及人员伤亡、缓解交通拥堵、减少能源消耗及环境污染等。在改革层面上，新技术、新商业模式的发展，特别是新进入企业的冲击，能够为推动相关领域体制机制改革提供良好机遇。三是明确促进产业发展的基本原则。包括：更好发挥市场在资源配置中的决定性作

用和更好发挥政府作用；产业政策重点是提出需要通过产业发展实现的既定经济社会发展目标，对由谁来实现以及用何种方式来实现等不做具体要求；等等。四是提出一些政策保障措施的新思路。包括：综合运用需求侧创新政策和供给侧创新政策；对相关职能部门协同合作提出具体要求；开展全生命周期政策评估，提高财政资金使用效率；等等。此外，还需要引起重视的一个问题是，形成各利益群体间的广泛共识是制定好并实施好战略的重要前提条件。

2. 加强部门协作，为中国智能网联汽车产业发展提供政策合力

智能网联汽车所代表的生态系统更像是一张"大网"，其多元连接和开放性决定了会有更多的政府部门、行业组织、各类型企业以及消费者等参与其中。

建设智能网联汽车这个新的产业生态系统关键在于如何落实战略，在政策层面上有两个核心问题，一是加强跨部门协调，二是提高政策有效性。历史经验和现实情况都表明，目前我国在这方面的工作还存在不少可改进之处。一方面，跨多个部门的战略制定和实施必须以部门有效协同为基础。就中国的情况而言，传统汽车产业的政府管理职能分布在多个部门，包括国家发改委、工信、交通运输、公安、环保等部门，协调难度很大。跨部门协调以及部门内部不同司局之间的协调，是一项非常复杂但又必须做好的工作。如果不能以一种机制性的手段解决这个问题，"政出多门""政策相互打架"的问题必然还将继续发生，战略实施效果会大打折扣。另一方面，政策有效性和针对性迫切需要提高。不同政策之间能否相互协调好是一个重要问题，单个政策是否有效也是一个重要问题。经验表明，做好政策全生命周期的评估，是确保政策有效性的一种行之有效的方法，也有助于避免因政策效果不显著或者逆向而行导致朝令夕改的问题。在这方面，我国已经有了一些进展，但政策评估体系还需要进一步健全完善。

3. 促进基础设施建设更新和互联互通，为中国智能网联汽车产业发展提供基础支撑

无论是何种技术路线还是未来将会出现其他的技术路线，相比传统汽车乃至新能源汽车，智能网联汽车的发展对包括道路交通基础设施、通信和网

络基础设施以及不同基础设施之间的互联互通都有着迫切需要。

在基础设施建设方面笔者有以下几点政策建议。一是加强相关部门之间的协同。与这些基础设施建设和互联互通相关的管理职能分散在各个职能部门，需要做好统筹规划，加强部门间协调，避免"各自一盘棋"现象。二是继续支持地方政府或企业开展与基础设施建设相关的试点工作。在试点过程中，不断发现问题、探索出路，及时总结经验并在条件许可情况下予以推广。三是通过公私合作伙伴关系（PPP）方式推动基础设施建设。这类基础设施建设前期投入大、回报周期长，财政资金支持不可或缺。但与此同时，仅仅依靠财政资金投入是不够的，资金投入需要多元化，需要通过适当方式引入各类型社会资金共同参与建设运维。

4. 突破关键核心技术领域，为中国智能网联汽车产业发展提供不竭动力

新一轮产业革命背景下的创新与以往相比有显著不同，在组织方式上表现出网络化、全球化的特点，在来源上表现出主体更加多元化、更多依靠知识资本、更多体现跨界融合并出现在"边缘地带"的特点。在政府层面，重点是营造良好的创新环境。

有鉴于此，笔者提出以下几点政策建议。一是在国家层面集中力量进行基础研究及重点技术攻关，并进行科研管理人员管理体制改革以更好激发科研人员积极性和创造性。二是综合运用需求侧创新政策和供给侧创新政策。这两类政策的理论基础不同，对创新的认识不同，业界普遍认为在产业发展不同阶段，这两类政策的重要性也不同，需要根据产业发展情况的变化统筹使用。三是切实发挥好各类产业联盟的作用。联盟需要设定有限、具体的目标并且动态调整，需要通过建立合理的组织架构来凸显成员之间的合作关系。四是从更好地促进创新的角度进一步推动国资国企改革。让国有企业拥有更大的决策自主权，在领导考核管理中体现对创新即期投入、远期收益规律的合理把握。五是加强知识产权保护，并在此基础上营造使创新技术快速合法传播和产业化的良好环境。

5. 健全完善标准体系，为中国智能网联汽车产业发展提供技术依据

标准体系建设，对任何一个产业的持续健康发展都发挥着重要作用，智能网联汽车产业也不例外。正如上文所言，由于智能网联汽车是一个覆盖面极广的宏大生态系统，而且目前还处于快速发展变化期，相关标准体系建设是非常复杂的。

未来一个时期，我国要抓紧研究，力争尽快制定出符合国情和企业发展实际情况的智能网联汽车发展标准体系。在这个过程中，要特别注意解决以下几个问题。一是在早期阶段要为不同技术路线之间的良性竞争留有空间，尽量规避因标准制定阻碍新的创新的出现。二是要充分借鉴发达国家标准体系建设方面的有益经验，注重发挥企业在引领标准上的关键性作用，注重发挥行业组织和专家的专业化、独立性优势，注重建立能够让各利益相关主体充分表达意愿的沟通平台。三是将标准体系建设作为试点工作的重要方面，为各种技术路线的实际测试创造有利条件，注重做好评价和甄别工作。

6. 研究出台相关法律法规，将中国智能网联汽车产业发展纳入法治轨道

在中国，随着各企业开始在路上实地测试无人驾驶汽车，立法工作也迫在眉睫。比如，从法律意义上来说，现阶段所有上路测试的无人驾驶车辆违背了现行法律规定。而且，关于这些车辆的安全性、稳定性，可能出现事故的责任认定和赔偿规则等一系列问题，都缺少相关法律规定，这让相关各方都承担着较大风险，不利于整个行业的健康发展。除此之外，与很多发达国家不同，我国的交通路网环境更为复杂，即使是城市内部各种不良交通习惯依然很多，因此与无人驾驶相关的风险因素会更多，挑战也更大。而且，在地图内容、测绘资质等方面的规定与无人驾驶汽车的发展还不相适应，这些法律法规也需要进一步修订完善。

未来一个时期，需要深入研究并制定相关法律法规，这既是对各方行为的有效规范，也有利于降低各方的法律风险，促进整个产业有序发展。在这个过程中，要特别注意把握两个原则。一是循序渐进原则。相关法律法规建设涉及面广、非常复杂，不可能一蹴而就，也不能过于激进，需要仔细平衡各方的利益。二是有利于促进创新原则。智能网联汽车的有序发展，对于解决经济社会中的许多难点问题、提高社会福利都会起到很大作用，至少要赋予企业在符合一定规范条件时、在一定范围内进行试验测试的法律权限。

在新一轮科技革命的深远影响下（见图1），未来5～10年汽车产业将经历一场突破式创新的变革。需求革命、技术进步、约束条件构成汽车产业突破式创新的重要驱动力。在此背景下，以智能化为特征的技术创新和产业革命，将对汽车产业智能制造、智能产品、智能服务带来重大影响。与此同时，汽车产业圈逐步兴起，汽车产业的价值链、产业链、创新链面临重构。在汽车产业突破式创新情景下，把握智能网联汽车的发展机遇，将为中国汽车强国的建设提供新的发展契机。因此，从顶层设计、部门协作、基础设施、核心技术、标准体系、法律法规等六大方面前瞻布局智能网联汽车领域将具有深远意义。

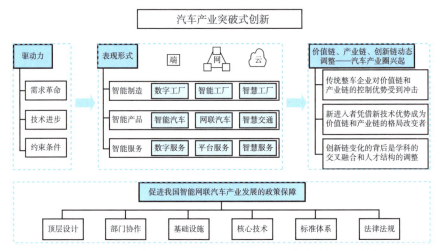

图1　汽车产业突破式创新的影响及智能网联汽车前瞻战略逻辑框架

发展综述

Development Overview

B.2

2015年中国汽车产业发展综述

　　2015 年的中国汽车产业不同以往。这一年，中央政府对经济发展进入新常态的科学论断，是我国汽车产业发展战略、规划和政策的制定的大前提，新常态下宏观经济所呈现的趋势性变化是我国汽车产业发展的大背景。在此基础上，2015 年是我国汽车产业在低速增长条件下寻求结构调整的一年；这一年，还是"十二五"的收官之年和"十三五"的规划之年。而在汽车产销量第七次蝉联世界第一之后，2015 年是我国汽车产业承启两个五年规划，开始进入由大变强转折期的关键一年；这一年，在《中国制造 2025》和《关于积极推进"互联网＋"行动的指导意见》指引下，在世界新科技革命和产业变革推动下，信息技术与汽车产业加速融合，产业生态变革和竞争格局重塑日益展开。这是我国汽车产业既面临低碳化、信息化、智能化发展新机遇，又面临各种不确定性带来新挑战的一年。

一 产销连续第7年全球第一，同比增速年中触底反弹呈 V 形

2015 年我国汽车产销量连续第 7 年位列世界第一。产销量分别为 2450.33 万辆和 2459.76 万辆，占世界汽车产销量的 27% 左右，遥遥领先于其他国家。其中，乘用车产销量首次超过 2000 万辆，分别为 2107.94 万辆和 2114.63 万辆，占汽车总产量和总销量的比例分别达到 86.03% 和 85.97%，高于世界 75% 左右的平均水平。产销比例自 2006 年双双在 70% 以上以来，持续上升，以大众消费为特点的汽车社会进程继续向前推进。此外，商用车产销量分别为 342.39 万辆和 345.13 万辆，占世界商用车产销量的 15% 左右。

2015 年我国汽车产销量低速增长，分别比上年增长 3.25% 和 4.68%。实际上，与 2006～2010 年的"十一五"时期相比，2011 年以来的整个"十二五"期间，我国汽车产销量增速都处于较低水平。"十一五"期间，产销量的年均增速分别为 26.17% 和 25.68%，"十二五"期间则分别降低到 6.06% 和 6.37%（见图 1、图 2）。形成这种状况有多方面的原因，其中超过 2000 万辆的庞大基数无疑是原因之一。

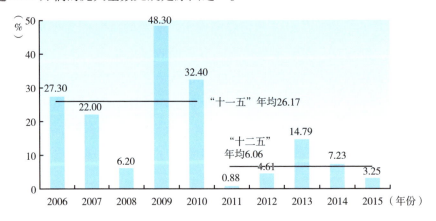

图 1　2006～2015 年中国汽车产量年增长率

资料来源：《中国汽车工业产销快讯》（除专门注明外，下同。）

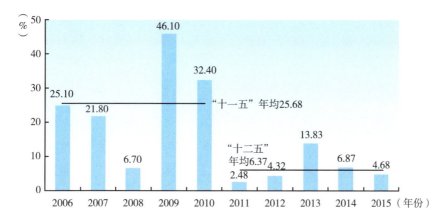

图2　2006～2015年中国汽产销量年增长率

从一年来按月度或季度产销量相比上年同期的增长率来看（见表1），均呈现"中间低两头高"的V字形。相应地，与上年相比，1月至各月的累计产量增长率从1～2月的6.22%一路降低到1～9月的－0.82%，之后回升；1月至各月的累计销量增长率从1～2月的4.25%一路降低到1～8月的

表1　2015年按月度或季度的汽车产销量增长率

单位：%

月度	比2014年相应月度(或季度)增长率				累计月度	比2014年相应累计月度增长率	
	产量	销量	产量	销量		产量	销量
1	11.47	7.56			—	—	—
2	－0.38	－0.22	5.26	3.90	1～2	6.22	4.25
3	3.72	3.29			1～3	5.26	3.90
4	0.59	－0.49			1～4	4.12	2.77
5	－0.58	－0.40	0.02	－1.11	1～5	3.18	2.11
6	－0.22	－2.31			1～6	2.64	1.43
7	－11.76	－7.12			1～7	0.80	0.39
8	－8.44	－2.98	－8.29	－2.15	1～8	－0.24	0.00
9	－5.64	2.08			1～9	－0.82	0.31
10	7.06	11.79			1～10	0.02	1.51
11	17.74	19.99	14.03	16.11	1～11	1.80	3.34
12	15.93	15.39			1～12	3.25	4.68

0，之后回升。其中，第5～7三个月的增长率无论是产量还是销量、无论是同比还是环比，均为负增长；而第四季度10～12三个月的增长率则无论是产量还是销量、无论是同比还是环比，均回归正增长。显然，国务院于2015年9月29日出台的"自2015年10月1日至2016年12月31日，1.6L及以下排量乘用车购置税减半"政策，是第四季度止跌回升的重要推动力。有报道称（《中国汽车报》2016年1月18日），该政策对全年汽车销量增长的贡献率达到124.6%，也就是说，不但2015年相比2014年销量的全部增量应归因于该政策，而且如果没有该政策的话，全年销量负增长将难以避免。由此可以判断，我国汽车市场潜力依然巨大，但潜力的释放有赖于汽车购买环境和使用环境的不断完善和优化。

二 自主品牌主导市场结构变化，SUV、MPV及 1.6L以下乘用车市场继续逆势增长

2015年我国乘用车市场的两个特点，一是相比2014年的产销增幅分别为5.78%和7.29%，高于行业总体增幅；二是以自主品牌为主导，市场结构延续了近年来出现的趋势性变化。

乘用车是汽车技术的集中载体，在乘用车市场中所具有的竞争力是汽车企业竞争力的集中体现。多年来，乘用车产销量增速一直高于全行业，乘用车在我国汽车产销中的占比持续增长，2015年已在85%以上（见表2），而自主品牌乘用车的市场表现历来受到业界的广泛关注。总体而言，自主品牌在2015年乘用车市场的表现可圈可点。

2010年以来，自主品牌乘用车市场份额持续降低，从2010年的45.60%降低到2013年的40.58%，再经历2013年9月至2014年8月的12连降，2014年进一步降低到38.44%。在这样的不利局面下，2015年自主品牌乘用车全年共销售873.76万辆，同比增长15.27%，相比2014年高出11.17个百分点，比2015年全部乘用车同比增幅（7.29%）高出7.98个百分点，占乘用车销售总量的比例比2014年提升2.88个百分点，达到

表2 2006~2015年乘用车产销量在总产销量中的份额

单位：万辆，%

年份	产量			销量		
	汽车	乘用车	乘用车份额	汽车	乘用车	乘用车份额
2006	728	523	71.84	722	518	71.75
2007	888	638	71.85	879	630	71.67
2008	935	674	72.09	934	676	72.38
2009	1379	1038	75.27	1365	1033	75.68
2010	1826	1390	76.12	1806	1375	76.14
2011	1842	1449	78.66	1851	1447	78.17
2012	1927	1552	80.54	1931	1550	80.27
2013	2212	1809	81.78	2198	1793	81.57
2014	2372	1992	83.98	2349	1970	83.87
2015	2450	2108	86.04	2459	2115	86.01

41.32%，遏制了2010年以来自主品牌乘用车市场份额持续下降的势头，并实现反弹（见表3）。如果考虑到2015年汽车全行业同比增长率甚至低于2014年和2013年的不利情况，自主品牌乘用车的逆势增长更加难能可贵。与此相对照，外国品牌乘用车的市场表现各有不同。德系、日系、美系、韩系、法系和意系乘用车销量同比增长率分别为1.45%、8.69%、2.78%、-4.94%、0.31%和-42.01%；占乘用车销售总量的比例分别为18.91%、15.91%、12.27%、7.94%、3.45%和0.19%，除日系略有增长外，其余均有所下降。

表3 2009~2015年乘用车分国别市场占有率

单位：%

类别	2009	2010	2011	2012	2013	2014	2015
自主品牌	44.30	45.60	42.33	41.85	40.58	38.44	41.32
德系	14.12	14.35	16.48	18.44	18.81	20.00	18.91
日系	21.26	19.54	19.40	16.40	16.05	15.71	15.91
美系	9.85	10.26	11.00	11.69	12.39	12.82	12.27
韩系	7.86	7.53	8.10	8.65	8.80	8.96	7.94
法系	2.61	2.71	2.79	2.84	3.08	3.69	3.45
意系	0	0	0	0.13	0.29	0.38	0.19

　　SUV 和 MPV 是 2015 年乘用车销量增长的贡献者（见表 4）。近年来，乘用车中运动型多用途乘用车（SUV）和多功能乘用车（MPV）所占份额不断增加，2015 年乘用车市场结构的变化延续了这一趋势。2015 年 SUV 全年销量为 622.03 万辆，首次超过 600 万辆，相比 2014 年增长 52.39%，增幅比 2014 年增大 15.95 个百分点，高出 2015 年全部乘用车同比增幅 45.1 个百分点，占全部乘用车销量的 29.42%，比 2014 年提高 8.73 个百分点。MPV 全年销量为 210.67 万辆，同比增长 10.05%，但同比增速比 2014 年降低 36.74 个百分点，占全部乘用车销量的比例接近 10%。2015 年基本型乘用车（轿车）销量为 1172.02 万辆，同比减少 5.33%，在乘用车销量中的占比最大，为 55.42%，所占份额近年来逐年降低。此外，2015 年交叉型乘用车销量为 109.91 万辆，相比 2014 年下降 17.47%。

表 4　2010～2015 年乘用车各细分市场份额

单位：%

	2010	2011	2012	2013	2014	2015
轿车	69.01	69.94	69.34	66.99	62.82	55.42
SUV	9.64	11.01	12.91	16.67	20.69	29.42
MPV	3.24	3.44	3.18	7.29	9.72	9.96
交叉型乘用车	18.11	15.60	14.56	9.06	6.76	5.19
合计	100	100	100	100	100	100

　　在表现最为抢眼的 SUV 和 MPV 细分市场增长中，自主品牌又是绝对的主力（见表 5）。2015 年，自主品牌 SUV 销量为 334.30 万辆，首次超过轿车，比 2014 年增长 83.16%；占 SUV 销售总量的 53.74%；销量排名前 10 的 SUV 品牌中，7 个为自主品牌。自主品牌 MPV 销量为 186.58 万辆，比 2014 年增长 13.55%；占 MPV 销售总量的 88.56%；销量排名前 10 的 MPV 品牌中，8 个为自主品牌。

　　2015 年乘用车市场结构的另一个趋势性变化是，1.6L 及以下排量乘用车市场份额在各细分市场均呈上升态势（见表 6），在轿车市场、SUV 市场和 MPV 市场的占有率分别为 75.47%、45.07% 和 83.87%。

表5 2014～2015年SUV和MPV中外品牌市场情况

单位：万辆，%

		2014	2015	2015 比 2014
自主品牌	SUV:销量	182.52	334.30	↑
	比上年增长率	50.36	83.16	↑
	市场占有率	44.76	53.74	↑
	MPV:销量	164.31	186.58	↑
	比上年增长率	52.33	13.55	↓
	市场占有率	85.84	88.56	↑
外国品牌	SUV:销量	225.27	287.73	↑
	比上年增长率	26.91	27.73	↑
	市场占有率	55.24	46.26	↓
	MPV:销量	27.12	24.09	↓
	比上年增长率	20.27	−11.17	↓
	市场占有率	14.16	11.42	↓

表6 2014～2015年1.6L及以下排量乘用车市场份额

单位：%

	2013	2014	2015	增减趋势
轿车	71.84	73.07	75.47	↑
SUV	23.49	31.19	45.07	↑
MPV	75.59	78.45	83.87	↑

三　新能源汽车产销量爆发式增长，政策性市场特征明显

2015年我国电动汽车产销量延续了2014年的高速增长势头。如果说2014年是新能源汽车进入家庭的元年，那么2015年则是新能源汽车产业爆发式增长的一年。

2015年我国新能源汽车产销量分别为34.05万辆和33.11万辆，分别是2014年的4.3倍和4.4倍，远高于年初时人们普遍预期的20万辆左右的

规模。其中，纯电动汽车产销量分别为 25.46 万辆和 24.75 万辆，分别是 2014 年的 5.2 倍和 5.5 倍；插电式混合动力汽车产销量分别为 8.58 万辆和 8.36 万辆，分别是 2014 年的 2.9 倍和 2.8 倍（见表 7）。另据机动车整车出厂合格证统计，2009～2013 年新能源汽车（含纯电动、插电式和燃料电池汽车，下同。）产量为 3.46 万辆，2014 年和 2015 年分别为 8.49 万辆和 37.89 万辆，则 2009～2015 年新能源汽车累计产量为 49.84 万辆（见图 3）。

表7   2011～2015 年新能源汽车销量

单位：辆，%

	2011	2012	2013	2014	2015
纯电动	5579	11375	14604	45048	247482
插电式混合动力	2580	1416	3038	29715	83610
年度合计	8159	12791	17642	74763	331092
年销量比上年增长率	—	56.77	37.93	323.78	342.86
年销量占当年总销量比例	0.044	0.066	0.079	0.315	1.35
2011～2015 累计	444447				
各年占累计量比例	1.84	2.88	3.97	16.82	74.49

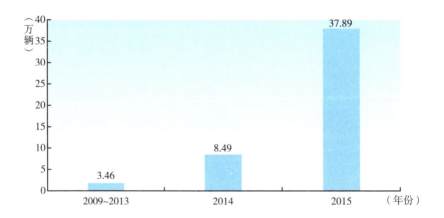

图3   2009～2015 年新能源汽车产量

从中可以得出如下几个结论。首先，逾 30 万辆的规模使我国新能源汽车产销量首次超过美国，成为全球最大的新能源汽车生产国和消费国（见

表8）。其次，2012年5月发布的《电动汽车科技发展"十二五"专项规划》提出酝酿期、导入期、成长期的新能源汽车三步走战略，并提出到2015年导入期结束时，新能源汽车销量达到汽车总销量1%的目标。2015年我国新能源汽车这一占比为1.35%，市场份额目标顺利实现，也标志着我国汽车市场结构的一个重大变化。最后，2012年6月发布的《节能与新能源汽车产业发展规划（2012～2020)》提出，到2015年新能源汽车（纯电动汽车和插电式混合动力汽车）累计产销量力争达到50万辆。如前所述，按照机动车整车出厂合格证数据，2011～2015年新能源汽车累计产量为49.84万辆，2015年销量在其中的占比超过3/4。至此，保有量目标也几乎达成。据此我们可以说，新能源汽车产业在"十二五"期间呈加速发展态势，发展任务基本完成。

表8　部分国家2014～2015年新能源汽车销量

单位：辆

国　家	2014	2015	国　家	2014	2015
中　国	91207	380977	丹　麦	1632	4548
美　国	118684	115261	挪　威	12428	4039
日　本	31609	22769	瑞　士	1697	3347
法　国	11249	16888	荷　兰	14849	3258
英　国	7690	10764	韩　国	1181	3025
瑞　典	4671	8595	比利时	1239	1579
德　国	6064	7120	意大利	1186	1385
加拿大	3872	5524	奥地利	1100	1308

资料来源：根据MARKLINES数据及有关公开资料整理，其中中国数据为根据合格证数据整理的电动汽车产量数据，与表7的统计口径不一致，遂数据也不一致。

我国新能源汽车产业的发展成就离不开政府政策的扶持，或者说在很大程度上是政策推动的结果。种种情况表明，目前我国的新能源汽车市场是一个高度依赖政策的市场，这在业内是一个基本共识。作为战略性新兴产业，新能源汽车发展的重要性毋庸置疑，但在产业化初期，面对技术不成熟、价

格高、基础设施不配套等困境时，通过政府政策进行大力推动必不可少。总体来说，我国政府的扶持政策是从三个方面进行的，一是鼓励性政策，如购买补贴政策；二是限制性政策，如企业燃油消耗量限值标准；三是支撑性政策，如支持基础设施建设等。2014年随着十余项相关政府政策的密集出台，新能源汽车市场高速增长，在此基础上，2015年的政府政策扶持力度依然很大（见表9）。

表9　2015年度发布的部分支持新能源汽车发展的政策

序号	发布时间	发布单位	政策名称
1	2.16	科技部	《国家重点研发计划新能源汽车重点专项实施方案（征求意见稿）》
2	5.7	财政部、国家税务总局、工信部	《关于节约能源使用新能源车船税优惠政策的通知》
3	3.18	交通部	《关于加快推进新能源汽车在交通运输行业推广应用的实施意见》
4	4.29	财政部、科技部、工信部、国家发改委	《关于2016～2020年新能源汽车推广应用财政支持政策的通知》
5	5.14	财政部、工信部、交通部	《关于完善城市公交车成品油价格补助政策　加快新能源汽车推广应用的通知》
6	5.19	国务院	《中国制造2025》
7	6.2	国家发改委、工信部	《新建纯电动乘用车企业管理规定》
8	7.31	能源局	《配电网建设改造行动计划（2015～2020）》
9	9.6	工信部	《锂离子电池行业规范条件》
10	9.29	国务院办公厅	《关于加快充电基础设施建设的指导意见》
11	10.9	国家发改委、能源局、工信部、住建部	《电动汽车充电基础设施发展指南（2015～2020）》

我国新能源汽车市场的政策性特征可从几个事例看出端倪。第一，我国对私人购买新能源汽车的第一期财政补贴是从2010年开始的（2010年由财政部、科技部、工信部、国家发改委联合出台《关于开展私人购买新能源汽车补贴试点的通知》），至2012年到期时，由于新一期补贴政策没有及时接续，电动汽车销售立即锐减，出现了明显的真空期。2013年9月财政部、科技部、工信部、国家发改委联合出台《关于继续开展新能源汽车推广应

用工作的通知》后，市场增速又再次提升。第二，截至2015年11月25日，工信部共发布6批免征购置税的新能源汽车车型目录，其中乘用车车型共计169款，客车车型共计1346款。二者差距之大，反映了汽车企业对新能源乘用车和新能源客车热衷程度的不同。相比新能源乘用车，新能源客车能够获得高得多的财政补贴，也许能够解释这种不同。第三，2015年新能源乘用车销售最大的车型是混合动力车型比亚迪·秦，达到3万多辆。有专家认为（《中国汽车报》2015年7月27日），秦的大多数消费者看中的是车牌的易得和购买补贴，使用时则是以燃油为主的。第四，北、上、广、深四个一线城市中，车牌限制严重的北京和上海新能源汽车销售数量远远超过深圳和广州，这是部分被限制的市场需求在政策的引导下转向新能源汽车的缘故。

关于2015年政府的新能源汽车政策，有两个热门词语，一是资质放开，二是补贴退坡。

2015年6月2日国家发改委和工信部发布了《新建纯电动乘用车企业管理规定》，"支持社会资本和具有技术创新能力的企业参与纯电动乘用车（包括纯电动和增程式）科研生产"，为符合规定条件的新进入者获得纯电动乘用车生产资质提供了可能。该政策对新建企业投资主体应符合的条件进行了具体规定，包括：注册地（中国境内）、研发能力（完整研发经历/专业研发团队/整车正向研发能力/核心技术/试验验证能力/自主知识产权和发明专利）、试制能力（试制条件/试制工艺和装备）、样车数量（不少于15辆）、销售及售后服务体系等。还规定了所提供的样车在安全性、可靠性、动力性、轻量化和经济性等方面应达到的技术要求，如综合工况纯电续驶里程大于100公里、最高车速大于100公里/小时等。

笔者注意到，该政策远非完全彻底的资质放开或"负面清单式管理"，其对新进入企业的资质及产品技术水平设定了较高的先决条件，但相对于多年来汽车整车生产资质基本"不新增"的状况，应该说是汽车投资体制和行政管理体制改革的一次突破。汽车动力电动化发展趋势是我国汽车产业追赶世界先进水平的机遇，但同时我们也面临各种技术路线、产品形态、商业

汽车蓝皮书

模式等所带来的不确定性。在这种情况下，引入新竞争者及其新思维和跨界技术，有利于促进竞争，有利于充分发挥市场的导向和筛选作用，有利于我国电动汽车产业在技术、产业链和商业模式等方面加速走向成熟。可以预见，该政策对所有有意进行纯电动乘用车科研和生产的企业提供了机遇，特别是有一定基础的商用车生产企业、汽车零部件生产企业、汽车专业设计企业、IT 和互联网企业等。

与放开纯电动乘用车生产资质相对应的，是"僵尸车企"将被要求强制退出。2012 年 7 月工信部发布了《关于建立汽车行业退出机制的通知》，2013 年第一批特别公示企业公告有 48 家企业受到警告。据悉（《中国汽车报》2015 年 11 月 30 日），经过整改，其中多数企业恢复了正常生产经营，但尚有 14 家企业将被强制取消资质。资质的一放一收、企业的一进一出，体现了汽车行业有进有出、优胜劣汰的动态管理机制初步建立，将为我国汽车产业发展注入新的活力。

"补贴退坡"是 2015 年的又一个热门词语。为使我国新能源汽车市场逐步由政策驱动向市场驱动转变，各种财政激励政策逐渐退坡将是大势所趋。目前，涉及享受财政补贴或减免税优惠的新能源汽车车型目录有 3 个：《节能与新能源汽车示范推广应用工程推荐车型目录》《免征购置税的新能源汽车车型目录》《节约能源 使用新能源车辆（船舶）减免车船税的车型（船型）目录》。实际上，由中央政府和地方政府分别对购买新能源汽车给予补贴是 2010 年从上海等 6 个试点城市开始的。2013 年 9 月，财政部、科技部、工信部和国家发改委联合发布《关于继续开展新能源汽车推广应用工作的通知》，明确继续对消费者购买新能源汽车予以补贴，并首次提出补贴标准将逐渐退坡。2014 年 1 月，上述四部委又联合发布《关于继续开展新能源汽车推广应用工作的通知》，确定 2014 年和 2015 年补贴标准将在 2013 年基础上分别下调 5% 和 10%。2015 年年初四部委联合发布《关于公开征求 2016～2020 年新能源汽车推广应用财政支持政策意见的通知》，提出 2017 年和 2019 年的补贴标准将分别在 2016 年和 2017 年基础上再下调 10%。面对政策性补贴退坡幅度不断加大的形势，人们不仅关心这将给新能源汽车市场带来哪些影响，还关心什么样的接续政策（如碳排放积分交易）更有利于产业的健康发展。

表10 2013～2015年国家对新能源乘用车补贴标准

单位：公里，万元/辆

类别	续驶里程	2013	2014	2015
纯电动	80（含）～150	3.5	3.325	3.15
	150（含）～250	5	4.75	4.5
	250（含）以上	6	5.7	5.4
增程式插电式混合动力	50（含）以上	3.5	3.325	3.15
燃料电池	—	20	19	18

资料来源：《中国汽车报》2015年4月13日。

购车补贴政策的初衷，是在产业化初期，在技术不成熟、成本较高条件下，帮助企业通过产品技术水平提升和市场规模扩大逐步降低成本，最后使企业走上完全市场化的发展道路。但2015年的新能源汽车市场，出现了一个与高额财政补贴相关的怪现象——"骗补"。一些企业利用中央和地方发展新能源汽车的决心和对新能源汽车的高额补贴政策（见表10），钻空子骗取补贴。在市场规模超常规高速扩张的背后，少数企业以追逐补贴为目的。在当前形势下，尽快创新体制机制、完善财政激励政策，对我国新能源汽车产业的可持续发展至关重要。

2015年让电动汽车生产企业最感头疼的问题，就是电池问题。动力电池是新能源汽车的心脏，动力电池技术是新能源汽车的关键核心技术，各种"骗补"行为也是围绕电池展开的。2015年的电池问题主要集中在三个方面，一是供不应求；二是技术水平低；三是质量堪忧。由于电动汽车销量激增，车用动力电池出现供不应求的情况，制约了新能源汽车产能的释放。在市场需求驱动下，"2015年电池产业新增投资1000亿元，已有和在建产能合计约为1800亿瓦时"（《中国汽车报》2015年12月14日）。与此同时，我们看到，目前国内电池企业对提高产能的热情远高于对提升核心技术的热情，大批技术含量较低的电池企业不断投产，发展下去有可能面临优质电

依然供不应求而低水平电池大量过剩的危险。在技术水平方面，以动力电池模块能量密度为例，130 瓦时/公斤基本代表了目前我国动力电池的最高水平，而松下、LG、三星等日韩企业的产品已超过 180 瓦时/公斤，而且生产成本低于我国。在产品质量方面，据悉，随着电池短缺问题加剧，不少低质产品流入市场，"2015 年 8～9 月，国内排名靠前的动力电池企业产品合格率在 80% 左右，但不合格的 20% 最终也进入市场了"（《中国汽车报》2015 年 12 月 14 日），电动汽车安全隐患令人担忧。

国际大牌车企开放电动汽车技术专利，是 2015 年在我国引起高度关注的又一事件。2014 年 6 月，特斯拉宣布无偿公开其所持有的电动汽车电池和充电器相关专利，供其他企业和个人使用。在此之后，2015 年 1 月丰田汽车公司宣布，将无偿提供 5680 项燃料电池相关专利（包括正在申请中的专利）的使用权，旨在推动并主导燃料电池产业的发展；2015 年 5 月 28 日福特公司宣布，对外公开上千项电动汽车技术专利，以加速产业发展（《中国汽车报》2015 年 6 月 8 日）。他们在新能源汽车技术上的专利战略，及其通过广泛合作尽快培育市场的意图，应对我们有所启示。

四　互联网元素向全产业链渗透，产业生态格局气象万千

当前在新一轮科技革命和产业变革推动下，汽车产业与电子信息等新兴产业深度融合，汽车产品技术和制造技术低碳化、信息化、智能化发展加速推进，人们的汽车消费需求和出行方式的多元化趋势日益明显。在这一背景下，汽车全产业链成为各种新技术、新服务、新业态、新模式竞相创新发展的大平台。尽管新生事物存在一定的风险和不确定性，但这个平台依然吸引了众多雄心勃勃的创新者、创业者和企业家，新的市场需求不断被挖掘，新的服务业态和商业模式不断涌现，汽车产业价值链进一步得到延伸。2015年，在这场如火如荼的融合、跨界创新发展中，互联网技术和互联网思维是业内的关注焦点。可以说，互联网元素正在向全产业链渗透，产业生态格局

不断变化。

汽车产业的产业链之长无与伦比，包括汽车自身的投资、研发、生产、供应、销售、维修；从原材料、零部件、工艺装备、物流到油料、金融、保险、服务、二手车、租赁、咨询，直至基础设施建设等。归纳起来，汽车产业链大致包括造车、销售、使用和服务四个方面。

随着互联网和电子商务的发展，汽车电商迅速崛起，这是在互联网向汽车产业链渗透过程中最先涉及的一个领域。简而言之，汽车电商就是把线下的汽车销售搬到线上，是电子商务的一个新内容。按照参与主体的不同，汽车电商平台分为四类：一是以汽车之家和易车等为代表的垂直汽车电商平台，是专门从事汽车销售的平台；二是以天猫、京东等为代表的综合电商平台，是从事包括汽车在内的不同商品的多元化电商平台；三是以上汽"车享家"等为代表的厂商自建电商平台；四是以庞大汽车电子商城为代表的经销商自建电商平台。在业务内容上，这些电商平台或从事新车销售，或从事二手车销售，或既销售新车又销售二手车，有的甚至还涉足汽车租赁等其他服务业务。与汽车线下销售一样，线上销售也不可避免地涉及汽车金融问题。因此，汽车电商运营主体一方面需要建立与整车厂销售体系的联系，另一方面需要与金融机构合作，作为信用担保方，使购车贷款的在线授信和在线审批成为可能。2015年，汽车电商借助"双11"活动，再次让汽车产业令人刮目相看。2015年仅"双11"一天时间，通过汽车之家、易车和阿里汽车电商平台订购汽车的数量分别达到5.4万辆、7.8万辆和近10万辆（《中国汽车报》2015年11月16日）。另据《中国汽车电子商务发展报告2015》，2014年中国二手车电商交易量为60.52万辆，占全年二手车交易量的10%。

在城市交通拥堵、空气污染、限牌限行等诸多因素作用下，出行难问题日益凸显。面对这一困境，互联网技术及共享、互联理念，为解决这一难题提供了一种全新的思路。2015年以来，出行服务领域出现了一批心怀梦想、行动迅速的创业者，他们高举共享、互联的旗帜，借助互联网平台和移动终端APP，开创出互联网打车、专车、拼车、顺风车、共享大巴、P2P租车等

各类共享出行服务平台，由乘客、私人车主、出租车公司、平台商等共同参与的新的出行业态蓬勃发展，为出行市场带来了多元化选择，人们的个性化出行需求得到更好地满足。虽然都是基于共享、互联理念，但不同模式的共享出行有各自不同的特点。互联网打车的车辆供给方是出租车，供需双方通过互联网连通，既节约了乘客打车时间，又降低了出租车空驶率。互联网专车采用的是"专业车辆、专业司机"的 B2C 经营模式，它并非替代出租车，而是给用户提供更加安全、舒适、标准化的服务，如滴滴快的、Uber、神州专车、易到用车、一嗨租车、首汽约车等。拼车和顺风车类似，都是以私家车挂靠为主的 C2C 模式，通过预设行车路线，让车主和乘客通过系统实现迅速匹配，实现顺路搭乘出行，如微微拼车、滴滴顺风车、嘀嗒拼车等。共享大巴或拼大巴即上下班巴士定制，通过提高巴士运营效率，为上班族提供更好的出行服务，如嗒嗒巴士、嘟嘟巴士、巴哥租车、滴滴巴士等。P2P 租车的商业模式是将闲置的私家车和拥有的行驶时间分享到 P2P 平台，供有需求的人进行选择，让有车者车尽其用，让没车者有车可用，如宝驾租车、友友租车、凹凸租车、AA 租车、PP 租车等。以滴滴快的为例，目前有 40 万专车司机、130 万出租车司机，正布局包括出租车、专车、顺风车、代驾及公交在内的多种出行 O2O 业务线，"把所有交通工具搬到网上，打造全球最大的一站式出行平台"（《中国汽车报》2015 年 6 月 15日）。再如嘀嗒拼车，经过 2015 年的高速发展，目前已拥有超过 4000 万用户、700 万车主，业务范围覆盖全国 335 个城市（《中国汽车报》2016年 2 月 1 日）。由此，互联网出行发展之快，可见一斑。值得注意的是，目前整车企业也在布局共享用车市场，如吉利、北汽新能源、东风日产等。

互联网的线上平台与线下店面相结合的 O2O 模式对汽车后市场的服务领域所带来的变化更是令人目不暇接。所涉及的服务领域包括：维修保养、配件供应、洗车、停车、代驾等。这些变化的一个核心是注重用户体验。用户是互联网商业模式的基础，互联网思维就是靠免费的模式来吸引海量用户加入，通过用户体验来获得用户黏度。因此出现了上门保养、上门洗车和0元保养、0元洗车等项目，试图利用互联网思维来进行海量客户导入。

在互联网对汽车产业链的渗透中，最引人注目的是互联网企业造车。在谷歌和苹果造车之后，我国互联网企业或IT企业腾讯、乐视、阿里巴巴、百度、华为、小米与汽车企业合作造车或自行造车的传闻也不绝于耳，特别是积极推进自动驾驶乃至无人驾驶技术研发。互联网企业为什么要造车呢？乐视认为，"传统汽车生产方式最大的特点就是比较封闭，这点从众多车企拒绝开放CAN总线协议上便能感受到。苹果、谷歌等互联网巨头纷纷宣布造车，很大程度上也是无奈之举。乐视希望打破这种封闭，重构汽车生态秩序"（《中国汽车报》2015年8月24日）。乐视认为，"汽车的使命已经发生了变化，除了交通工具，未来的汽车更是一种生活方式，提供一种全新的互联网交通生活场景，为此要打造智能化、互联网化、电动化、社会化的汽车"（《中国汽车报》2015年11月2日）。对于互联网公司参与造车，汽车业内认为是好现象，将给汽车研发生产带来新的理念。例如，在进行市场调研时，可以利用互联网进行大数据分析，使产品和服务更符合消费者需求；在进行产品设计开发时，可以引入互联网的众包模式，实现定制化设计；在生产制造环节，可以借鉴手机的代工生产模式，降低生产成本。另外，关于技术和模式的关系，不少人觉得在一些领域似乎模式比技术更重要，但有业内人士认为，在汽车行业绝非如此，如果没有技术积累，汽车业的商业模式将无从谈起。

总之，互联网对汽车全产业链的渗透范围越来越大，程度越来越深，各种新模式、新业态如雨后春笋般不断涌现。笔者相信，互联网等新一代信息技术必将给汽车产业生态和竞争格局带来深刻变化。

五　智能网联概念方兴未艾，车联网和智能汽车技术日新月异

随着能源、环境、交通等外部性约束不断加剧，汽车的电动化、智能

化、网联化成为汽车产业技术发展的三大趋势。对于我国汽车产业来说，智能网联汽车与电动汽车一样，是我国汽车产业实现转型升级和赶超发展的一次战略性机遇。

2015 年 5 月 19 日国务院发布了《中国制造 2025》，将节能与新能源汽车列为十大重点领域之一。在此基础上，中国工程院于 2015 年 11 月发布了《"中国制造 2025"重点领域技术创新绿皮书》。在该绿皮书中，智能网联汽车的概念首次被提及，并将智能网联汽车与节能汽车和新能源汽车一起，列为节能与新能源汽车的三大发展方向之一。

根据《"中国制造 2025"重点领域技术创新绿皮书》，"智能网联汽车是指搭载先进的车载传感器、控制器、执行器等装置，并融合现代通信与网络技术，实现车内网、车外网、车际网的无缝链接，具备信息共享、复杂环境感知、智能化决策、自动化协同等控制功能，与由智能公路和辅助设施组成的智能出行系统，可实现高效、安全、舒适、节能行驶的新一代汽车"。智能网联汽车又分为辅助驾驶、半自动驾驶、高度自动驾驶和完全自动驾驶四个级别。直观来看，智能网联汽车技术至少应包括三个方面：智能通信技术（车联网技术）、智能汽车技术和智能交通技术。

与高度依赖政府政策的电动汽车发展形成鲜明对照的是，当前众多汽车企业、零部件企业都积极主动地对智能网联汽车技术发展投入极大热情，特别是 IT 企业强势介入，各类车联网技术及智能汽车技术日新月异，形成蓬蓬勃勃的发展局面。企业的这种热情来源于对智能网联汽车产业化前景的乐观预期。波士顿咨询公司（BCG）2015 年 10 月 19 日发表的一份报告指出，自动驾驶汽车时代"近在咫尺"，"未来十年，整车厂的全自动驾驶汽车成本预计可下降 9%，半自动驾驶汽车的成本可下降 4% ~10%，首批全自动驾驶汽车将于 2025 年正式上路"（《中国汽车报》2015 年 11 月 2 日）。谷歌更加乐观，认为"这项技术将在 2020 年前具备推向市场的条件"（《中国汽车报》2015 年 7 月 13 日）。我国长安汽车制定了智能汽车技术发展规划——"654 战略"，预计将在 2025 年推出真正的全自动驾驶技术，并实现产业化应用。

就车联网技术而言，2015 年的发展主要集中在车载信息系统、车载信息服务、V2X 技术及商用车应用等方面。所谓车载信息系统，即具备 Telematics（如车载娱乐、车载导航、语音通信等）功能的硬件和软件，这里既涉及不同的技术路线，如 TBOX 和 LINK，也涉及不同的技术方案。目前，不少自主品牌整车企业都有自己研发的智能车载信息系统，如：北汽的 i-link、海马的 moonfun、长安的 inCall3.0 + TBOX，以及 IT 企业百度的 CarLife、四维图新的 WeDrive 和 WeLink、乐视的 ecolink 等。车载信息服务内容也愈加丰富，海马汽车将其归纳为四类：车生活，帮助用户方便、快捷地了解天气、交通等状况，扮演贴心小秘书角色；车服务，可提供全时在线的预约维修保养服务并可在线支付；车管理，可帮助用户及时了解车辆状况，规范用户用车行为等；车控制，可帮助用户通过手机 APP 远程控制汽车，进行后备厢开启、远光灯开启等操作。此外，车联网技术正从手机车机互联技术向 V2X 技术发展，即基于短程通信技术并按照约定的通信协议和数据交互标准，实现与车、路、行人等进行无线通信和信息交换，这是协同式辅助驾驶技术的重要前提。

目前，商用车领域互联网技术应用是一大亮点。2012 年以来，国务院和交通部相继发布《关于加强道路交通安全工作的意见》《关于加快推进"重点运输过程监控管理服务示范系统工程"实施工作的通知》《道路运输车辆动态监督管理办法》等。在政府政策推动下，为提升运营企业服务质量和核心竞争力，诸多商用车企业推出各自的车联网系统，例如：金旅客车的"慧多星"和"适百科·SPARK"、海格的"G - BOS 智慧运营系统"、陕汽的"天行健"、中国重汽的"智能通"、福田欧曼的"i-foton"、联合卡车的"联合通"。一汽解放、东风柳汽和上汽依维柯也都发布了自己的车联网系统。从实现功能上，以金旅"慧多星"客车车联网系统为例，具备安全驾驶管理、油耗管理、GPS 定位管理、远程故障报警管理、3G 视频监控管理、维保管理和车线匹配管理 7 项功能；以陕汽"天行健"卡车车联网系统为例，目前使用最多的服务包括车辆安全管理、油气耗管理、驾驶行为分析、远程控制、系统多重防拆等。据交通部有关人士介绍，截至目前，建

成了全国联网的客运车辆和危险品车辆联网联控系统，共有 80 万辆旅游包车及危险品车辆安装了车载装置；建成了全国道路货运公共监管和服务平台，共有 320 万辆重型载货汽车通过车联网系统接入该平台。这是全球最大的商用车车联网系统，通过运营该系统，在全国范围内实现了对运营车辆跨区域、跨部门的联合监管，监管效率大大提升，应急处置和运输组织出现革命性变化，安全事故明显降低。

在智能汽车技术上，是朝着自主式辅助驾驶技术（采用激光雷达、毫米波雷达、超声波雷达等常规雷达和摄像机等进行环境感知和识别）和基于 V2X 的协同式辅助驾驶技术，以及从辅助驾驶到半自动驾驶、高级自动驾驶，再到完全自动驾驶方向发展的。我国目前的辅助驾驶技术多为自主式辅助驾驶技术。随着 ACC 自适应巡航系统、FCW 前碰撞预警、LDW 车道偏离预警、AEB 紧急制动刹车系统、ELA 紧急车道辅助系统、盲点探测、APA 自动泊车等驾驶辅助系统（ADAS）的发展，我国智能汽车技术研发取得进展。在 2015 年上海车展期间，一汽、上汽和博泰集团都展出了无人驾驶概念车。2015 年 8 月 29 日，一辆宇通智能驾驶电动客车在河南郑州进行了开放道路环境下的公开路试，其间自主完成了跟车行驶、自主换道、邻道超车、路口自动辨识信号灯通行、定点停靠等一系列试验科目，最高车速 68 公里/小时，全程 32.6 公里。2015 年 7 月 21 日，长安一辆基于 V2X 设备的睿智智能汽车，在美国国际自动驾驶研讨会（AVS）上进行了展示，利用示范运行区路侧系统提供的信息，实现了弯道预警、道路施工提示和异常车况预警等 3 项应用。长安汽车表示，目前他们在几辆车间的 V2V 技术已经成熟，但实现更多车辆间的通信还有待时日；预计在 2018～2020 年，他们在高速公路上的自动驾驶汽车将实现人车驾驶切换、换道超车和自动泊车三项功能。

在智能汽车研发过程中，自动驾驶测试场建设必不可少。上海国际汽车城的智能网联汽车示范区是由工信部批准的首个智能网联汽车试点示范区建设项目，示范区一期于 2016 年 6 月开园，面积为 2 平方公里。场内有 GPS 差分基站、LTE - V 通信基站、DSRC 和 LTE - V 路侧单元、智能红绿灯和各类摄像头等，实现了整个园区道路的北斗系统厘米级定位和 Wi – Fi 全覆盖，及隧道、林荫道、丁字路口、圆形环岛等各类模拟交通场景。到三期工程全部建成后，三个示范区面积合计将达到 120 余平方公里，包含 150 ~ 200 个应用场景，将有 1 万辆测试车进入。2015 年 8 月 18 日中国智能车综合技术研发与测试中心建设启动，预计 2018 年投入使用，由常熟市人民政府联合西安交大等高校和研发机构共同组建。

此外，与智能网联汽车密切相关的另一个话题是高精度、动态地图技术，它对车联网技术和智能汽车技术的应用具有非常重要的意义。用于智能网联汽车的高精度地图不同于一般的导航地图，一是精度更高，地理位置精度要达到分米级别；二是至少要包括定位层（localization layer）和计划层（planning layer），前者用于对汽车位置的精准定位，后者须提供包括道路几何线形、交通标志、标线、交通状况、信号灯、邻车及行人状态等各类信息。在国际上一些企业争相对 HERE 地图进行收购的同时，我国导航电子地图数据提供商在介入智能网联汽车相关业务方面日益活跃，其中，四维图新和高德是市场占有率最大的两家。无论是奉行扩张式战略或聚焦式战略，他们都将市场开拓重点瞄向智能网联汽车。

六　汽车产品出口遇阻再次走低，但积极的海外建厂和收购活动引人注目

汽车产业竞争力本质上是汽车产业的国际竞争力，汽车产品出口及汽车产业的国际化发展，既是产业国际竞争力水平的体现，也是锻炼和提升产业国际竞争力的有效举措。

总体来说，我国汽车产业的国际化发展才刚刚起步。以整车出口为例，出口量占总产量的比例在 2008 年达到历史最高水平，为 7.29%（见表 11），不仅低于欧洲、美国、日本、韩国等汽车发达国家和地区 50% ~75% 的水平，甚至低于巴西 20%、印度 13% 的水平。

表 11　2006～2015 年汽车整车出口量及占汽车产量的比例

单位：辆，%

年份	产量	出口量	出口量比上年增长	出口量/产量
2006	7279726	343379	98.15	4.72
2007	8882456	614412	78.93	6.92
2008	9345101	681008	10.84	7.29
2009	13790994	370030	−45.66	2.68
2010	18264667	566653	53.14	3.10
2011	18418876	849808	49.97	4.61
2012	19271808	1015729	19.52	5.27
2013	22116825	948549	−6.61	4.29
2014	23722890	947909	−0.07	4.00
2015	24503326	755467	−20.30	3.08

资料来源：2006～2014 年数据来源于《中国汽车工业年鉴》；2015 年数据来源于《中国汽车工业产销快讯》2016 年 1 月。

从整车出口数量来看，2015 年汽车整车出口 75.55 万辆，是自 2012 年超过 100 万辆之后，连续第三年下降。其中，轿车出口 30.80 万辆，比上年下降 16.97%；载货车出口 21.88 万辆，比上年下降 26.18%；客车出口 11.84 万辆，比上年下降 36.81%。在轿车细分市场中，呈现两种趋向，2 升及以上轿车出口 2.16 万辆，比上年增长 12.21%；1.5 升及以下轿车出口 16.98 万辆，比上年下降 27.42%。在载货车细分市场中，也呈现两种变化趋向，载重量 14～20 吨的柴油车出口 1.31 万辆，比上年增长 63.95%；5 吨以下汽油车和柴油车分别出口 6.82 万辆和 5.65 万辆，分别比上年下降 17.16% 和 51.76%。

从整车出口金额来看，2015 年汽车整车出口金额为 124.37 亿美元，比上年下降 9.92%。但整车出口单价则比上年提高 0.19 万美元，达到 1.65 万美元。这在一定程度上体现了自主品牌从追求出口数量到注重出口利润、主动调整出口结构的思维转变，从而使汽车整车出口产品结构出现好的发展迹象。

2015 年汽车零部件出口自 2010 年以来首次出现下降。2015 年出口金额为 619.17 亿美元，比上年下降 4.18%（见表 12），占汽车商品（含整车和零部件）出口总额的77.35%。在发动机、汽车零件/附件及车身、汽车/摩托车轮胎和其他汽车相关商品等四大类中，除发动机出口金额比上年略有增长外，其余均呈下降趋势。

表12　2006~2015年汽车零部件出口金额及比上年增长率

单位：亿美元，%

年份	出口金额	比上年增长
2006	215.53	38.51
2007	294.98	36.86
2008	350.50	18.82
2009	286.02	-18.40
2010	405.84	41.89
2011	521.93	28.60
2012	553.22	6.00
2013	598.21	8.13
2014	646.17	8.02
2015	619.17	-4.18

影响2015年汽车产品出口的因素是多方面的。第一，俄罗斯和巴西等中国汽车的主要出口市场持续低迷，是中国汽车整车出口下滑的原因之一。随着上述国家汽车市场出现连续暴跌，以及当地货币大幅贬值，奇瑞、江淮、吉利、力帆等中国自主品牌车企在这两大市场的销售大幅受挫。第二，日本、韩国等竞争国货币的贬值在一定程度上削弱了中国汽车的市场竞争力。第三，中国汽车出口产品主要为相对低端车型，中高端车型竞争力不足。第四，部分车企根据市场情况调整出口思路，主动减少了效益不好的产品的出口。第五，我国轮胎出口最大的目的国——美国，频繁发起对我国出口轮胎的反倾销和反补贴调查，使我国轮胎产品出口出现大幅下滑。

但与此同时，我国提出的"一带一路"战略构想，以及多个自由贸易区建设，又为我国汽车企业进一步走出去带来了机遇。"一带一路"战略涉及东亚、西亚、北亚、东盟、独联体、中东欧的65个国家，近20万亿美元的GDP总量，且多数国家和地区处于经济发展上升期，汽车市场潜力巨大。

目前，我国在建自贸区 19 个，涉及 32 个国家和地区；已签署自贸协定 14 个，涉及 22 个国家和地区；正在谈判的自贸区 7 个，涉及 25 个国家；正在研究的自贸区 5 个（《中国汽车报》2016 年 1 月 25 日）。其中，中国与韩国自贸区、中国与澳大利亚自贸区协定分别于 2015 年 6 月 1 日和 6 月 17 日签署。

在此背景下，我国汽车企业在相关国家和地区积极布局，务实推进国际化发展。上汽于 2015 年 11 月成立上汽中东公司，借势"一带一路"布局中东市场；2015 年 10 月 30 日，苏州金龙海格交付沙特 1200 辆出口订单，这是截至目前中国客车出口的最大订单；奇瑞汽车计划在巴西投资 7 亿美元，打造汽车产业园；江淮在巴西兴建的工厂预计 2016 年投产；力帆汽车位于俄罗斯利佩茨克州的组装厂已经破土动工，预计投资 3 亿美元，2017 年底或 2018 年初投产，年产能 6 万辆；长城汽车在俄罗斯图拉州独资建设的汽车组装厂，总投资 32 亿元人民币，这是长城在海外投资建设的第一家完整工艺汽车厂，年产能 15 万辆；2016 年 9 月，华泰汽车与俄罗斯重卡制造商卡玛斯汽车签了 6.3 亿美元的合资协议，成立年产 30 万辆乘用车公司。

2015 年，中国汽车产业的海外并购依然活跃，其中最为引人瞩目的是，2015 年 3 月，中国化工橡胶总公司以 70 亿美元收购意大利轮胎巨头倍耐力，成为倍耐力最大股东，持股比例为 65%。这是迄今为止中国制造业最大的海外收购案。此外，2015 年 3 月，潍柴动力以 1.87 亿欧元收购德国叉车、仓储搬运设备和其他工业卡车制造商凯傲公司（KION GROUP AG，KGX）4.95% 股权，间接持股达到 38.25%；2015 年 6 月，中航工业以 8 亿美元收购美国汽车密封和防震系统公司翰德汽车（Henniges Automotive Holdings Inc）；2015 年 8 月，霍氏集团和美国凯雷投资集团接收壳牌转让其持有的统一润滑油 75% 股权；2015 年 10 月，中鼎密封件股份有限公司以 1 欧元收购法国辉门 FM 密封系统公司 100% 股权；2015 年 11 月，航天机电收购合资公司伙伴上海德尔福 50% 股权，拥有了合资公司的绝对控制权。透过这些收购案，我们可以预计，通过海外收购，获得汽车零部件核心技术，提升核心竞争力，将成为未来我国汽车产业国际化发展的一种重要形式。

B.3

2014年中国汽车产业国际
竞争力的变化

一　2014年中国汽车产业国际竞争力的
国际差距分析

　　课题组在《中国汽车产业发展报告（2008）》一书中率先构建了"中国汽车产业国际竞争力指标体系"[1]，以综合度量各年份国内汽车产业国际竞争力的发展变化。至今该指标体系已试行六载，其结果与近年来国内汽车产业的实际发展情况基本吻合。考虑到研究框架的可比性和连续性，在《中国汽车产业发展报告（2016）》中，课题组将继续沿用该指标体系，但由于截至目前相关最新、最完整的汽车行业年度数据大多仅更新至2014年，为此，课题组将重点评估2014年中国汽车产业国际竞争力的发展情况，主要从汽车产业的环境竞争力、组织竞争力、创新竞争力以及国际绩效竞争力四个维度展开分析。

　　具体的计算结果如表1所示。

表1　中国汽车产业国际竞争力2014年与2013年的计算结果比较

指标名称	2014 年					2013 年	2014/
	下限值	上限值	中国值	权重	分数	分数	2013
A 我国汽车产业国际竞争力	—	—	—	—	68.94	64.95	1.061
B01 产业环境竞争力	—	—	—	0.47	83.04	79.08	1.050
C01 配套体系（新车从国内采购零部件数额占整个汽车零部件采购额的比重）	10.00	80.00	75.14	0.51	93.06	85.79	1.085

---

　　① 构建方法详见2008年汽车蓝皮书《中国汽车产业发展报告（2008）》，第86~90页。

指标名称	2014 年					2013 年	2014/
	下限值	上限值	中国值	权重	分数	分数	2013
C02 国内需求（综合考虑国内消费额与国际消费额的比率及消费增长的比率）	1.18	33.73	33.73	0.26	100.00	100.00	1.000
C03 产业地位（汽车产业增加值占 GDP 比重）	0.80	4.00	1.44	0.15	20.00	20.63	0.970
C04 政府行为（综合考虑政府产业政策、关税水平等因素）	1.00	5.00	4.30	0.05	82.50	77.50	1.065
C05 安全环保节能政策（综合考虑了安全、环保、节能政策的制定和执行情况）	1.00	5.00	4.27	0.03	81.75	78.75	1.038
B02 产业组织竞争力	—	—	—	0.28	76.22	69.02	1.104
C06 产业规模经济性（达到最低经济规模企业总产量占全国总产量比重）	0.00	100.00	86.61	0.62	86.61	75.54	1.147
C07 产业集中度（CR3）	30.00	91.30	52.95	0.24	37.44	36.68	1.021
C08 劳动生产率［辆/（人·年）］	0.00	65.00	62.85	0.14	96.69	95.57	1.012
B03 产业创新竞争力	—	—	—	0.18	38.83	38.39	1.011
C09 研发经费投入（研发经费占销售收入比重）	0.00	6.60	1.99	0.47	30.15	29.04	1.038
C10 研发人员投入（研发人员占全部从业人员比重）	0.00	12.00	7.56	0.28	63.00	64.33	0.979
C11 自主品牌（自主品牌汽车产量占汽车总产量比重）	10.00	99.80	28.67	0.15	20.79	19.52	1.065
C12 专利情况（内外资企业专利获授权数量之比）	0.00	1.00	0.39	0.10	39.00	38.00	1.026
B04 产业国际绩效竞争力	—	—	—	0.07	22.57	22.10	1.021
C13 国际市场份额（汽车出口金额与世界汽车贸易额的比率）	0.00	6.39	1.82	0.53	28.48	26.61	1.070
C14 海外生产能力（企业在国外生产汽车数量与全部生产数量的比率）	0.00	64.37	0.19	0.27	0.29	0.28	1.036
C15 显示性比较优势指数	0.00	2.80	0.46	0.22	16.58	16.54	1.002
C16 贸易竞争力指数	−0.80	0.74	−0.08	0.08	46.88	53.47	0.877

注释：本文分析主要是基于 2014 与 2013 年的数据，并综合考虑 2012 年以前的数据。

资料来源：表中 2014 年的上限值、下限值和中国值分别来源于《中国汽车工业年鉴 2015》、《德国汽车工业协会年报 2015》、《2015 年日本自动车工业年报》等资料和韩国汽车工业协会、世界汽车工业协会以及 WTO 提供的相关行业研究报告与数据，部分数据由业内专家估算所得。

综合而言，2014 年我国汽车产业国际竞争力为 68.94 分，同比增长 6.14%，整体综合竞争力稳步提高。如图 1 所示，2011 年以来国内汽车产业国际竞争力稳步增长，年均增长率约为 6.4%，已成为全球最重要的汽车市场之一。

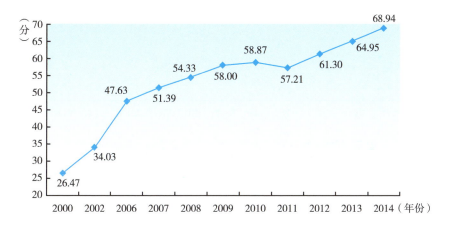

图1 2000 年以来中国汽车产业国际竞争力变化

如图 2 所示，四个一级指标——产业环境竞争力、产业组织竞争力、产业创新竞争力及产业国际绩效竞争力分值分别为 83.04 分、76.22 分、38.83 分和 22.57 分，同比增幅分别为 5.0%、10.43%、1.15% 和 2.13%；若综合指标权重看，对我国汽车产业国际竞争力的贡献度分别为 39.03、21.34、6.99 和 1.58，产业环境竞争力的贡献力度仍然最大。2014 年，国内汽车产业组织竞争力增幅最大，这主要得益于汽车产业规模经济性的进一步提升，全年我国实现汽车产销量分别为 2372.29 万辆和 2349.19 万辆，同比分别增长 7.26% 和 6.86%，其中基本乘用车方面，全年产量 1248.11 万辆，而年产超过 25 万辆的生产企业包括一汽大众、上海通用等共 14 家，合计生产 1080.99 万辆，占全年基本乘用车产量比重为 86.61%，较 2013 年提高了 11 个百分点。

具体到二级指标层面，第一，产业环境竞争力 2014 年得分最高，同比增幅为 5%，其中五个二级指标（见图 3）配套体系、国内需求、产业地

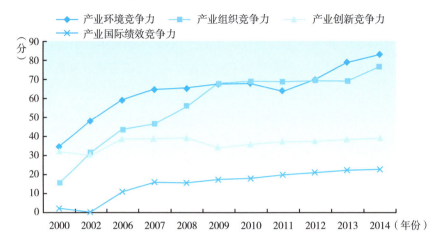

图2　2000～2014年中国汽车产业国际竞争力一级指标比较

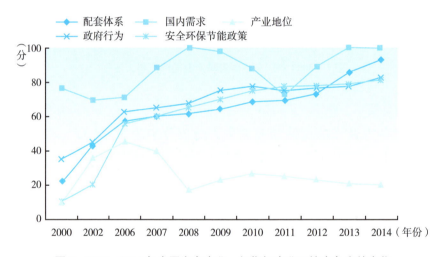

图3　2000～2014年中国汽车产业一级指标产业环境竞争力的变化

位、政府行为及安全环保节能政策得分分别为93.06分、100.0分、20.0分、82.50分和81.75分，同比增幅分别为8.47%、0、-3.05%、6.45%和3.81%；若综合指标权重看，对汽车产业环境竞争力的影响分别为47.46、26.00、3.00、4.13和2.45，其中配套体系的贡献最大，安全环保节能政策贡献最小。2014年，我国汽车国内需求保持稳步增长，全年汽车销量近 2350 万辆，连续多年全球第一。世界汽车工业协会相关数据显示，2014 年我国汽车销量占世界汽车销量约 26.72%，较 2013 年提高 1.4 个百分点，占比也超过美日两国销量之和 2 个百分点，全世界每销售四辆车就约有一辆来自中国，我国汽车市场已成为全球汽车最重要的市场之一，影响力进一步增大。产业地位 2014 年同比下滑 3 个百分点，主要是由于 2014 年我国汽车工业增加值与国内生产总值之比为 1.44%，较 2013 年回落了 0.02 个百分点，而国内需求因 2013 年、2014 年国内分值均为 100 分，因此同比增幅为 0。

第二，产业组织竞争力 2014 年得分为 76.22 分，同比增长 10.43%，增幅最大，其中三个二级指标（见图 4）产业规模经济性、产业集中度及劳动生产率得分分别为 86.61 分、37.44 分和 96.69 分，同比增幅分别为 14.65%、2.07% 和 1.17%；若综合指标权重看，对汽车产业组织竞争力的影响分别为 53.70、8.99 和 13.54，产业规模经济性贡献最大，产业集中度的贡献最小。具体而言，产业规模经济性，2014 年国内轿车产量超过 25 万辆的企业共 14 家，较 2013 年增加一家，14 家企业共生产了 1080.99 万辆轿车，占比 86.61%，较 2013 年提高了 11 个百分点；但产业集中度（CR3）增幅较小，2014 年前三名的汽车集团汽车产量占汽车总产量的 52.95%，较 2013 年仅增长了 0.47 个百分点，增幅有限。

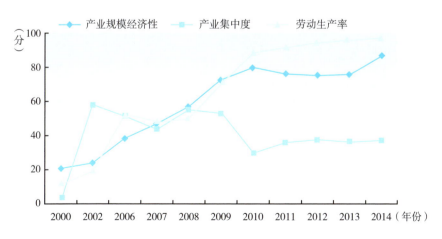

图 4　2000~2014 年中国汽车产业一级指标产业组织竞争力变化

第三，产业创新竞争力2014年得分为38.83分，同比增长1.15%，增幅最小；其中四个二级指标（见图5）研发经费投入、研发人员投入、自主品牌及专利情况得分分别为30.15分、63.00分、20.79分和39.00分，同比增幅分别为3.82%、－2.07%、6.50%和2.63%；若综合指标权重看，对汽车产业创新竞争力的影响分别为14.17、17.64、3.12和3.90，其中研发人员投入的贡献最大，自主品牌的贡献最小。2014年，研发经费投入794.38亿元，占营业收入比重为1.99%，较2013年提高了0.03个百分点，但相比德国而言，2013年德国汽车行业研发投入（包括海外研发投入）为244亿欧元，占比达到6.75%。因此，无论是研发投入绝对值，还是占比数据，国内汽车研发投入与发达国家的差距仍然较大。2014年，研发人员投入较2013年下滑2个百分点，主要是汽车全行业从业人数增速（3.1%）明显快于研发人员的增速（1.3%），导致研发人员占比下降了1.5个百分点。

图5　2000～2014年中国汽车产业一级指标产业创新竞争力变化

第四，产业国际绩效竞争力2014年得分为22.57分，同比增长2.13%，增幅较小；其中四个二级指标（见图6）国际市场份额、海外生产能力、显示性比较优势指数及贸易竞争力指数得分分别为28.48分、0.29分、16.58分和46.88分，同比增幅分别为7.03%、3.57%、0.24%和－12.32%；若综合指标权重看，对汽车产业国际绩效竞争力的影响分别为 15.10、0.08、3.65 和 3.75。2014 年，国内汽车产业国际绩效竞争力增长幅度较小，海外生产能力以及显示性比较优势均未得到有效提高，特别地，贸易竞争力指数出现较大幅度的下滑，主要原因在于 2014 年国内汽车进出口逆差进一步扩大。从统计数据看，2012 年我国汽车进出口金额分别为 782 亿美元、744 亿美元，逆差约 38 亿美元，2013 年进出口金额分别为 825 亿美元、784 亿美元，逆差扩大到 41 亿美元，而在 2014 年进出口金额分别为 986 亿美元、843 亿美元，逆差进一步扩大到 143 亿美元，且逆差扩大的增幅明显，导致测算出的贸易竞争力指数出现较大幅度的回落。

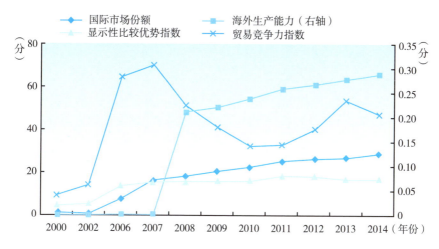

图 6　2000～2014 年中国汽车产业一级指标产业国际绩效竞争力变化

二　中国汽车产业国际竞争力的基本变化和评价

（一）中国汽车产业环境竞争力稳步增长

1. 产业地位

2014 年，中国连续六年成为世界第一汽车产销大国，汽车产业工业总

产值超过 4 万亿元，税收贡献超过 1 万亿元，汽车工业已成为国民经济重要的支柱产业，对推进国内经济结构转型发挥着不可替代的作用，在以新能源和互联网为代表的新一轮科技与产业变革中，汽车产业也将继续发挥引领作用。

2014 年，我国汽车工业增加值 9174.3 亿元，同比增长 6.6%，同比增速有所回落，占 GDP 比重也有所下降，从 2013 年的 1.46% 回落到 1.44%，与发达国家相比，差距仍然较大。2014 年，德国汽车工业增加值约 1539 亿美元，实现国内生产总值 3.85 万亿美元，德国汽车工业增加值占 GDP 的比重约为 4.01%，我国汽车产业与之差距较为明显（见图 7）。

图 7 2000~2014 年中国汽车工业增加值及其占 GDP 比重的变化

资料来源：相应年份的《中国汽车工业年鉴》。

2014 年，国内汽车工业总产值为 42324.24 亿元，首次突破 4 万亿元，同比增长 7.9%，增速也有所回落，较 2013 年同比下滑了近 1.7 个百分点；但 2014 年的国内汽车工业总产值与全国工业总产值之比较 2013 年提高 0.08 个百分点，至 4.01%，国内汽车工业产业地位总体比较稳固。2014 年，我国汽车从业人员数在继续扩大，2014 年年末从业人员为 350.52 万人，同比增长 3.1%，为国民经济发展创造了大量的就业机会。2014 年，亏损企业数为 235 个，较 2013 年减少了近 200 家，亏损面为 6.86%，较 2013 年回落了近6个百分点，表明在宏观经济放缓的背景下，汽车行业仍保持着较强的盈利能力（见图8）。

图8　2000～2014年中国汽车工业总产值及其占全国工业总产值比重的变化

资料来源：相应年份的《中国汽车工业年鉴》。

如图9所示，2014年，中国汽车产业连续六年汽车产量世界第一，2014年实现2372.29万辆的规模之最，比美日两国汽车产量之和多出200

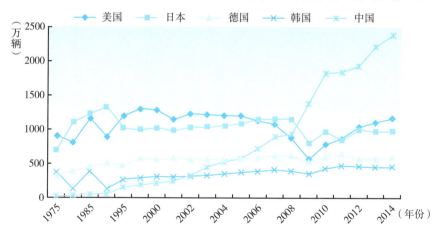

图9　1975～2014年汽车主要生产国汽车产量变化趋势

资料来源：1990年以前数据来自《世界汽车工业参考》，以后数据来自相应年份的《中国汽车工业年鉴》。

万辆，比德日韩三国汽车产量之和多出 300 多万辆，汽车产业规模可见一斑。随着国内汽车产业规模的不断壮大，汽车产业内部的协同效应进一步凸显。而从产业增速看，2014 年国内汽车产量同比增速 7.3%，高出美国近 1.8 个百分点，也远远高于德国的 3.3%、日本的 1.5% 和韩国的 0.08% 的增速。快速增长的国内汽车产业，进一步凸显了国内汽车市场的强大需求，为国内汽车产业形成竞争优势打下良好基础。

如图 10 所示，2014 年国内汽车工业实现营业收入 3.99 万亿元，同比增长 7.5%，增速较 2013 年提高了近 5.4 个百分点；实现利润总额约 2845 亿元，同比增长 4.7%。结合 2014 年亏损企业大幅缩减等数据，笔者分析发现 2014 年尽管国内汽车产业增速有所放缓，增长步入新常态，但企业盈利能力总体在不断提高，汽车产业逐渐进入从规模增长到效益增长的良性通道，这有助于进一步提升国内整个汽车产业的核心竞争实力。

图 10　2000～2014 年中国汽车工业营收和销售利润率变化趋势

资料来源：相应年份的《中国汽车工业年鉴》。

2. 国内需求

2014 年，国内汽车产销量分别为 2372.29 万辆和 2349.19 万辆，分别同比增 7.26% 和 6.86%，已经是第六年位居世界第一。世界汽车工业协会数据显示，2014 年全球汽车销量为 8792.02 万辆，其中我国汽车销量占比26.72%，较 2013 年提高了近 1.2 个百分点，这进一步凸显了中国汽车市场已成为全球汽车市场中不可或缺的重要组成部分（见表2）。

表2　2001～2014 年中国汽车消费量世界排名变化

单位：万辆

年份\排名	2001	2002	2003	2004	2005	2006	2007	2008	2009	2010	2011	2012	2013	2014
1	美国1747	美国1714	美国1697	美国1691	美国1699	美国1704	美国1646	美国1349	中国1364	中国1806	中国1851	中国1931	中国2198	中国2349
2	日本591	日本579	日本583	日本585	日本585	中国728	中国879	中国938						
3	德国364	德国352	中国444	中国507	中国576									
4	英国277	中国325												
5	法国275													
6	意大利269													
7	中国233													

资料来源：相应年份的《中国汽车工业年鉴》。

如图 11 所示，2014 年我国汽车保有量进一步增加，达到 14775 万辆，同比增长 14.13%，增速明显快于国内汽车产销量增速，继续保持高速增长态势。其中私人汽车保有量 12584 万辆，占比进一步提高到 85.17%，在汽车保有量中占比较大。2000 年以来，国内汽车保有量迅速增加，这得益于十多年来国内汽车市场的快速发展和人民消费水平的提高，目前千人汽车保有量已从 2001 年的 14 辆增长至 2014 年的 105.83 辆，增长了 6.6 倍，国内汽车保有量的快速增长，推动着中国汽车产业进一步发展，中国已步入汽车社会。

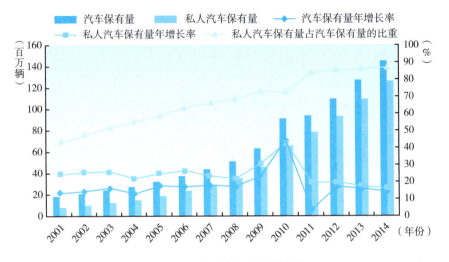

图 11　中国私人汽车保有量增长情况

资料来源：《中国汽车工业年鉴 2015》和《2014 年国民经济和社会发展统计公报》。

3. 零部件发展水平

零部件产业是汽车产业发展的重要基础，从各主要国家汽车产业发展历程来看，汽车零部件产业和整车制造产业都非常重要，德国、日本、美国等汽车强国都是建立在其强大的零部件产业和整车制造产业两个重要基础之上的。2014 年，国内零部件行业总体保持良好的发展势头，其中各类汽车零部件出口金额为 646.17 亿美元，同比增幅 8.02%，占汽车商品出口总额近80%，远远高于汽车整车出口所占比重；而进口方面，2014 年各类汽车零部件进口金额为 371.7 亿美元，同比增幅 13.7%，零部件进出口顺差274.47 亿美元。

另外，也要认识到国内零部件产业在品牌建设、渠道建设，特别是技术创新等诸多环节相较于汽车产业发达国家仍存在较为明显的不足，零部件行业的整体水平与全球最大汽车产销市场的国际地位依然不匹配，无论是从百强榜单中的上榜企业数量，还是从业务规模上来看，中国都与德国、日本、美国等国差距甚大（见表 3）。而且，国内零部件企业主要产品仍多集中在中低端环节，较少涉及变速箱、汽车电子设备，特别是发动机等核心高端板块。

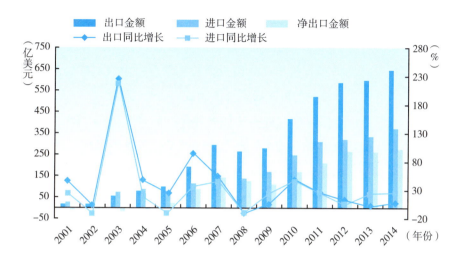

图12　入世以来中国汽车零部件进出口情况

资料来源：《中国汽车工业年鉴2013》和《中国汽车产业发展报告（2013）》。

表3　2014年全球零部件供应商百强榜单

国　　家	上榜企业数量（家）	备　　注
日　　本	29	
美　　国	23	
德　　国	19	
韩　　国	5	
中　　国	2	第83名的中信戴卡，第98名的德昌电机
企业名称	规模	单　位
中信戴卡	21.1	亿美元
德昌电机	13	亿美元
美国李尔	162.3	亿美元
德国博世集团	401.8	亿美元

资料来源：美国汽车杂志 *Automotive News* 《全球汽车零部件供应商百强榜单》。

4. 汽车产业政策

2014年，在国内汽车产业政策方面，政府相关部门出台了一系列政策措施，进一步完善了汽车行业政策及管理体系，主要表现在以下几方面。

一是投资及外资管理方面，加大了简政放权力度，确立了企业投资主体

地位。商务部启动了《中外合资经营企业法》、《外资企业法》和《中外合作经营企业法》等三部法律的修订工作,并于 2015 年 1 月发布《外国投资法(草案征求意见稿)》,提出在外国投资特别管理目录规定外的投资者享有国民待遇,并实行统一的外国投资准入制度。

二是汽车节能环保方面,进一步加大环保产品推广力度。2014 年 9 月份,国家发改委发布了第一批《节能产品惠民工程节能环保汽车(1.6L 及以下乘用车)推广目录》,共有 28 家企业 163 款车型入选,基本涵盖了市场上主要的小排量乘用车车型。2015 年 1 月,《大气污染防治法(修订草案)》公开征求意见,对机动车排放标准、燃油质量、新车排放监管、检验机构等各个环节提出了环保要求并加大违规处罚力度,另外,草案也首次提出了环保召回、总量控制、结构调整等管理措施。

三是新能源汽车方面,进一步加快新能源汽车的推广应用。2014 年 7 月,国务院发布《关于加快新能源汽车推广应用的指导意见》,明确从充电桩建设、创新商业模式、放宽投资准入、公务用车改革等方面对下一步的重点任务系统部署。特别是,财政部等部门后续发布的《关于 2016～2020 年新能源汽车推广应用财政支持政策的通知》,对于稳定企业政策预期和稳定市场信心发挥了重要作用。2014 年 8 月,财政部等部门发布了《关于免征新能源汽车车辆购置税的公告》,免除购置新能源汽车车辆购置税,极大地促进了国内新能源汽车的快速发展。

(二)中国汽车产业组织竞争力大幅提高

1. 产业集群

2012 年以来,国内六大汽车产业集群渐成规模,主要表现为:以北京、天津、山东为代表的环渤海汽车产业集群,以长春为代表的东北汽车产业集群,以上海、江苏、浙江为代表的长三角汽车产业集群,以湖北为代表的中部汽车产业集群,以四川、重庆为代表的西南汽车产业集群,以及以广东为代表的珠三角汽车产业集群。

如表 4 所示,六大汽车产业集群基本上占据了全国汽车工业市场的最主要份额，六大汽车产业集群 2014 年实现工业总产值 3.39 万亿元、增加值 6786.18 亿元、主营业务收入 3.17 万亿元及利润总额 2272.25 亿元，分别占全国汽车工业总产值、增加值、主营业务收入及利润总额的 80.21%、73.97%、79.29% 和 79.87%，除利润总额下滑 1.9 个百分点外，其他指标较 2013 年均有不同程度的提高。六大汽车产业集群的汽车产销量占比分别为 87.03%、86.78%，分别较 2013 年提高了 4.66 个和 3.8 个百分点。

表 4　2014 年六大产业集群区主要经济指标占全国汽车工业比例

指标类型	汽车工业总产值（亿元）	汽车工业增加值（亿元）	主营业务收入（亿元）	利润总额（亿元）	整车产量（万辆）	整车销量（万辆）
六大产业集群	33947.40	6786.18	31670.97	2272.25	2064.61	2038.56
占比(%)	80.21	73.97	79.29	79.87	87.03	86.78
全国合计	42324.24	9174.25	39941.96	2844.82	2372.29	2349.19

资料来源：《中国汽车工业年鉴 2015》。

　　但是，从整车生产企业来看，目前国内汽车产业集群效应仍然有待进一步提高，国内汽车厂家分布仍较为分散，这一定程度上制约了国内汽车产业组织竞争力进一步提高。以 2014 年为例，我国 250 多家汽车整车企业分布在 20 多个省（区、市）（见表 5），分别隶属于交通、兵器、航空、机械等系统，而汽车产量最高的重庆市汽车产量占全国份额仅为 9.21%，汽车产量前 3 名的重庆、北京、吉林地区合计所占份额不足 27%，前 5 名地区合计所占份额仅为 43.22%，不足一半，可见我国汽车生产地域上高度分散的布局仍有待进一步改善。

　　2. 产业集中度

　　2014 年，我国汽车产业集中度进一步提升，前 3 家企业市场集中度达到 52.95%（见图 13），较 2013 年提高了 0.43 个百分点，前 10 家企业市场集中度达到 89.83%，较 2013 年提高了近 1.3 个百分点，集中度进一步得到提升。

表5 2014年中国不同地区整车生产厂家数量与汽车产量排名

排名	地区	整车厂家数	汽车产量（万辆）	份额（%）	排名	地区	整车厂家数	汽车产量（万辆）	份额（%）
1	重庆	13	262.89	9.21	13	四川	16	96.28	3.37
2	北京	10	253.05	8.86	14	天津	9	91.90	3.22
3	吉林	3	250.30	8.77	15	浙江	11	65.46	2.29
4	上海	8	247.45	8.67	16	湖南	8	62.18	2.18
5	广东	12	220.24	7.71	17	河南	45	53.17	1.86
6	广西	3	209.23	7.33	18	江西	6	46.50	1.63
7	山东	16	203.98	7.14	19	陕西	4	37.61	1.32
8	江苏	20	198.60	6.95	20	福建	8	20.69	0.72
9	湖北	20	174.46	6.11	21	云南	4	17.67	0.62
10	辽宁	15	121.72	4.26	22	黑龙江	5	11.60	0.41
11	河北	8	97.80	3.42	23	海南	1	9.00	0.32
12	安徽	5	96.66	3.38	24	内蒙古	3	7.14	0.25

资料来源：《中国汽车工业年鉴2015》。

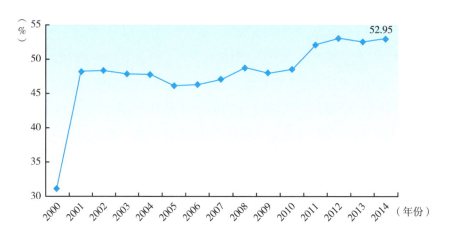

图13 2000年以来中国汽车产业生产集中度（CR3）

资料来源：《中国汽车工业年鉴2014》。

但与此同时，主要整车集团市场分化严重，上海汽车集团汽车产量为561.06万辆，其中上海通用五菱、上海大众分别实现180万辆、173.5万辆的产量，进一步拉大了与其他整车企业之间的差距，成为中国唯一一家突破

500万辆的企业集团,优势不断扩大;第二梯队东风汽车集团、一汽集团、中国长安汽车集团以及北汽集团分别实现383.05万辆、312.09万辆、263.02万辆和242.56万辆的产量,均与上海汽车集团有较大的差距。

3. 产业规模经济性

如图14所示,2014年我国汽车生产企业产量排名前15位的汽车产量之和占当年汽车总产量份额进一步提高到95.99%,较2013年提高了1.31个百分点,国内产业规模保持在相对高位的水平。

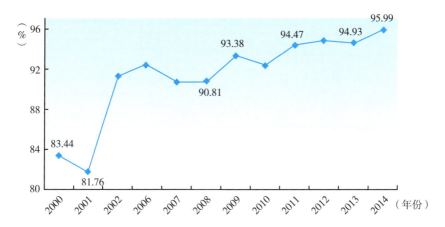

图14　2000年以来中国前15位汽车生产企业汽车产量占总产量份额

资料来源:相关年份的《中国汽车工业年鉴》。

表6反映的是2014年国内汽车产业汽车产量前15强的汽车集团。2014年,汽车产销量均在10万辆以上的企业(集团口径)共17家,较2013年减少1家,主要包括表6中的15家,以及湖南江南汽车制造有限公司(16.75万辆)和陕西汽车集团有限责任公司(10.74万辆)。2014年上汽集团再次突破500万辆,汽车产量为561.06万辆,较第二名东风汽车集团产量多出近180万辆,与第二名的差距进一步拉大。另外,第二梯队的一汽集团、长安集团、北汽集团的差距总体在逐步缩小,第二梯队的企业集团之间竞争更加激烈。自主品牌长城汽车实现产量73.06万辆,表现较为突出,但奇瑞汽车产量有所下滑,实现产量46.83万辆,较2013年减少了近1万辆。

表6　2014年中国前15位汽车生产企业汽车产量和产量份额

单位：辆，%

排名	企业集团	产量	产量份额
1	上海汽车集团股份有限公司	5610558	23.65
2	东风汽车有限公司（集团口径）	3830507	16.15
3	中国第一汽车集团	3120946	13.16
4	中国长安汽车集团股份有限公司	2630173	11.09
5	北京汽车集团有限公司	2425560	10.22
6	广州汽车工业集团有限公司	1218513	5.14
7	华晨汽车集团控股有限公司	807696	3.40
8	长城汽车股份有限公司	730570	3.08
9	奇瑞汽车股份有限公司	468287	1.97
10	安徽江淮汽车集团	467597	1.97
11	比亚迪汽车有限责任公司	436240	1.84
12	浙江吉利控股集团有限公司	429145	1.81
13	重庆力帆乘用车有限公司	235894	0.99
14	福建省汽车工业集团有限公司	190087	0.80
15	中国重型汽车集团	170641	0.72
15家企业合计		22772414	95.99
全国总计		23722890	100.00

资料来源：《中国汽车工业年鉴2015》。

4. 产业劳动生产率

产业劳动生产率体现的是一个产业的综合竞争能力，是产业资本投入、技术水平以及劳动力素质等指标的综合体现，因此，产业劳动生产率的提高也意味着产业在资本、技术及劳动力素质方面的进步。

2014年，我国汽车产业劳动生产率稳步提高，从2012年的31.67万元/（人·年）增长到2014年的34.18万元/（人·年）。相比于2000年5.36万元/（人·年），2014年增长了537.69%，年均增长率达到14.15%，远远高于同期国内生产总值的年均增长率（见图15）。

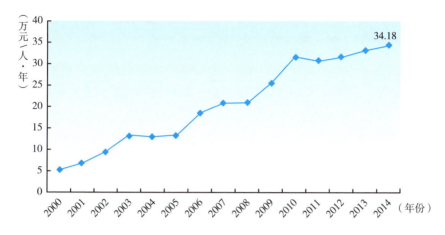

图15　入世以来我国汽车产业劳动生产率的变化

资料来源:《中国汽车工业年鉴2015》。

（三）中国汽车产业创新竞争力略微增长

1. 研发投入

自主创新是我国汽车产业发展的永恒主题之一，国内经济发展进入新常态，对国内汽车产业自主创新发展提出更为紧迫的要求。我国汽车产业要实现国际竞争力的快速提高，汽车产业发展要解决大气污染、交通拥堵等问题，都必须加快自主创新，实现创新驱动的发展机制。

2014年，国内汽车企业对自主创新投入的重视有增无减，加大研发创新投入已经成为各个主要企业的基本共识，而且，国内汽车企业对自主创新概念以及实现创新的道路和途径的认识也越来越深入透彻，包括技术创新、商业模式创新、制度创新等多方面有所突破和发展。一是很多企业充分利用两种资源，打造全球化协同研发体系，已经取得初步成效。例如长安汽车自2006年开始实施的《全球协同自主技术创新工程》，在中国重庆、上海、北京以及日本横滨、意大利都灵、美国底特律、英国诺丁汉建立了"各有侧重、集成整合"的协同研发体系，在全球拥有专业研发人员6000余人。二是越来越多的汽车企业通过参加多种类型的汽车赛事来提高品牌的综合影响

力。例如，近10年来，已经先后有多家国内汽车企业参加完赛率只有40%左右的达喀尔拉力赛，显著提高了品牌的国际影响力。

一方面，2014年，国内汽车产业实现研究与发展经费投入合计约794.38亿元，较2013年同比增长9.15%，2014年汽车全产业实现营业收入约39941.96亿元，同比增长7.5%，增速低于同期研发经费投入增速，2014年研发经费占当年营业收入的比重为1.99%，较2013年提高了0.03个百分点（见图16）。另一方面，2014年国内汽车产业年末从业人员为350.52万人，同比增长3.1%，而从业人员中核心研究与发展人员为26.57万人，也有所增长。国内汽车产业研发经费以及研发人员的增长，有利于进一步提高我国汽车产业自主创新能力，进一步改变过去汽车产业在人才建设方面"重引进、轻吸收"的模式，对提高我国自主品牌汽车的技术实力具有重要意义。

图16　2001年以来我国汽车产业研发经费的发展趋势

资料来源：《中国汽车工业年鉴2015》。

2. 研发产出

尽管2014年国内汽车产业的自主创新取得了一些进展和突破，但与建设成为"汽车强国"的期望和要求之间仍有较为明显的差距，特别是在自主品牌汽车的建设方面仍有较大的距离，2014年国内自主品牌产品市场占有率继续下滑，自主品牌轿车的市场表现不尽如人意。

从轿车细分市场看，国内轿车市场随着容量扩大增速总体放缓，综合竞争力处于劣势的自主品牌轿车受到的冲击最大。2014年，自主品牌轿车全年共销售约277.49万辆，同比下降16.07%；占轿车销售总量的22.42%，市场占有率较2013年下降了5.11个百分点，成为拉低自主品牌乘用车市场占有率的主要因素（见图17）。国外品牌中，德系、日系、美系、韩系、法系轿车分别销售334.43万辆、216.91万辆、204.56万辆、136.16万辆和60.93万辆，分别占轿车销售总量的27.02%、17.53%、16.53%、11%和4.92%。自2010年以来，自主品牌轿车市场占有率持续下滑，共计下降了8.47个百分点。相比2013年，自主品牌轿车市场占有率和德系品牌轿车市场占有率之间由领先3.16个百分点变化为落后4.6个百分点，自主品牌市场占有率也滑落到第二位，中外品牌之间的差距在进一步拉大，形势难言乐观。

图17　2005～2014年中国自主品牌轿车市场占有率

资料来源：相应年份的《中国汽车工业年鉴》。

3. 专利申请数

2014年，中国汽车行业专利公开总量为96482件，与2013年公开量83609件相比增长了15.4%，增速同比下降了约24个百分点。"十二五"时

期，前四年中国汽车产业专利公开总量年均增速约24%，2013年是增长速度最快的一年，而2014年是增长速度最慢的一年。

具体来看，2014年中国汽车行业公开的三类专利中，发明专利40077件，占比41.5%，同比增长28.6%；实用新型专利49512件，占比51.3%，同比增长7.2%；外观设计专利6893件，占比7.2%，同比增长10%。从专利申请人分布来看，国内申请人申请专利80830件，同比增长13.6%，占比83.8%，同比略有下降；国外申请人申请专利15652件，同比增长25.7%，略有上升（见表7）。

在汽车零部件领域，发动机相关专利公开17898件，同比增长15.7%；底盘相关专利公开33025件，同比增长16.7%；车身相关专利是30025件，同比增长17%；汽车电气相关专利是15155件，同比增长9.3%。

表7　2006~2014年中国汽车工业专利公开数量

单位：件，%

年份	发明专利	实用新型专利	外观设计专利	专利总数	同比增长
2006	8253	7133	1814	17200	27.1
2007	8978	10020	2488	21486	24.9
2008	11037	12248	2591	25876	20.4
2009	13555	13688	3872	31115	20.2
2010	14303	20957	5502	40762	31.0
2011	18758	26053	5251	50062	22.8
2012	23875	30464	5341	59680	19.2
2013	31161	46183	6265	83609	40.1
2014	40077	49512	6893	96482	15.4

资料来源：《中国汽车工业年鉴2015》。

但同时也应该注意到，国内汽车行业专利发展中存在的问题，主要表现在以下三个方面。

一是国内专利申请结构仍有待改善。单纯从数量方面分析，专利申请数量居于前列的国内申请人同国外申请人之间的差距不大。国内申请人侧重于申请发明专利和实用新型专利，国外申请人的重点则几乎全部集中在发明专利。在发动机、底盘、车身和车用电气相关专利中，发明专利申请数量居于前列的基本上是国外企业。

二是国内专利申请质量有待改进。根据专利授权情况，国内外申请人申请专利之间的质量差距明显。2014年，公开的发动机发明专利中，国内申请人的申请量是国外申请人申请量的2.1倍，获得授权量是1.04倍；底盘发明专利同类数据为1.6倍和0.7倍；车身发明专利同类数据为2.5倍和0.95倍。数据表明，尽管国内申请数量超过国外申请数量很多，但是通过实质审查阶段，获得专利授权的国内申请仍然处于劣势。

三是国内申请的技术集中度仍有待加强。通过比较，国内申请还是主要集中在结构改进和外观改进方面，有关核心技术的专利申请较少。同时，国内汽车产业对于特定技术的长期关注度不足，没有形成完善的专利战略，专利的系列申请较少。较少有申请人能基于一定的核心技术，形成某项技术的专利体系。而在技术改进方面，国内申请的技术方案同质化问题比较突出，在特定技术领域会出现类似申请和重复申请的情况。

（四）中国汽车产业国际绩效竞争力微幅提升

1. 国际市场占有率

2014年，我国汽车出口总金额为843.14亿美元，同比增长7.52%，较2013年提高了9.56个百分点，其中出口汽车整车总计94.73万辆，出口额为137.96亿美元，同比增幅分别为-0.08%和7.0%，产品以轿车和载货车为主，自主汽车企业是出口主力，其中轿车出口数量为37.09万辆，同比下滑12.6%，出口金额39.33亿美元，同比增长26.4%；载货车出口数量和出口金额分别为32.95万辆、53.02亿美元，同比分别增长了6.1%和9.9%。挂车及半挂车出口62.38万辆，出口额9.06亿美元，同比增长20.1%和22%；发动机出口366.22万台，出口额16.8亿美元，同比增长10.6%和6.7%，同比增速均有不同程度提高（见表8）。

表8　2001年以来我国汽车出口情况

年份	汽车出口总金额（亿美元）	汽车出口总额同比增长（%）	整车汽车出口数量（万辆）	整车汽车出口同比增长（%）
2001	27.12	—	2.61	—
2002	33.59	23.86	2.20	−15.71
2003	80.26	138.94	4.58	108.18
2004	127.66	59.06	7.60	65.94
2005	167.7	31.36	16.43	116.18
2006	289.1	72.39	34.34	109.01
2007	412.63	42.73	61.44	78.92
2008	476.3	15.43	68.10	10.84
2009	383.5	−19.48	37.00	−45.67
2010	518.4	35.18	56.62	50.09
2011	689.4	32.99	84.98	50.10
2012	800.5	16.12	101.57	17.47
2013	784.2	−2.04	94.81	−6.66
2014	843.14	7.52	94.73	−0.08

资料来源：相应年份《中国汽车工业年鉴》以及《中国汽车产业发展报告（2015）》。

综观2014年我国汽车产业出口呈现以下特点。

一是新兴汽车市场需求持续低迷，复苏存在不确定性。2014年，新兴经济体经济形势不佳直接影响了汽车市场需求增长，巴西、俄罗斯、阿根廷、泰国等中国主要汽车出口市场销量分别下滑了7.5%、10.3%、27%和11.4%。

二是海外市场政策多变，壁垒不断升级。海外市场技术壁垒与政策壁垒升级，直接制约了中国汽车产品的出口。俄罗斯于2014年1月1日开始实施新的报废税法，排放标准升级至欧Ⅴ；从2014年1月起，巴西上调汽车产品的工业产品税，其中，小排量汽车和混合动力汽车的税率分别从2%和7%上调到3%和9%；尼日利亚联邦海关开始全面执行对进口车征收70%关税的政策；智利自2014年10月起，实行载货车必须符合欧Ⅴ标准。此外，俄罗斯政府正在探讨禁止进口价格低于80万卢布（约合13.59

万元人民币）的外国汽车销售，并制定了符合俄罗斯道路和气候环境的技术标准。

三是主要汽车出口国局势动荡。2014 年，中国主要汽车出口市场政局不稳，俄罗斯与乌克兰发生地缘政治危机，乌克兰经济陷入困境，俄罗斯面临西方国家制裁。中东地区伊拉克、叙利亚、埃及等国家政局持续动荡。东南亚地区泰国政局持续动荡超过六个月，重创泰国汽车产业。

四是自主品牌汽车在海外市场直面跨国公司及合资品牌产品的挑战。中国汽车产品与跨国公司产品形成互补的格局已经改变，跨国公司在海外市场的产品类型不断下探，并在新兴市场与中国自主品牌产品形成竞争关系。跨国公司加大了对新兴市场的投入力度，开始进一步抢占中国产品在当地的市场份额。此外，合资企业开始开展出口业务，出口目标市场与自主品牌企业的主要目标市场趋同。相比于自主品牌汽车企业，合资企业拓展海外市场在品牌和渠道方面都更具优势，未来对自主品牌在海外市场的发展会造成冲击。

2. 国际贸易竞争力

贸易竞争力指数是衡量一国某类行业或商品国际竞争力的重要参考指标，等于该国该类行业或商品的净出口与该类行业或商品进出口贸易总额之比。

2014 年中国汽车产业贸易竞争力指数较 2013 年同比下滑 12.32%，进出口贸易总体仍不乐观，汽车产业贸易竞争力仍处于弱势地位。2014 年中国汽车产品进口累计为 985.99 亿美元，同比增长 19.48%，出口汽车产品累计为 843.14 亿美元，同比下滑 7.52%，汽车进口增速明显快于出口同比增速，导致汽车贸易逆差进一步扩大到 142.85 亿美元，较 2013 年的贸易逆差 41 亿美元增长了 100 多亿美元，直接导致贸易竞争力指数同比大幅下滑。

贸易竞争力指数大幅下滑进一步影响到国际市场绩效竞争力的另一指标显示性比较优势指数（RCA 指数）。RCA 指数是指一国家某类商品出口额占该国出口贸易总额的比例，全球该类商品出口总额占世界贸易出口总额的比例，一定程度上可反映出该国该类产业在世界贸易中的比较优势。

2014 我国汽车产业的 RCA 指数为 0.46，较 2013 年有所回落，这表明我国汽车产业短期内仍不具备明显的比较优势，国际市场的竞争力仍然偏弱（见图 18）。

图 18　2001～2014 年中国汽车产品贸易竞争力指数

资料来源：《中国汽车工业年鉴 2015》。

3. 国内企业海外投资概况

国内企业加快海外投资，既是积极推进企业国际化战略的举措之一，也是进一步提高国际市场竞争能力的重要保障。2014 年，国内企业海外投资呈现出新的特点，主要如下。

一是通过对目标企业并购，提高自身技术水平。从以往案例来看，借助合资合作方式我国汽车企业很难直接获得外方的先进技术，而通过股权收购的方式无疑使得自主品牌汽车企业更具发言权。例如，北汽集团收购美国电动车 Atieva 公司 25.02% 的股份，旨在提高旗下新能源汽车的设计、研发和制造能力。吉利集团收购英国电动车制造商绿宝石汽车公司，有助于其掌握打造"下一代"出租车的能力，包括电动出租车。因此，自主品牌汽车企业大多敢以不菲的代价收购海外相关企业，从而实现自身技术水平的提升。此外，欧洲市场的准入门槛非常高，特别是欧美市场对于中国自主品牌的认知度比较低，通过海外收购，将有效提升中国汽车行业在世界市场的品牌知名度，并对未来进军欧美市场提供很好的基础。

二是通过与海外政府合作，实现产能转移。随着国内汽车产销量增速的放缓，海外出口方面的关税调整以及贸易壁垒的增多，自主品牌汽车企业纷纷与海外政府合作，最终实现产能转移和销量的提升。例如，2014年，长城汽车和力帆股份分别与俄罗斯不同州政府合作，投资设立海外生产工厂，促进相关产品的出口。加大力度推进"产能输出"，并辅以构建与经济全球化相适应的金融服务体系，以共赢的方式在全球范围内实现产能的重新配置或转移，同样有助于推动中国汽车产业的转型升级（见表9）。

表9 2014年国内企业海外投资情况简介（节选）

时间	投资情况	简介
2014.1	力帆股份俄罗斯工厂	力帆股份与俄罗斯利佩茨克州政府在莫斯科白宫签署投资意向协议，力帆股份将投资约3亿美元在俄罗斯利佩茨克州建设全新汽车生产厂
2014.2	北汽集团收购美国电动车Atieva公司25.02%的股份	北汽收购美国电动车Atieva公司25.02%股份，以提升旗下新能源汽车的设计、研发和制造能力，未来北汽还将与该公司合作推出一款与奥迪A6同等级的高端电动车
2014.2	万向收购菲斯科	中国万向集团以1.492亿美元现金和其他对价，竞拍菲斯科获胜
2014.2	吉利集团收购英国电动汽车制造商绿宝石汽车公司	收购的目的在于帮助吉利集团提升打造"下一代"出租车的能力，包括电动出租车
2014.5	长城汽车俄罗斯公司	长城汽车与俄罗斯图拉州政府及图拉州合营发展集团签署三方协议，在图拉州设立全资子公司，投资建设生产基地
2014.7	比亚迪南美铁电池工厂	比亚迪与巴西出口和投资促进局在巴西利亚总统府签订合约，比亚迪将在巴西投资兴建南美最大的铁电池工厂，填补巴西在该产业中的历史空白，总投资额将达到4亿美元

结　语

本部分构建了中国汽车产业国际竞争力评价指标体系，对标分析了

2014 年、2013 年我国汽车产业国际竞争力的变化情况。总体而言，随着国内外经济发展整体放缓，2014 年中国汽车产业竞争力仍保持稳定增长态势，综合竞争力处于稳步提高阶段，虽与发达国家之间的差距在不断缩小，但与发达国家汽车集团仍存在较大差距。具体而言，2014 年，我国汽车产业环境竞争力同比稳步增长，国内市场仍保持较大需求；产业组织竞争力大幅提高，骨干企业（CR3）稳步提升；产业创新竞争力略微增长，研发经费投入及研发人员的增长则有助于进一步提升国内汽车产业创新竞争力；产业国际绩效竞争力微幅提升，国际市场份额、海外生产能力等均有不同幅度的增长。

2014 年，中国汽车产销双双超过 2300 万辆，再创世界汽车产销历史新高，同比增长速度稳定。然而，我们也应该看到，中国汽车工业离强国之梦的实现仍然有较大差距。尽管新能源汽车发展势头良好，但目前总体仍处于起步阶段，中国能否在新能源汽车领域实现弯道超车仍有待后续进一步的发展；传统汽车节能环保压力日益增大，汽车社会提前到来，交通、安全、环保等瓶颈制约愈发突出。虽然在未来一段时间内，国内汽车市场仍将保持较大的刚性需求，国内汽车产销量也将可能继续保持稳定增长，但未来汽车行业的重点将是处理增长与质量效益之间的平衡，如何让汽车工业的发展更好地惠及大众，最终形成可持续健康发展将是今后汽车工业必须处理的热点与难点，这需要政府、企业和社会共同努力。政府在战略引导、政策支持等方面积极作为；企业深耕技术、突破瓶颈，不断提高自身核心竞争能力；整个社会支持民族企业，增强自主品牌自信：唯有如此，中国汽车产业综合竞争能力才会进一步提升，并在国际舞台上发挥更重要的作用，最终实现从汽车大国变成汽车强国的梦想。

主题研究——我国汽车产业智能化发展趋势及格局变化

Thematic Study – Intelligent Development Trend
and Pattern Change of the Auto Industry in China

B.4
汽车产业突破式创新的内涵及驱动力

一 汽车产业正在经历一场突破式创新

（一）技术创新模型

技术创新经历了百年的沉淀和演化，其概念的雏形最初反映在熊彼特的《经济发展理论》中。熊彼特首次提出创新的概念和理论，并且列举出了创新的具体表现形式，但是对于技术创新并没有直接给出严格的定义。经过此后多位专家、学者的研究和归纳，缪尔赛在20世纪80年代，对几十年技术创新概念和定义上的主要观点和表述做了系统梳理，并将技术创新定义为"以其构思新颖性和成功实现为特征的、有意义的非连续性事件"。该定义明确指出了技术创新所包含的两方面含义，一方面是活动的非常规性，另一

方面则是活动必须获得最终的成功实现。

各类型的创新不仅仅促进了各国经济的巨大发展，还极大地推动了人类社会全方位的进步。现阶段，技术创新在很多产业中已经成为企业获得竞争成功的主要驱动因素。苹果、丰田、索尼等国际知名公司通过新技术应用，加快了技术创新的步伐，借此进一步强化了对核心技术的掌控能力。随之而来的是整个行业开发周期的缩短以及更多新产品的涌现，同时还触发了更深层次的市场细分和更加快速的产品迭代。

由于技术创新在现实社会中发挥了巨大作用，学者通过抽象具体的内容，将其提炼为技术创新模型，期望通过模型对创新过程进行高度的概括，并应用于具体的决策、组织、管理中。技术创新模型说明了企业技术创新的动力和发展过程，最初由熊彼特提出。"熊彼特Ⅰ型"模型也称为企业家模型，产生于19世纪末20世纪初工业化早期，其明显特点是强调企业家在创新中的责任，即是企业家推动了创新，这个模型主要依赖外生的科学和发明。"熊彼特Ⅰ型"产业创新所包括的主要是那些具有"创造性毁灭"特性的产业。较低的技术进入门槛、由企业家和初创企业在创新活动中扮演主要角色是其主要特征。其中机械和生物技术企业是最典型的企业。"熊彼特Ⅱ型"模型兴起于第二次工业革命时期，该模型中企业家的位置由大企业取而代之，企业内部的研发机构承担了绝大部分的研究开发活动。"熊彼特Ⅱ型"的产业特征是少数大企业作为稳定的核心占主导地位，其中20世纪兴起的大型计算机行业则是其典型代表。"熊彼特Ⅰ型"和"熊彼特Ⅱ型"模型统称为技术推动模型，其主要特点有：创新过程是线性的，即从科学研究逐渐发展到商业应用，创新知识源、生产者和用户的区分明显。企业创新活动在科学、技术、生产和市场的相互作用下，不断变得更为复杂，借此形成了更加系统的技术创新观点和相关模型。罗伊·罗斯维尔认为技术创新模型的发展经历了一个从"线性"向"网络"的演进过程。

创新系统的结构性变化是技术创新伴随时间演变的根本特性之一，这种变化对创新和知识的发展及扩散都会产生深远的影响。技术范式差异则在产业层面上影响着创新活动的组织特征。高技术机会、低专有性要求、低企业积累性易促成"熊彼特Ⅰ型"创新，即易产生具有创造性破坏特性的部门。IT产业是这一模型的代表产业。IBM、微软、谷歌、苹果等一批接一批的创新标杆企业不断发展壮大，不断涌现的新商业模式持续挑战现有行业巨头。与之相对应的是，在高技术专有性、高企业积累性等条件作用下，更易形成"熊彼特Ⅱ型"创新模型。其代表行业包括机械设备制造行业，拥有垄断势力的大企业在这一行业中始终处在创新活动的前沿地带。

随着工业时代的大规模生产、大规模消费逐步向多样化、个性化的需求演变，企业需要不断提升创新能力、制造能力、技术水平。经济全球化给制造商利用全球资源（包括人力、自然、资源、资金、市场资源），积极参与全球竞争与合作、提升技术创新能力带来了前所未有的机遇。

专栏一

技术创新模型演变

第一代技术推动模型。20世纪60年代以前，主要是直线顺序的技术推动创新模型。

第二代需求推动模型。20世纪70年代，以直线顺序的需求推动创新模型为主。

第三代配对模型。20世纪70年代末，突出研发与市场之间的紧密联系，通过结合技术推动与市场推动，从而生成配对创新模型。

第四代集成模型。20世纪80年代，创新逐渐成为多学科、多过程的集成与综合，企业内部和外部合作者跨功能的集成和并行的创新活动增多。

第五代系统和集成的网络模型。创新被理解成一种多机构的合作网络过程，包括：供应商的战略联盟以及与用户保持密切联系的上下游关系系统，同时还有密切的横向关系系统。在物理原型、专家系统和数据库基础上，模拟建模的作用日益突出。

（二）汽车产业突破式创新的主要标志

依据技术创新过程中技术强度的大小，技术创新可分为渐进性创新与突

破式创新。渐进性创新是指通过对现有技术的改进或者升级而实现的渐进式的、连续的创新，通常它对现有产品的改变相对较小，仍以充分发挥已有技术潜能为主，并能强化现有成熟型公司的优势。例如，福特 T 型车早期的价格降低以及可靠性提升即呈现渐进式创新的特点。日本丰田利用精益生产在为客户提供多样化产品的同时，最大限度地降低了企业的生产成本。突破式创新，是指有重大技术突破的创新。这类创新通常伴随一系列渐进式的产品和工艺创新，并且会在一段时间内引起产业结构的深刻变化。突破式创新通常会使企业获得突破性的创新成果。突破式创新是人类向前跨越的一大步，它使不具备"先来者优势"的企业体现独有的优势。突破式创新虽然出现的次数少，但是它的每一次变革都将引发巨大的影响。

笔者认为，在新一轮科技革命的深远影响下以及随着传统汽车产品技术创新逐步出现边际递减效应，在未来的 5～10 年里，汽车产业必将经历一场由突破式创新所带来的大变革。而这一轮突破式创新的标志主要体现在以下三个方面。

首先，产品结构变革。未来，汽车产品的变革剑指电动化、网联化和智能化。20 多年来跨国汽车巨头致力于新能源汽车产品的开发，随着技术成熟度逐步提高，购买和使用成本的降低，以及产品节能、排放优势的显现，新能源汽车将逐步成为汽车产品的主角。与此同时，具有网联化智能化功能的汽车产品正在颠覆传统汽车的概念，汽车产品的定义将会进一步拓展，汽车产品本身的功能属性也将发生重大变化。越来越多的迹象表明，无论是发动机效率、节油效果，还是排放标准，传统汽车产业的技术已经触碰天花板，由此引发的大众"排放门"、三菱"油耗门"也从侧面映射出汽车生产企业的技术创新能力已经逐步达到极限，企业不得不通过一些不正当的手段达到更高的标准。诚然，汽车产业渐进性技术创新提升空间越来越小，此时更需要借助突破式创新来推动产业的转型升级。

其次，产业形态变革。汽车产品的变革直接触发产业形态变革。传统汽车产品生产企业凭借长期形成的技术曲线，对其他企业形成了较高的技术壁垒，即渐进性创新对于在位者具有独特优势，依靠学习曲线其可以不断优化产品的性能；新进入者由于没有学习过程，没有规模经济的积累，很难生存。然而，一旦进入突破式创新的变革期，新进入者可以快速切入，同时利用跨界思维将优势不断转化、放大。汽车产业正迈入产业变革期，以 IT 企业为主的行业新进入者逐步增多，同时趋势越来越强。在新进入者中，主要分为两类：一类是以特斯拉、蔚来汽车为代表的全产业链汽车生产企业，这些企业拥有强大的汽车设计研发能力及互联网行业背景，致力于从用户视角出发打造集智能化、电动化为一体的高性能汽车产品；另一类是做汽车产业链中的一部分，主要面向整车企业提供车联网、智能系统方面的解决方案，包括谷歌、苹果、百度、华为等。

最后，全球格局变革。在产品结构变革、产业形态变革的深度影响下，全球汽车产业将发生一系列的深度调整，同时呈现多极化发展趋势，这为中国成为汽车强国提供了发展契机。中国汽车工业的发展虽举世瞩目，但如果沿着传统技术路线追赶汽车强国仍无比艰辛，巨大的技术落差，形成难以逾越的技术壁垒。各汽车强国，在过去百余年的发展历程中，积累了丰富的产业经验，形成全球范围内的产销网络与高美誉度的品牌，掌控了大量专利、标准和整车、零部件核心技术。从 2009 年起，基于振兴汽车产业、保障能源安全、提高环境质量的总体思想，国家有关部委和各地方政府陆续出台多项支持政策促进节能和新能源汽车产业的发展。与此同时，"互联网 +"行动计划上升至国家战略，这为中国借助突破式创新的变革期实现汽车强国梦提供了难得的战略机遇。

（三）基于技术创新的视角看汽车产业突破式创新

技术创新通过生产要素的转移和扩散来推动产业体系的发展。笔者认为，"工业 4.0"将会对全球产业体系格局造成重大影响。以大数据、物联网、新材料、3D 打印、智能机器人等为代表的技术创新，正在制造业进行组合式创新。对数据信息与汽车制造进行整合将会对产业分工格局产生重大且深远的影响，新的价值链分工也会应运而生。处于价值链高端的产业将会攫取高额利润。而中国汽车产业则需要在这场已然到来的革新中积极采取应对措施，否则将会滑向产业链低端，沦为他人的加工厂。技术创新如发动

机、材料等的创新是渐进式、慢变量创新，要通过大量的试错、试验来取得进展。信息技术的创新则是快变量创新，如芯片、网络宽带都遵守摩尔定律，呈指数化增长。信息技术促进汽车产业创新背后的原因在于用快变量引导慢变量创新。未来汽车将成为数据终端。雪佛兰沃蓝达（Volt）是这方面的领跑者之一，在每辆沃蓝达上都装有数据采集设备和数据发送设备。消费者购买汽车后，这些设备会将汽车运行信息发送给通用总部，进行大数据处理，并进行消费者行为特征和偏好分析，分析结果将会反哺指导、优化生产制造。

新科技的迅猛发展不断催生新的技术创新浪潮，随之而来的是更快速的科技成果转化和更短的产业更新换代周期。技术创新在汽车企业成长和发展过程中的作用也变得愈加重要。企业越来越需要通过建立起效能更强、效率更高和费用更低的生产经营系统，推出满足消费者需求和更具竞争力的汽车产品、开辟新的市场、建立汽车企业新的组织。技术创新对汽车企业的推动主要体现在以下两个方面：一方面是由技术创新提升企业核心竞争力，在激烈的市场竞争中，技术创新可以在一定程度上降低产品的成本，使企业具有成本领先优势；同时技术创新可以使企业具有独特的技术能力，从而在市场的差异化竞争中占据一席之地。然而，雄厚的技术创新能力是建立在庞大的研发投入基础之上的，中国汽车企业的研发经费投入始终落后于世界汽车强企，这也在一定程度上诠释了中国汽车企业技术落后的原因。因此，必要的研发投入是汽车企业取得技术创新的前提和保障。另一方面，技术创新可以帮助企业突破产业内技术的束缚。在全球技术融合的发展阶段，汽车产业的内涵和外延都在延展，汽车企业也需借助新领域的技术才能使企业具有可持续发展的创新动力，特斯拉不失为这方面的成功案例。

专栏二

技术创新的三个阶段

第一阶段：流动阶段。新技术投入应用和生产，产品创新率在这一阶段最高。各竞争者对产品设计和使用特征进行大量的实验，产品创新处于高度流动时期，制造工艺处于非活跃期，其创新率在这个阶段明显偏低。

第二阶段：转换阶段。产品特征趋向统一，重大产品的创新率下降，而重大工艺创新率上升，产品的多样化被更能满足用户需求的标准设计逐步取代，伴随产品形制的确定，生产创新步伐加快。

第三阶段：特性阶段。产品和工艺的根本创新率逐步下降，产品本身和生产工艺基本定型，产业发展重点面向重视成本、提高生产能力等方面，产品和工艺创新以小幅度的渐进方式进行，技术和产业的发展日趋成熟。

二　汽车产业变革的驱动力

（一）需求革命推动汽车产业变革

1. 远程在线工作减少通勤出行

随着互联网技术的广泛运用和日趋成熟以及电脑等办公设备在家庭中的普及，SOHO（Small Office Home Office）成为越来越多的人可以尝试的一种工作方式。据统计，仅在美国就有约 1600 万人每周至少有一天待在家里办公，约占美国非农业就业人口数量的 11.4%。同时，随着移动通信和机器人技术的发展，可以将家庭打造成高度逼真的虚拟办公室，一方面，这无疑将进一步提升家庭工作的真实感；另一方面，可以避免员工因离开集中办公环境，而脱离企业文化，削弱使企业得以特立独行的禀赋。因此，SOHO 工作模式的比例也会大幅提升，可以预见，我国的 Work-at-home 也指日可待。

SOHO 工作模式使员工在家远程工作，大幅减少了员工的上班出行时间。首先，这为员工减少了上班路途的奔波以及大量的时间成本，使员工足不出户可以安心在家工作。其次，也将缓解城市上下班高峰期间，由于人流过于密集给公共交通造成的压力，以北京市为例，根据北京市交通发展年度报告的统计，居民出行入户调查显示，刚性出行仍是居民主要的日常出行目的，其中上下班占全部出行量的 50% 以上。因此，对于汽车产业而言，

SOHO 工作模式的推广实施将在一定程度上减少居民对于汽车的需求,降低在汽车上的花费;另外,由于居民在使用私家车上下班过程中,通常载客 1~2 人,上下班出行量的减少可以在一定程度上减少效率低下的汽车出行。

2. 电子商务减少购物出行

随着计算机信息技术快速演变和互联网的不断发展,我国电子商务逐渐发展成为新兴产业的中坚力量,从快速发展期逐渐过渡到成熟稳定期。近年来,中国网民数量不断攀升,2015 年已达到 6.7 亿人,手机网民的数量更是保持在年均 10% 以上的增长速度,达到 5.9 亿人。互联网用户人数的急剧增长为电子商务的高速发展奠定了坚实的用户基础。《2015 年度中国电子商务市场数据监测报告》显示,2015 年,中国电子商务交易额达 18.3 万亿元,同比增长 36.5% 。依托网民数量高速增长、智能手机快速普及以及互联网持续渗透,中国已经成为全球最大的网购市场。近年来,国务院、商务部等发布多项政策支持电子商务的发展,以期在中国经济新常态下,突破时空限制和资源约束,促进产业转型升级,提高经济运行效率,增强城市服务功能,满足和提升消费需求,促进供给侧升级。到 2020 年,我国将基本建成统一开放、竞争有序、诚信守法、安全可靠的电子商务大市场。

随着电子商务的日渐普及,其替代传统商务的潜力逐步增强,在购物领域,尤其在特定类型商品(例如电子类、图书类产品)的购买上,电子商务正在改变居民的消费偏好和日常生活出行方式,对减少个人出行带来重大影响。在研究美国大都市区购物出行次数时,研究人员发现网络渗透率越高的区域,购物出行频率相对越低,即网络购物对于传统购物模式具有一定的替代作用。电子商务在某种程度上减少了人们对于汽车的使用频率,降低了行驶里程。

3. 社交网络普及减少社交出行

社交网络在全球范围内受到欢迎,据统计,全球 93% 的成年网民至少有一个社交媒体账号,网民平均每天访问社交媒体约 2 小时。中国社交网络的迅速发展,社交网络的产品形态日益丰富、生态系统和格局不断完善,为网民提供了多角度、全天候的网络社交生活。Facebook 是首家用户量突破

10 亿的社交网络平台，也是目前注册用户、活跃用户最多的社交网络平台，其用户分布在全球各地区，主要集中在美国。诞生于 1999 年的腾讯 QQ 目前拥有 8.6 亿活跃用户，用户群体大部分集中在中国和亚洲国家。同样来自腾讯的另一社交网络软件微信近年来注册用户迅猛增长，已超过 6.5 亿并有持续增长的态势，约有 11% 的微信用户来自中国以外的地区，随着中国市场的饱和，微信市场增速日渐放缓，未来必将向海外拓展。LinkedIn 作为全球职业社交网站，注册用户已经突破 4 亿。

在信息化的背景下，社交网络本质上是一种信息，这种垂直服务显示出弱关系在社交网络上的拓展超出了传统媒体的范畴，更加广泛地影响着每个人的生活。最初的通过语言、表情、身体姿势等表达意向和沟通感情的传统社会互动方式，逐渐被延展和取代。全新的社会互动方式通过网络媒介被越来越多的人使用，从最初的单纯的文字形式到集文字、图片、音频、视频等于一体的个人网页形式，这个社会正在步入"全媒体时代"。社交网络凭借便捷、快速的特点，提高了人们的沟通效率，在一定程度上替代了传统社交方式，并减少一定的出行量，降低使用汽车的频率。与此同时，实名制社交网络应运而生，这种沟通媒介更具有真实、准确等特点，未来具有更大的应用空间。

随着科技的发展、社会的进步，人类对生活品质的追求不断提高。出行作为生活中极其重要的一部分，未来必将朝着便捷、智能、高效的方向发展，与此同时，互联网思维正逐步改进其运行方式，大数据智能出行应运而生。

4. 汽车共享减少私家车出行

汽车共享作为一种环保有趣的创新出行方式，虽然仍处于起步阶段，但已经成为很多国人出行的选择之一。汽车共享的实现减少了全球二氧化碳的排放，提升了自有汽车的使用率，同时也给人们创造了丰富的出行方式。国家发改委等 10 个部门制定的《关于促进绿色消费的指导意见》提出支持发展共享经济，鼓励个人闲置资源有效利用，有序发展网络预约拼车，大力推动企业增加绿色产品和服务供给。此外，2015 年国务院常务会议推出了一

批新的简政放权、放管结合改革举措，以及针对汽车行业鼓励创新，采取分时租赁和车辆共享等运营模式的措施。这将对鼓励和促进我国汽车共享行业的发展起到积极推动作用。麦肯锡分析数据显示，中国消费者对于移动出行O2O服务的使用减少了20%的私家车出行。预计到2030年，移动出行O2O服务将削减新车10%的销量，中国汽车年销量预计为4000万辆。近年来，滴滴、Uber、凹凸租车等移动出行软件大大地改变了人们日常的出行习惯，调动了社会闲置资源，既提高了人们的出行效率又减少了资源浪费。"95后""00后"其独特的成长环境形成了这一群体与上几代人不同的价值理念与消费行为方式。新生代逐步养成"用手机出行"的习惯，并开始意识到车辆资源的闲置是一种浪费，并乐于资源共享，相反其购车意愿在逐步降低。未来，共享出行服务的汽车相对私家车更新换代速度将要更快。

（二）技术进步促进汽车产业变革

1. 汽车技术进步促进汽车产业变革

"节能""环保""安全"是当代汽车技术创新的主要目标，是应对能源安全、气候变化、社会用车结构变化、产业结构升级的重要突破口，汽车技术创新将成为推动经济增长的重要新兴手段之一。

汽车技术创新将主要集中在动力与传动系统发展、新能源汽车技术发展、汽车轻量化发展、造型设计与空气动力学发展等领域。

现代动力与传动系统发展的方向是节能，提高热效率、传动效率，降低损耗是主要手段。未来一段时间内，改善内燃机与传动系统仍然是应对世界各国日益严厉的燃油经济性标准的主要手段，掌握先进动力与传动系统核心技术的企业在汽车行业将处于优势地位。

新能源汽车技术发展的方向是节能与环保，目前，纯电动汽车是近年来的主要发展方向，氢燃料电池汽车作为主要技术储备方向。新能源汽车技术的发展离不开电池、电机、电控（简称"三电"）技术的进步，随着新能源汽车普及程度的提高，围绕汽车"三电"技术将形成完整的上下游产业链，带动形成一批"三电"的设计、研发、制造、服务、回收企业。同时，由于电能的大量应用，电网将在汽车交通中扮演重要角色，对输电、配电、充电等基础设施与配套停车场的需求不断提高。新能源汽车也有利于 CO_2 和污染物排放的控制，对调整能源结构、平衡东西部能源分布有重要意义。随着新能源汽车的蓬勃发展，制定新能源汽车的行业通用标准也迫在眉睫。

汽车轻量化发展的方向是节能和安全。目前，新材料、新工艺已逐步应用在汽车中，轻量化技术在最近几年取得较好的成果。汽车行业将逐渐摆脱对钢铁业的依赖，随着铝合金、镁合金、复合材料等新型材料在汽车行业应用范围的扩大，与之相关的材料生产、模具加工、成型与连接工艺、维修与回收等技术将得到广泛应用，并发展出与之相关的完整产业链。

造型设计与空气动力学发展的方向是节能。近年来，一些跨国企业发布的最新概念车已将空气阻力系数由 0.3 左右降低至 0.18，大幅降低了油耗。与此同时，随着国民消费水平的提高，消费者对美的要求也日益提高，造型设计也成为重要的技术创新手段。

2. 信息化技术促进汽车产业变革

随着信息技术的高速发展，互联网、大数据、云计算、人工智能等新兴技术将全面重塑汽车产品本身以及产业生态。

首先，新一代信息技术将促进智能网联汽车的广泛应用，进而改变整个汽车社会。智能网联汽车是搭载先进的车载传感器、控制器、执行器等装置，并融合现代通信与网络技术，实现车与 X（人、车、路、后台等）智能信息交换共享，具备复杂的环境感知、智能决策、协同控制和执行等功能，可实现安全、舒适、节能、高效行驶，并最终可替代人来操作的新一代汽车。通过优化车辆行为和路径决策，智能网联汽车技术将显著降低交通事故，减少能源消耗与排放，提高运输效率，并将直接改变未来的交通形态、城市面貌和生活习惯。一方面，智能网联汽车将加速智能交通基础设施的建设和应用，进而推动现代化城市交通系统的发展，同时将与智能电网、智能家居、智能办公等智慧城市的各个方面实现充分联动。另一方面，自动驾驶将使全面的汽车共享成为可能，并将大大提高老年人、行动不便人群等弱势群体的移动能力，人们的通勤距离、聚居区域、出行方式等将发生革命性变

化，从而塑造全新的城市交通模式和生活形态。美国、日本、欧洲等地均已展开基于智能网联汽车的未来城市交通出行模式的探索与尝试，如密歇根州的 MCity 未来交通测试场，神奈川的机器人出租车项目，德国、荷兰与奥地利共同推进的协同式智能交通走廊等。中国政府高度重视智能网联汽车的应用发展，上海、北京、重庆等地相继启动"智能汽车与智慧交通应用示范区"建设工作。

其次，信息化技术将深刻改变现有汽车产业生态，促进汽车产业向制造服务业的转型升级。信息时代汽车本身的价值属性将发生本质变化，从移动工具向智能移动终端转型，在物理移动之外将承担更多信息交互的功能，成为社会生活的第三空间。随着车联网技术的广泛应用，行驶轨迹、路况环境、零部件状态等车辆数据以及出行习惯、操作习惯、信用支付等用户数据将得到有效利用，基于大数据分析的个性化、精准化服务成为可能，将对汽车的设计、生产、销售、使用等环节造成巨大影响。根据用户对车辆性能的偏好，企业能够提供个性化整车及零部件定制服务；按照用户的购买与使用习惯，制定针对性的营销方案与销售服务；通过随时关注用户的用车情况，提供基于用量的保险、定期维修保养通知、生活信息精准推送等服务。传统汽车企业的业务范围将得到极大拓展，从制造为主转向服务制造一体化发展。

同时由于智能网联汽车的功能多样化与复杂化，传统汽车产业逐级管理的模式将难以持续，多方参与、平等互利的生态圈理念将成为产业发展的共识，基于专业化分工的众多中小企业与初创企业将有望迎来巨大的发展机遇。随着智能网联技术重要性的不断提升，汽车产业的边界将大大拓展，互联网企业、通信企业、软件企业等非传统汽车供应商将越来越多地参与到汽车产业的发展过程中，跨界产业联盟不断涌现，甚至有望成为新的主导力量。目前，国外的谷歌与苹果积极发展自动驾驶、车载操作系统等智能网联汽车技术，率先掀起 IT 企业进入汽车行业的热潮；国内互联网企业与汽车企业合作如火如荼，阿里巴巴与上汽、百度与宝马、乐视与北汽、易到用车与奇瑞、华为与长安和东风汽车等一系列战略合作有望为自主汽车产业注入全新活力。

3. 智能制造促进汽车产业变革

以智能制造为核心的制造业变革，引起了各工业大国的广泛关注。美国预言，将人工智能、机器人和数字制造技术相结合，将催生一场制造业革命。美国提出的"先进制造业国家战略计划"意在通过科技创新和智能制造，保持其在先进制造领域中的国际领先和主导地位。同期，德国提出"工业4.0"计划，其核心是以智能制造为主导的第四次产业革命。日本政府提出"机器人新战略"，在未来5年重点发展机器人产业。2015年，我国发布《中国制造2025》，将发展智能制造作为建设制造强国的战略决策。各国政府积极推进智能制造相关战略，足以说明智能制造将在未来一段时间内给全球制造业带来突破式创新。

以智能技术、数字化技术为基础，在互联网、大数据、云计算的支持下，汽车产业制造模式、商业模式、产业形态等都将发生重大变化。个性化的批量定制将成为一种趋势。未来基于互联网平台，汽车制造企业与客户、市场的联系将更为紧密，用户可以通过创新设计平台将个性化需求提交给汽车制造企业，或直接参与产品设计，而柔性的制造体系可以高效满足用户的需求。其次，服务型制造将成为主流业态。目前，汽车产业发展的主动权逐步从生产端向消费端进行转移，创新和服务逐步成为产业发展的中心。最后，智能制造不仅改变着汽车产业的生产方式，同时也将对汽车产业的商业模式进行颠覆。通过网络技术和云平台，汽车企业与配套企业及用户的采购、生产、销售、财务等业务在电子商务平台上可以进行整合，这将使整个产业链效率大幅提高，同时交易成本会缩减。

（三）约束条件迫使汽车产业变革

1. 社会资源的低效使用

拥有汽车一度成为身份和地位的象征，而如今随着汽车用品逐步走入家庭，汽车作为社会资源的一部分，其低效使用、资源浪费的问题逐步凸显。首先，汽车的使用时效不高，一辆汽车通常一天中只有3~4小时的时间用于驾驶，其余大部分时间是静止的。其次，汽车使用的载效

不高，汽车平均载客为1~2个人，上座率还不到50%。最后，汽车使用负荷效率不高，移动一个几十公斤的人，却需要移动一个1~2吨重的车。物理学家埃默里·洛文斯曾指出，汽车燃料中只有不到1%用于将人们运送到目的地，而其余部分都变成热量以及在运送金属和空气中浪费了。

随着经济快速发展和人口不断增加，我国社会资源不足、分配不均问题逐步显现，开源和节流是化解资源不足矛盾的主要路径。要推动能源革命，就需要建立多元供应体系，推动能源技术革命，带动产业升级，全方位加强国际合作，实现开放条件下能源安全。同时，能源发展必须从规模速度型粗放增长转向质量效率型集约增长，能源结构更加优化，使传统能源的清洁利用、清洁可再生能源和新兴能源发展成为经济发展新的增长点。2016年，国家发改委、能源局、工信部联合发布《关于推进"互联网+"智慧能源发展的指导意见》，明确指出能源互联网是推动我国能源革命的重要战略支撑。以分布式发电、智能配电、智能用电、用户侧服务为重点的能源互联网将积极推进化石能源生产清洁高效智能化以及可再生能源生产智能化。共享经济正逐步渗透到人们的日常生活中，挖掘闲置的资源，通过共享的方式使资源利用达到最大化。在未来的变革中，人作为一个个体的角色将不再单一。角色的切换正无时无刻不在创造着价值，而这种价值的创造，正是对现有资源的充分利用、高效利用。未来的价值创造，将会更多依据资源的互换，由资源本身的流动产生。在共享经济模式下，对于生产者而言，市场交易成本降低导致传统企业边界收缩，从而引发个体经济的强势回归。对于消费者而言，交易成本的下降促使由"以买为主"向"以租为主"转变，增加了消费者的福利。通过"自由人"的联合，共享经济赋予供求双方更自由的选择，同时又自下而上推动制度变革。如此一来，不仅经济运行效率得到大幅提升，整个社会的资源利用率也相应提高。在未来，共享经济还将更深刻地改变社会。

2. 自然资源的制约影响

未来15年，发展中国家将有25亿人进入中产阶级。到2025年，中国人口超过百万的城市将达到 221 个。这种增长速度将会使石油、天然气、钢材、水和其他宝贵资源的需求出现前所未有的增长，同时资源的大幅消耗将带来严峻的风险。

亚当·斯密在《国富论》中点明生产力的三大要素，分别是劳动力、资本和土地或自然资源，在此前的每次工业革命中，生产力的三大要素都发生了改变，但是一定会有某一种要素变化最为剧烈。第一次工业革命提升了劳动生产效率，借助蒸汽机一个人可以完成多个人的工作。第二次工业革命中，资本的融入加速了产业的变革，人们对制造设施及公路等进行投资，投资银行开始为投资提供一定的资金。自然资源在前两次工业革命中尚未对变革产生影响，因此，第三次工业革命更需将自然资源充分地运用。类比到汽车领域，汽车产业属于资金密集型产业，各大汽车制造商投入了大量的资本，同时，各企业始终重视持续提高劳动生产率，如丰田的精益生产以及机器人技术的应用，都使劳动效率大幅提升，然而在长期的发展历程中，资源的紧缺正成为制约汽车产业发展最为突出的问题，而这就需要关注亚当·斯密的最后一个生产要素——土地或自然资源。首先，未来，随着道路和基础设施与车之间通信的实现，汽车的使用效率将会大幅提升，汽车通过智能化的路径规划，最大限度地减少燃油的消耗，缩短到达目的地的时间。其次，科技的进步将会减少甚至避免交通事故的发生。目前美国约有 940 万辆汽车涉及事故，科技将大幅减少汽车事故造成的汽车修理和新车购置需求，可节约资源的使用。再次，汽车产业材料的可循环使用仍可以从另一个角度节约资源，其中，雷克萨斯、福特和其他一些公司已经实现了钢铁和玻璃的循环使用。最后，由英特尔（Intel）创始人之一戈登·摩尔提出的摩尔定律表明，数字设备将会以指数级的速度发展。随着电子元器件的广泛应用，这将使无人驾驶的大规模实现指日可待。无人驾驶汽车将提升资源的利用效率，相应地人们对于汽车的拥有程度会逐步降低。

3. 环境承载力接近上限

中国经济在经过三十多年的持续高速增长后，已经进入增速换挡期。

随着经济增速放缓，资源环境压力有所缓和，但污染物排放仍居高位、能源资源利用效率仍然较低，环境质量改善与全面建成小康社会和生态文明建设的目标依然存在较大差距。同时，中国经济发展产业结构偏重、生态环境承载力严重超标、资源能源消耗总量大、资源利用效率不高的状况难以在短期内发生根本转变，"十三五"期间的经济增长仍将受到资源环境的约束。我国社会经济活动对环境的影响正在接近环境所能支撑的极限。

我国汽车产业的发展对环境承载能力提出了考验。一方面，2015 年，中国民用汽车保有量达到 1.63 亿辆，千人保有量为 118 辆，仍与世界平均水平和汽车强国有较大差距。另一方面，伴随着城市化进程的加快以及机动车保有量规模的扩大，机动车污染已成为威胁城市环境和交通系统正常运行的主要污染源，我国接近 60% 的石油进口也从另一个维度为汽车产业的发展敲响了警钟。未来，在环境承载力可控范围内，仍需通过一定的交通环保措施来控制机动车保有量的增长，最终达到机动车保有量与交通环境承载力成最优比例发展，以达到交通和环境的双赢。解决能源紧张、城市环境恶化以及交通环境污染程度加深等一系列城市交通、环境问题，成为我国实施可持续发展战略的当务之急。在环境承载力允许范围内发展汽车产业和合理规划交通设施，是我国构建和谐社会和迈入汽车强国的基础支撑。

三 汽车产业变革带来的深远影响

随着第三次工业革命的到来，网络化技术在汽车制造业领域的应用首先带来了制造方式的变化，数字化、智能化以及绿色化制造正逐渐成为当前的主流生产方式，而汽车的轻量化和电动化以及智能化都将成为未来的趋势，由此将带动汽车产业朝着模块化和大规模定制化的方式发展，汽车智能化将深刻影响未来汽车产业的发展。

未来汽车产业的变化将是整个价值链、产业链、创新链的重构，包括对汽车、社会以及能源和环境的进一步改变。而这些改变将为我国汽车产业追赶发达国家提供一个绝佳的窗口期。

为此，在新一轮科技革命到来之际，世界各国为了寻找促进汽车产业增长的新出路，开始重新重视汽车产业甚至制造业，美国、德国、日本、韩国等纷纷推出制造业、汽车产业国家战略，鼓励和支持本国战略性支柱产业的发展。

B.5

汽车生产的智能化革命

一　汽车智能制造革命及发展趋势

（一）国际智能制造的发展趋势

关于智能制造的研究大致经历了三个阶段：智能制造概念起始于 20 世纪 80 年代人工智能在制造领域中的应用，发展于 20 世纪 90 年代智能制造技术、智能制造系统的实践中，成熟于 21 世纪以来新一代信息技术条件下的"智能制造"（Smart Manufacturing）。

20 世纪 80 年代：概念的提出。1988 年，美国赖特（Paul Kenneth Wright）、伯恩（David Alan Bourne）正式出版了智能制造研究领域的首本专著 *Manufacturing Intelligence*，系统描述了智能制造的内涵与前景，定义智能制造为：智能制造是通过有机集成知识工程、制造系统、机器人视觉和控制来对技工们的技能和经验进行建模，使得智能机器能够自动地进行小批量生产。

20 世纪 90 年代：概念的发展。1993 年，时任东京大学校长的 Hiroyuki Yoshikawa 发表 *Intelligent Manufacturing Systems：Technical Coope-ration that Transcends Cultural Differences*，提出：智能制造系统的核心任务就是在制造技术的研究和发展上进行广泛而深入的国际合作。竞争不仅存在于各个制造企业之间，更存在于全球的供应链和商业网络之间，只有进行全方位的工业合作和技术共享才能合理配置资源、实现共赢发展，才能促进整个人类的进步。

21 世纪以来：概念的深化。2012 年，杜克大学创业中心的研究总监、奇点大学特聘研究员 VivekWadhwa 在《华盛顿邮报》对智能制造的概念进行了较为深刻的解读，认为人工智能技术＋机器人技术＋数字制造技术＝智能制造。其中，数字化制造是智能制造的基础和保障；机器人技术贯穿于物料传输与配送的全过程，以及贯穿于生产作业、操作与服务的全过程，是替代人工劳动生产力的技术与工具；人工智能技术通过传感器和传感网，为生产信息的分析和处理提供了有效的方法。

近年来，随着大数据、云计算、物联网与务联网等新一代信息技术的快速发展及广泛应用，智能制造被赋予了新的内涵，即"新一代信息技术条件下的智能制造"（Smart Manufacturing）。智能制造是智能机器和人共同组成的人机一体化智能系统，能够将智能活动嵌入生产制造过程中，并通过人与智能机器的协调合作来扩大、延伸和取代人在制造过程中的脑力劳动。智能制造最初仅限于制造自动化的概念，在其快速发展过程中逐步扩展到生产制造过程的柔性化、智能化和高度集成化等领域。智能制造技术可以用于工艺过程设计、故障诊断，也可以应用于产品研发、生产调度等，实现企业生产制造全过程各个环节的智能化。

智能制造成为主要发达工业国家政策计划的关键领域。智能制造已经被普遍认为是第四次工业革命的核心动力，国外主要发达工业国家都已出台相应政策对智能制造发展积极筹划布局（见图1）。

2006年，日本提出了"创新25战略"计划（Innovation 25）。自提出技术立国战略以来，日本一直推行技术带动经济发展的战略。面对当前信息技术革命带来的机遇和挑战，该战略计划目的是在竞争全球化时代，通过科技创新和技术服务创造新价值，促进生产力发展和日本经济的持续增长。"智能制造系统"是该计划中的核心理念之一，主要包括在生产过程中实现以智能计算机替代人，通过虚拟现实技术实现虚拟制造，通过数据网络实现全球化制造，开发自律化、协作化的智能加工系统等。

2009年，美国发布"再工业化"计划（The Reindustrialization of the United States），主要针对21世纪以来美国经济的实体经济大幅下滑、制造产业结构空心化等"去工业化"困境。该计划的目标是重振实体经济，增强国内企业竞争力，增加就业机会；发展先进制造业，统筹规划促进产业结

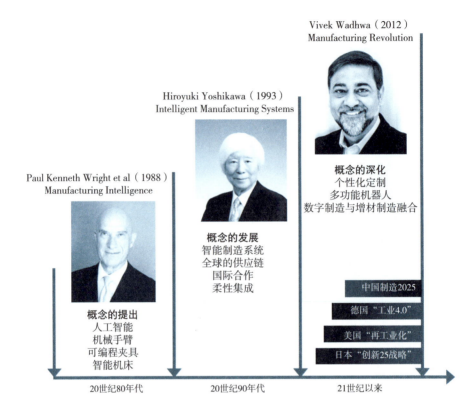

图1　智能制造的发展趋势

构的转型升级，进一步实现制造业的智能化。

2013年，德国提出"工业4.0"计划（Recommendations for implementing the strategic initiative INDUSTRIE 4.0）。该计划是一项全新的制造业提升计划，其模式是有机集成分布式和组合式的制造单元模块，通过工业网络宽带和智能感知器件，组建柔性化、智能化的工业制造系统。德国学术界和工业界认为，前三次工业革命的发生分别源于机械、电力和信息技术，而以智能制造为主导的第四次工业革命将会源于制造业服务化和物联网技术。工业4.0从根本上重构了包括研发制造、工程、材料使用、供应链和生命周期管理在内的整个工业制造流程。

2015年，中华人民共和国国务院正式印发《中国制造2025》（Made in

China 2025），为实现制造强国的目标，确立了"三步走"战略：第一，力争用十年时间，迈入制造强国行列；第二，到 2035 年达到制造强国中等水平；第三，到 2049 年制造业综合实力进入制造强国前列（见图2）。

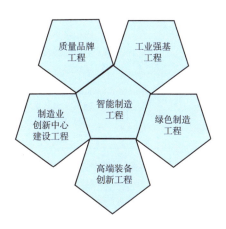

图2　中国制造2025——"5＋1"推进工程

另外，以英国为代表的老牌工业国家、以韩国为代表的后发工业化国家，以及以印度为代表的新兴工业国家在其经济发展战略中都对智能制造概念尤为重视（见表1）。

表1　世界主要国家应对智能制造的政策计划

政策名称	国家	制定部门	时间	政策目标
"创新25战略"计划	日本	内阁	2006年	通过科技和服务创造新价值，以"智能制造系统"作为该计划核心理念，促进日本经济的持续增长，应对全球大竞争时代
"再工业化"计划	美国	国会众议院	2009年	发展先进制造业，实现制造业的智能化，保持美国制造业处于价值链上的高端位置和全球控制者地位
"新增长动力规划及发展战略"	韩国	未来创造科学部	2009年	确定三大领域17个产业为发展重点，推进数字化工业设计和制造数字化协作建设，加强对智能制造基础开发的政策支持
"工业4.0"计划	德国	联邦教育局及研究部和联邦经济技术部	2013年	由分布式、组合式的工业制造单元模块，通过组建多组合、智能化的工业制造系统，应对以智能制造为主导的第四次工业革命

政策名称	国家	部门	时间	政策目标
"印度制造"计划	印度	印度政府	2014年	以基础设施建设、制造业和智慧城市为经济改革战略的三根支柱,通过智能制造技术的广泛应用将印度打造成新的"全球制造中心"
"高价值制造"战略	英国	英国政府科技办公室	2014年	应用智能化技术和专业知识,以创造力带来持续增长和高经济价值潜力的产品、生产过程和相关服务,达到重振英国制造业的目标
"中国制造2025"战略	中国	工信部、国家发改委、科技部	2015年	实施制造强国战略第一个十年的行动纲领:明确了5大基本方针、9大战略任务、5+1推进工程、10大重点领域。努力建设成为引领世界制造业发展的制造强国

制造模式演进过程如下。

由图3可知,数字工厂、智能工厂、智慧工厂是面向企业过程的一种集成形式。由数字工厂到智能工厂再到智慧工厂,带来的是质量持续不断地改进,成本不断下降以及技术和管理的不断成熟。数字工厂主要任务是消除设计和制造的鸿沟,进一步地纵向集成各种软件(CAD/CAE、CNC、CAPP、PLM等)的制造信息,实现产品全生命周期的虚拟化;智能工厂主要任务是综合运用机器人、增材制造、虚拟现实、云制造等智能硬件,实现制造信息与装备的有机融合;智慧工厂主要任务是整合原材料供应链、整车制造生产链和汽车销售服务链,实现产业链的横向集成,基于产品的全生命周期进一步地构建自度量、自决策、自适应、自诊断、自修复、自学习的全球制造生态系统。

①汽车诞生之初的手工单件生产方式。此阶段的技术传递形式通常是"学徒—工匠—技师",并且组织结构非常分散,小的机械作坊提供了大部分设计和大多数零部件。

②福特的流水线大批量自动化生产方式。此生产体系实现了零件的标准化和互换性,使用传送带进行流水作业,对原材料分别按照不同的工艺路线进行加工、装配,按顺序分配到同步传输的总装流水线上,从而连续不断地形成整车。

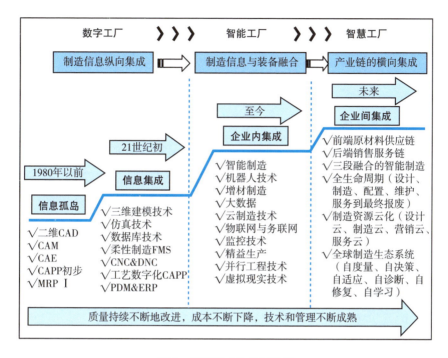

图3 制造模式的发展阶段

③丰田的精益生产方式。此生产体系是通过精简生产过程，消除浪费，进而降低成本。丰田所采用的汽车生产流水线，大多数采用发展成熟的已有技术，追求适当的劳动强度；丰田汽车的质量依赖于系统结构、运行方式、人员组织等方面的变革实现生产的整体化。通过精益生产来保证整个制造系统的质量—成本—效率的综合最优化。

④智能制造的生产方式。汽车制造模式呈现车型寿命短、更新换代频率快的趋势，同时为了满足消费者多样化的需求，汽车制造商必须构建标准化平台，将原材料供应链、整车制造生产链和汽车销售服务链三段融合，实现汽车制造的大批量定制化生产。

智能制造带来的主要变化如下。

1）产品研制模式——并行化协同化

①产品研发生产的各个阶段工作同步进行：产品开发过程中整体考虑后续生产制造的具体问题，避免大量变更。

②各部门集中式的产品开发过程：相互合作、信息共享、信息交流，及早发现并解决问题。

③顾客、供应商参加产品开发过程：产品更具针对性、实用性，尽早发现设计上的缺陷。

协同商务和协同制造技术给制造企业带来很大的进步：其一，影响扩大。通过企业间跨供应链的协同合作消除企业内的信息孤岛。其二，模式转变。呈现数字化设计、数字化商务和数字化制造有机集成的趋势。其三，业务创新。汽车制造企业与供应商所有领域（设计制造、市场销售等）的全面协同（见图4）。

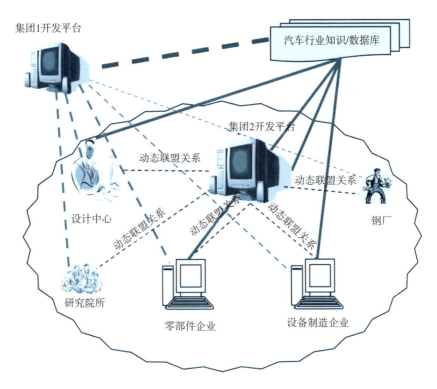

图4 汽车企业的并行化协同化

2）生产制造系统——柔性化可重构

传统的刚性生产系统渐渐不能满足生产需求而转型升级为可重构柔性生

产系统，柔性生产系统可重排、可重复利用和组态更新，并且能进行快速调试，具有很强的包容性、灵活性和适应性，适用于大批量定制（见图5）。

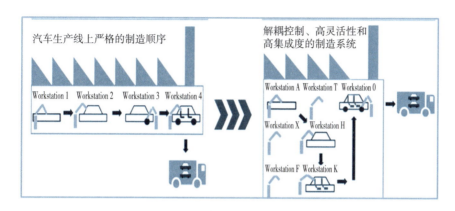

图5　汽车的柔性化生产

3）生产要素——标准化、流程化、知识化

工厂标准化带来了较高的生产和管理效率；流程规范带来了产品品质的一致性和稳定性以及全流程数字化管理；经验、数据、知识带来了决策的科学性和企业发展的长久性。

（二）汽车智能制造的技术内涵

智能制造的特征在于实时感知、优化决策、动态执行等三个方面：一是数据的实时感知。智能制造需要大数据技术的支持，通过在线、实时的信息采集、自动识别，将信息传输到云技术的分析决策系统。二是优化决策。通过面向产品全生命周期的海量异构信息的数据挖掘、计算分析、推理预测，形成优化制造过程的决策指令。三是动态执行。通过机器人等执行系统控制制造过程的状态，实现稳定、安全地运行和动态调整。为了实现这一目标，需要以下几项技术的支持。

1. 大数据

大数据（Big Data）是一种海量、高增长率和多样化的信息资产，但是需要新处理模式才能具有更强的决策力、洞察力和流程优化能力。

实际上，大数据最早并非兴起于工业领域，而是互联网中产生的社会和媒体大数据。互联网大数据通常依赖统计学发现属性之间的相关性，而工业大数据则注重特征背后的物理意义以及特征之间关联性的内在逻辑。并且，工业大数据的价值具有很强的实效性，即当前时刻产生的数据如果不迅速转变为可以支持决策的信息，数据的价值就会随时间流逝而迅速衰减。

汽车制造蕴含了大量的数据。如图6所示，设计阶段的三维建模、强度分析、力学分析等数据，制造阶段的设备管理、质量管理、刀具管理等数据，装配阶段的模拟装配、偏差控制、故障诊断等数据，物流阶段的订单处理、作业计划、用户评价等数据以及企业管控阶段的质量改进、设计优化、产品创新等数据。

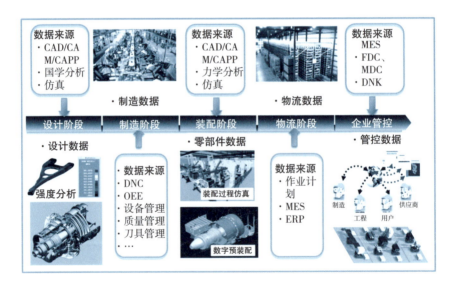

图6 汽车制造中的大数据

2. 物联网与务联网

物联网（Internet of Things）是通过传感器，按既定协议连接任意物和物并且传递信息，能够进行实时感知、在线监控、追溯管理的通信感知技术。

务联网（Internet of Service）是在互联网、物联网基础上发展的一种新形式。务联网以集成服务的形式支持网络环境下的真实场景服务的实现，实现真实物理世界与虚拟数字世界的平台共享与应用服务的有机集成。

物联网与务联网中间的连接是智能数据分析，未来完整的价值创造活动可以描述为：先用物联网进行数据采集，再用智能分析模块将数据变为信息，最后通过务联网将信息按照功能进行服务推送。物联网的核心是智能传感和通信网络，智能分析的核心是数据模型与智能算法，而务联网的核心是业务运营网络与客户体验。

3. 云技术

云技术（Cloud Technology）是基于云计算商业模式应用的网络技术、信息技术、整合技术、管理平台技术、应用技术等的总称。

云技术在汽车的智能制造中有以下三个重要的应用场景。

一是生产设备的远程维护。基于云计算与云服务平台，在云架构中组织生产机器，保障设备厂家人员能够通过统一软件平台的标准化接口接触到不同的设备。这样可以方便分析整个系统的监视数据，有利于故障诊断，并且降低了维护成本。

二是生产机器的集中管理。将企业和流程的管理层面转移到云端，能够通过中央云控制所有机器，优化设备的使用，使空转时间减到最少。并且云端可以快速全自动进行流程管理，大大降低人为决策的等待时间。

三是数据的集中存储和分析。通过云端对全部的有效数据集中处理，方便进行不同的生产设备的数据之间的相关性分析。并且云端基础设施具有高效计算能力，能够进行大规模的数据分析。

4. 机器人技术

机器人技术（Robot Technology）在整个汽车制造系统中的应用将更为广泛，不但替代人完成重复性、高强度、危险性工作；而且智能机器人可以与人信息交流、共融合作，甚至独立自主完成一些工作。

当前，汽车生产制造企业所用的机器人占工业机器人的 50% 以上，主要场景是生产制造的冲焊涂装等工序以及举升、起吊等物流作业。

5.增材制造技术

增材制造技术（Additive Manufacturing）技术是指基于离散－堆积原理，根据零件三维数据直接进行生产制造的技术体系。基于不同的理解方式，它还有快速成形、3D打印等称谓，其内涵仍在不断深化，外延也在不断扩展。

2014年9月15日，美国Local Motors公司创造了世界上首款3D打印的汽车——斯特拉迪（Strati），汽车靠电力驱动，只有两个座位，车身材质是碳纤维及塑料。相对于传统汽车的两万多个零部件来说，斯特拉迪整车的总零件数仅为40个，并且制作周期短，不足两天便可以从无到有制造出来（见图7）。

图7　斯特拉迪

（三）中国汽车智能制造的实践

汽车业是综合性较强的行业，同时也属于资金密集型、技术密集型行业，所以，汽车工业的水平可以反映一个国家的综合实力。世界各国都在积极探索通向智能制造的道路，德国用制造业繁荣经济，美国用互联网促进经济发展，日本则格外重视能源的供给。作为汽车产量第一大国，我国汽车业面临很大的挑战，传统制造工艺还没完全过关，汽车电子系统与国外品牌也有差距，国内自主品牌生产制造的自动化、智能化水平较低，智能化汽车也处在学习、追赶的阶段。

基于大数据、物联网和务联网技术，全面整合控制汽车产业资源，是布局汽车产业的重要战略。在工业"4.0"智能化浪潮的推动下，我国汽车制造业应立足中国制造业实际，重构历史积淀，补足体系性不足，探索出一条符合中国特色的汽车发展道路。

近年来，我国对智能制造的发展也越来越重视，越来越多的研究项目成立，研究资金也大幅增长。

1. 国家对智能制造的支持

①国家中长期科学和技术发展规划纲要（2006~2020）

着重开发各种数据应用软件系统，构造数字工厂和智能工厂的工业4.0示范车间。

②"十二五"国家战略性新兴产业发展规划

重点突破包括工业机器人和新一代传感器在内的智能制造装备产业的核心关键技术。

③国家科技重大专项（04专项）

高档数控机床数字化设计关键技术与工具集研发及典型产品应用。

目前国内的汽车制造商和数控机床生产商的沟通交流不足，同时国产数控系统的市场占有率不高。亟待增强高档机床和基础装备的自主创新能力，实现主机与系统、功能部件协调发展，制造出满足汽车制造生产要求的高质量、高标准的数控机床及柔性制造系统（见图8）。

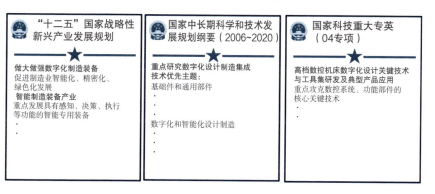

图8　国家政策对智能制造的支持

107

④中华人民共和国科学技术部

加速推动人工智能技术与传统产业融合创新。结合"互联网+"和"中国制造2025"等国家战略的实施，有关部门正在加紧制定措施，推动人工智能技术与互联网、先进制造业等产业深度融合，促进人工智能技术在互联网、智能汽车、智能机器人、智能医疗诊断、智能无人飞机、智能家居、可穿戴设备等领域广泛应用。

⑤中华人民共和国国家发展和改革委员会

智能制造装备发展专项重点支持推进汽车发动机加工数字化车间。针对发动机5C件制造技术，建成关键零部件制造数字化车间，包括实时在线检测装置、信息化生产管理系统，实现汽车的智能制造。

⑥中华人民共和国工业和信息化部

工信部信软〔2015〕440号：关于贯彻落实《国务院关于积极推进"互联网+"行动的指导意见》的行动计划（2015~2018年）

行动内容主要分为：加强智能制造顶层设计、发展智能制造装备和产品、组织开展智能制造试点示范和推进工业互联网发展部署。

2. 重点企业的工作

①长安汽车股份有限公司

总体思路：结合互联网信息通信技术实现制造体系逻辑的全新颠覆，实现从大规模制造向个性化定制的转型。

总体设计、分步实施；业务计划超前，跟随主流成熟技术的发展；管理标准化，系统标准化、模块化，可扩展性强（透明化）；自动化（信息化）→数字化→智能化。

五个转变：生产上不再是被动指挥，而是实时调度；质量上不再是事后抽检，而是在线控制；资源上不再是被动供应，而是主动供应；成本上不再是事后核算，而是过程控制；管理上不再是粗放型，而是质量型。

技术框架：信息系统、传感器、移动终端等应用，实现信息与制造过程融合；不同生产设备协作生产能力，满足人们个性化的汽车需求；O2O式端到端交付模式是终极追求。

②中国第一汽车股份有限公司

国家发展和改革委员会、财政部、工业和信息化部 2011 年智能制造装备发展专项：研制机器人智能高速柔性自动化焊装线及其智能功能部件，满足汽车白车身生产对高纲领、高节拍、高柔性、自动化、智能化焊装线的生产需求，并在中国第一汽车股份有限公司示范应用。

智能部件 1：白车身多车型柔性主拼焊装台及智能车型切换系统

智能部件 2：高速精确自动输送设备

智能部件 3：在线检测与智能诊断系统

智能部件 4：国产机器人系统及次高频节能点焊设备集成应用

智能部件 5：基于工业总线技术的智能生产控制系统

二　制造信息的纵向集成——数字工厂

（一）数字工厂

数字工厂（Digital Factory）是在产品数据的基础上，综合应用虚拟技术、仿真技术、试验验证技术等，使产品在每个工位、生产单元以及整个工厂中的所有真实活动虚拟化，并且对加工和装配过程进行仿真、分析、优化的一种集成组织方式，是运用虚拟技术、计算机技术、网络技术等相关技术构建起来的虚拟的生产线仿真环境。

数字工厂实质上是将产品信息数字化、装备信息数字化和工艺信息数字化，并把这三种数字化有效集成为制造系统数字化，是真实工厂的制造过程在计算机上的一种映射，如图 9 所示。

（二）产品设计的信息集成

CAD——计算机辅助设计

CAD（Computer Aided Design）是充分借助计算机的运算速度快、大容量存储和强大的图像处理能力，帮助人进行设计工作（协助创建、修改、

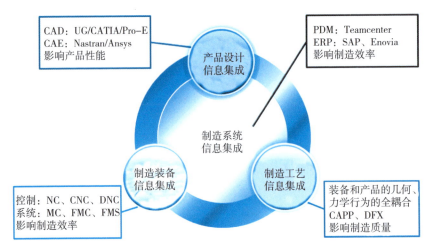

CAD：UG/CATIA/Pro−E
CAE：Nastran/Ansys
影响产品性能

PDM：Teamcenter
ERP：SAP、Enovia
影响制造效率

产品设计
信息集成

制造系统
信息集成

制造装备
信息集成

制造工艺
信息集成

控制：NC、CNC、DNC
系统：MC、FMC、FMS
影响制造效率

装备和产品的几何、
力学行为的全耦合
CAPP、DFX
影响制造质量

图9 数字工厂的技术体系

分析和优化）的一种方法和技术。这里的设计是包括产品的概念构思、功能设计、仿真分析、加工制造等在内的整个产品的设计。

CAE——计算机辅助工程分析

CAE（Computer Aided Engineering）通常包括有限元仿真和机构分析。有限元仿真（ANSYS 等）用数学近似模拟物理条件，可完成力学分析、场分析（热场、电场、磁场等）、频率响应和结构优化等。机构分析（ADAMS 等）能完成机构内零部件的位移、速度、加速度和力的计算，还能完成机构的运动模拟及机构参数的优化。

汽车开发过程中最理想的模式是零实物验证，如图10 所示，即在一个新车型的设计、制造的整个过程中，全部采用数字化技术进行设计方案优化、性能仿真分析和验证评价，避免了实物样车制作和实验验证，从而节约成本。

不同 CAD（UG 和 CATIA 等）之间、CAD 和 CAE 之间、CAD 和 CAM 之间模型的不可重用性将有可能导致重复建模，浪费资源，并且集成度差。因此必须建立一个统一的、支持不同软件或应用系统的产品信息描述和交换标准，以实现产品模型数据的共享，从而实现产品设计的信息集成。

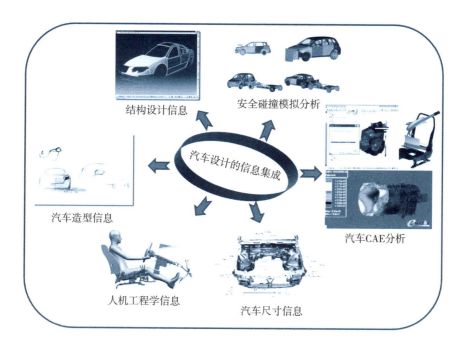

图10　汽车设计的信息集成

（三）制造装备的信息集成

制造装备的信息集成是在传统制造技术的基础上，借鉴并融合多学科（控制、软件、算法）发展的成果，构造多源大数据的分析模型与挖掘算法，预测并诊断质量问题，找到成本过剩点，发现制造效率瓶颈，实现有效融合、智能分析、自动执行，摆脱对人工经验的依赖，全面提升质量、提高效率、降低成本。

装备信息集成技术包括计算机数控技术、传感技术、自动检测及信号识别技术、过程与设备工况的监测技术。

机床是装备制造业工作母机，实现制造装备的信息集成，取决于机床的发展水平。汽车制造需要大量的数字化设备。例如，信息技术的发展及其与传统母机的相互融合，使工作母机正朝着数字化的方向发展，现代数控加工要求机床能够自动调节工作参数，在加工过程中始终能保持最佳工作状态，

从而保证加工精度，同时也能延长刀具的使用寿命，提高设备的生产效率。

CNC（Computer Number Control）是一种自带程序控制系统的数控机床。它可以通过手动或自动编程来控制刀具的运动轨迹，完成整个零件的加工过程，但是不同的机床厂商之间的编程语言往往不具有通用性和可移植性。

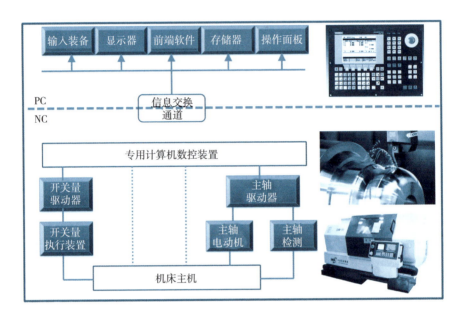

图11　数控机床的信息流

PC 面向人：界面友好，编程方便；NC 面向机床：与专用的 NC 系统的硬件接口和连接方式一致；如图 11 所示。

为了保证数控机床的正常运行，除了需要软硬件支持，还需要系统参数、坐标系偏置数据、误差补偿数据、运动坐标、主运动和进给速度、PMC 信号状态等动静态数据支持。

目前国内大部分企业对机床运行状态监控仍然停留在单机在线或串口通信方式阶段，还不能实现集成管理，导致了信息孤岛。利用现场总线以及工业以太网技术，建立数控设备统一管理的可视化监控系统，对设备故障进行自动预警，并对工艺参数的趋势进行分析，有助于减少设备的维护和维修成本。

（四）制造工艺的信息集成

CAPP（Computer Aided Process Planning）是在人机系统中，根据产品设计阶段的信息，人机交互地或自动地确定产品的加工方法和工艺过程的技术。它是在分析和处理大量信息的基础上进行加工方法、机床、刀具、加工顺序优化，并计算工序尺寸、加工余量、公差、工时定额、切削参数、绘制工序图以及编制工艺文件。

由于具体对象的不同，CAPP系统存在较大的差异。如图12所示，一般来讲，制造业所用的基本模块包括以下方面。

①零件信息输入模块。有些时候零件信息不能从CAD系统直接导入时，可以用此模块进行零件信息的输入。

②控制模块。是人和机器之间沟通的桥梁，监控其他模块的实时状态并发出控制指令，决定了零件信息的获取方式。

③工艺过程设计模块。主要是进行加工工艺流程的决策，同时产生工艺过程卡，便于加工及生产管理。

④工序决策模块。主要是生成工序卡，计算工序间尺寸，并且最终生成工序图。

⑤工步决策模块。主要是对工步内容进行设计，计算切削用量，最终形成⑥所需的刀位文件。

⑥NC加工指令生成模块。主要是依据⑤所提供的刀位文件，调用产生NC加工控制指令。

⑦输出模块。主要是输出工艺流程卡以及具体的工序和工步卡，更为直接的方式是从库里调出模板并修改成所需要的各类工艺文件。

⑧加工过程动态仿真。主要是对正在进行的机床动作进行数字仿真，方便对具体工艺进行校对。

计算机技术和先进制造技术的迅速发展和推广，为产品整个生命周期的数字化应用提供了契机。CAPP是将产品设计信息"翻译"成工艺文件、控制数据等的关键环节，也是企业信息交换的中间环节。如图13所示。

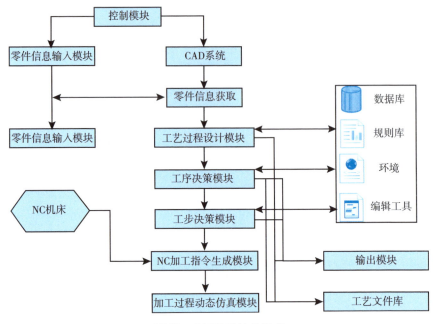

图 12　CAPP 系统的组成

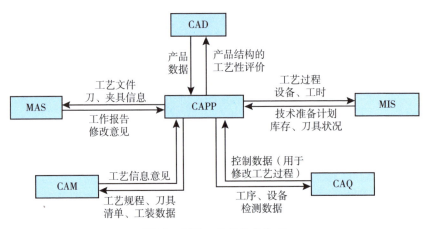

图 13　制造工艺的信息集成

（五）制造系统的信息集成

1. PLM 产品生命周期管理

产品生命周期管理（Product Lifecycle Management）是一种全面管理产

114

品所有数据的企业信息化技术。它有机集成了人、过程和信息，遍历产品从概念设计到报废淘汰的全生命周期，通过建立产品全生命周期信息数据库，搭建一个统一的产品研发系统平台。

PLM 的基本功能如下。

①文档文件的管理和储存。主要包括数据仓库的检入检出、版本控制以及历史记录管理。

②一体化的搜索引擎。运用了标准的 Web 搜索引擎技术，能让用户快速找到各种结构、任意位置的所有类型的产品信息。

③工作流管理。能够积极指导和监控整个业务过程，以便缩短上市时间和降低开发成本，同时工作流模板也有助于快速定制和部署通用业务过程。

2. ERP 企业资源计划

企业资源计划（Enterprise Resources Planning）是 20 世纪 90 年代后，基于 MRP II 进一步完善和发展而形成的一种功能更为强大的系统。它集成了客户和供应商等外部资源，并综合考虑时间和知识管理，体现用户需求至上的经营管理思想。ERP 系统支持全过程的事务控制；支持在线分析处理（Online Analytical Processing）；支持混合式生产方式，还支持 Internet、Extranet、Intranet、EDI 和 EB（见图 14）。

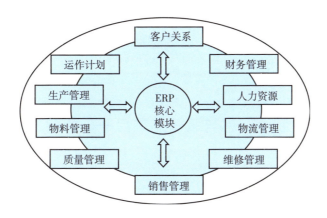

图 14　ERP 系统的组成

3. MES 制造执行系统

制造执行系统（Manufacturing Execution System）是一种全面整合生产资源、综合管理生产进度、质量、设备和人员绩效的制造业生产管理工具。它可以实现生产计划、生产过程、产品质量、车间库存和项目看板的全方位管理。支持包括客户返修、销售发货、生产过程信息、物料供应在内的整个产品生命周期的信息追溯，实现质量问题的快速诊断；通过扫描零部件的条码信息，可查询该零部件的装配关系等信息；企业的领导层能及时并且直观地了解生产线的运行情况。

4. SRM 供应关系管理

供应关系管理（Supply Relationship Management）不单单是企业内各部门的协调以及企业与供应商（原材料供应商、设备供应商、服务供应商）之间的信息交流，还是要有机整合所有参与方的价值链，创新企业生产和管理，通过对全局进行最优化运作以达到降低成本的目标。

从信息学的角度看，制造系统是一个减熵并且信息含量增加的过程。制造系统的优化运行要不仅依靠科学技术、人的决策和创造能力，同时也依靠减熵支撑和信息集成。

制造信息集成就是运用大数据的思维，在云端中心的统一管理下，通过专家系统把各个部门的信息流和数据流连接成一个有反馈调节的控制回路。这个整体的系统实现了产品设计、制造装备、制造工艺的信息有机集成，共享数据资源，加强了各部门之间的联系和合作，进一步地提高制造质量，提升制造效率和降低制造成本。

三　制造信息与装备的融合——智能工厂

（一）智能工厂

智能工厂的概念是利用各种各样高精尖的技术，对生产计划进行智能排产、提供智能生产的决策支持、智能控制质量、合理智能地管控资源、设备智能互联和生产协同的六位一体的智能化工厂建设。数字工厂概念是智能工厂概念的基础，在数字工厂的前提下，使用监控技术和最新的物联网技术，这些新的互联网技术可以给工厂的信息管理和产品服务带来一个质的飞跃。这样便可以达到工厂的管理、生产及办公等各项活动的自动化，并且提高对生产过程的可控性、降低生产线的人为干预，最后能够合理地安排生产排程。在实现上述功能的同时，将已有的智能系统、手段等进行融合，实现工厂的合理管理，以及高效生产，绿色生态的目标（见图15）。

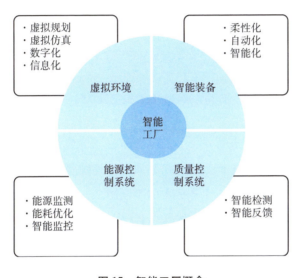

图15　智能工厂概念

（二）车身制造智能化

1. 冲压成形的智能制造

当前的汽车冲压件领域，不断地跟随着汽车大环境的发展而变化，汽车的更新换代速度不断加快，客户的要求不断提高，功能需求的多样化也在增强，导致汽车的制造压力不断增大。众所周知，传统汽车的冲压工艺，占加工制造整个汽车金属器件的约65%。目前汽车的冲压发展趋势有两个方向，如图16，一个是覆盖件模具的设计和制造，另一个是新型材料的轻量化。

117

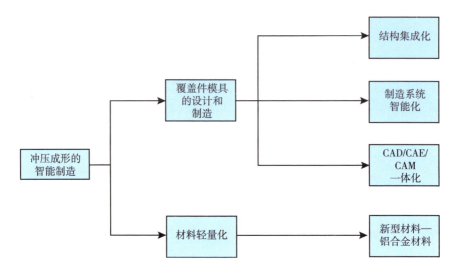

图16　冲压智能制造发展方向

在汽车行业的大发展背景下，汽车制造行业也被要求不断地更新模具覆盖件，要求其能够实现生产效率和产品质量的持续提高，同时还可以将设计和制造的周期不断缩短以及生产成本的不断减少。冲压成形的智能制造在实现这些目标的前提下，自然地要求覆盖件模具越来越呈现集成化、标准化和智能化发展趋势。

集成化

模具覆盖件的首要目标是实现高的模具生产效率，它除了要求能够实现汽车设计和制造过程中的集成化，同时还应该在模具开发阶段中就要将生产的信息、管理等因素全部考虑进来，对所有的资源进行集中化的开发，这也就是所谓的将产品设计中的 CAE、CAD、CAM 等绘图工作和企业的资源管理计划 ERP 相集成。

标准化

对模具结构基于标准化的设定和使用，可以极大地提高生产效率。而在典型模具结构数据库中则可以存储已经被参数化设计的标准结构，这样对于一些与库里标准结构差不多的模具，可以修改参数后再生成需要的结构。

智能化

专家系统和知识工程在未来的制造业系统中会起着相当重要的作用，因此在冲压的智能化方向上，可以把模具设计过程和智能的专家系统等相结合，得到更加专业的设计建议。这种可以判断智能化的设计模具设计系统也会越来越显得重要。因此可以将一些具有丰富经验的设计人员组织在一起，对已有的设计规范和设计方法进行经验总结。专家系统则可以具备三大模块，分别是知识库模块、数据库模块和控制模块，这些模块可以方便设计者在设计过程中获取快速有效的提示和参考，实时地掌握设计的可靠性以提高设计效率。目前研究模具的智能化已经是一个热门的课题。

车身轻量化是节约成本和降低燃油消耗的一个基本途径，改进汽车制造过程中的整体结构设计和选择更轻的材料（例如塑料和铝合金等）是两种减轻汽车车身重量的方法。

由于铝合金具有轻质坚固的特点，在汽车上使用铝合金材料时可以有很好地减轻车身重量。具体来说，假如在整车制造上使用铝合金制件的话，通过仿真分析得出，可以初步减少35%的总重，若再进一步加大铝合金的使用量，结果表明可以减少总重量的50%。凭借此优势，在整车的生产制造过程中，铝合金被越来越多的应用在生产制造上。经过研究表明，如果将汽车的覆盖件从传统的钢板材料换成新型的铝合金材料，仅仅是在白车身的生产制造上，就可以减轻重量约为45%。显然可以看出，应用铝合金材料后，汽车的减重效果非常明显。这种效果也使得在使用汽车的过程中，可以更好地减少污染，并节省油耗。实验表明，在整个汽车使用周期中，每当车身使用1千克的铝合金材料替换原有的钢板材料时，汽车一共可以减少20千克的污染排放量。与此同时，铝合金材料还是一种绿色环保材料，当汽车成为废品时，铝合金可回收性状况良好。很多企业在对汽车零部件采用铝合金的产品评估其全生命产品周期能耗和碳排放量后表明：铝合金是一种潜力巨大的绿色制造材料。

2. 焊接的智能制造

目前，国内外在自动化焊接技术和智能化焊接研究方面都有较多的研

究，这些基础研究的热点主要集中在以下几个方面，如图 17 所示。一是焊缝自动跟踪技术，其中特别是关于视觉传感与跟踪技术的研究；二是焊接过程中的熔滴过渡控制研究；三是焊接热的输入控制技术研究；四是焊缝的成形技术研究，包括焊接的熔深、熔透控制方面等。焊接技术的发展基础是综合利用电弧、机械、光等信息对焊接过程进行控制和检测。

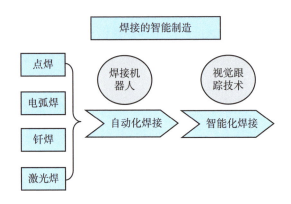

图 17　焊接智能制造发展方向

在焊接的智能化道路上，基于机器视觉的焊接自动跟踪技术方法和系统具有很好的发展潜力和应用前景。视觉传感器通常采用红外光、可见光、弧光为光源，以点、线、面、体的方式传感焊接区域图像信息，具有精度高、再现性好的优点，使用时不易受到磁偏吹或者焊丝影响，近年来得到了非常快的发展。目前常见的商业化焊缝跟踪系统主要采用激光结构光的方法，包括点式和条纹式激光光源，以适应不同的应用需要。

一汽大众的焊接车间里主焊线实现 100% 的自动操作，同时采用了"激光焊枪"技术，不需要传统的焊接房间，机器会自动过滤激光，保证人员安全。在技术层面上，一汽大众有着超长激光焊接这种领先汽车行业的高精尖技术，这种焊接技术所制造的产品与普通的焊接产品相比，可以得到更加精细性质良好的表面。

3. 涂装的智能制造

汽车涂装工艺是汽车生产过程中的重要组成部分，涂装是一种将涂料涂覆于被涂物基底表面上的操作工艺，这种涂料一般有多种涂敷方式，涂料在经干燥固化后会形成一层连续致密的薄膜。这种固化的涂料膜在工艺上就被称为涂膜。如果复合层包含了两层以上的涂膜，这种复合层被称为涂层。而汽车的涂装工艺是其中的代表，汽车白车身的油漆喷涂就是一种典型的多涂层涂装工艺。汽车的涂装技术是包含了多个方面的涂装工艺内容。这些内容主要涉及车身表面的喷涂准备工具、涂装具体工艺选择、表面的喷涂材料等。在一些细节方面，涂装工艺需要解决的问题也很多。例如考虑涂料材料的选择与面漆的搭配、当喷涂出现瑕疵问题时车身表面的修复涂装技术以及如何选择车身表面的修复涂装工具等。

绿色涂装车间的范例中以安徽江淮汽车为代表，该工厂的涂装全过程均采用数字化的仿真模拟，工业流程合适以及装备布局合理。其采用高度自动化和柔性化的电泳输送设备。例如摆杆链生产线的节拍为五十秒一台，这个在全国是节拍最高的生产线之一，且可实现全自动控制的多个平台车型的高柔性化生产，其车身位置及状态由先进的控制系统随时跟踪，保证涂装的最佳电泳效果。另外该工厂的自动喷涂机器人技术也是国内先进水平代表，所谓的自动喷涂机器人技术包括了利用机器人自动喷涂涂料技术、利用旋杯喷涂的技术和涂料后自动擦净的技术。使用机器人可以极大提升喷涂效率，减少污染，降低成本。

（三）动力总成制造智能化

对汽车动力总成来说，传统内燃机的发展一直和国家节能减排的标准密切相关。随着碳排放标准的提升，传统内燃机的热效率、燃油消耗率成为衡量其价值的关键指标。而内燃机燃油效率的提升一方面体现在对整机的理论设计环节，另一方面体现在整机的制造过程中。而现有整机技术在热力循环效率方面的限制，以及新设计投入到生产环节时间的限制，无法实现较大的突破；如何在现有整机设计体系基础上，提升现有内燃机的燃油性能，离不开对制造质量的提升。发动机是一个精密的部件，各种误差都限定在微米级，其制造质量和内燃机的燃油消耗率有着密切的关系。提高发动机的制造

质量，首先要研究发动机主要3C件加工制造新工艺新方法，在此基础上结合信息智能化的技术，突破大数据检测、智能加工、网络制造等智能制造核心技术。

发动机的智能制造牵涉方方面面，想要造出一台好的发动机，需要储备的技术含量和对设备的要求都很高，它要求生产制造的标准化、模块化以及数字化作为基础前提。在提高发动机制造质量的同时，建立精密制造体系，使制造过程流程化、标准化，实现流程间的信息快速传递与通信，从而为实现信息的集成利用、实现决策智能化奠定基础，实现以数据指导发动机精密制造过程；核心是利用制造过程中的大量数据实现制造决策的智能化，依托智能决策指导制造过程。为了实现这些目标，需要进行的理论研究包括以下三个方面。

1）主机性能的评价与检测设备的开发

①主机性能检测方法研究

②传感器的开发与数据传递

③智能数据采集分析

2）质量—成本—性能相关性研究

①发动机性能与制造精度的关系

②制造精度对加工工艺与装备的要求

③改变现有制造标准以提高效率/降低成本

3）微米级尺度下加工尺寸偏差与产品性能波动的映射规律研究

（四）汽车总装智能化

汽车总装配是将汽车各种零部件按规定的技术要求选择合理的装配方法进行组合、调试，最终形成可以行驶的汽车产品的过程。汽车的装配质量往往直接决定了汽车生产出来后的质量体验。汽车总装工艺作为汽车制造的最后一个也是最重要的环节，很多时候其工艺的好坏直接表现在规模、质量、即时性、成本、产品先进性等方面。这些要素关系企业在市场中的竞争力。

目前的汽车总装工艺的智能化方向较多，主要发展趋势包括产品结构模

块化、力矩控制智能化、柔性化工装、SPS 物流等方面。以某汽车品牌的
MQB 底盘动力模块为例，采用多种柔性托盘组合形成底盘合车工装，包含
前托盘、中托盘、后托盘。多种柔性化的扳倒式、伸缩式、限位块式定位销
运用可以满足多种组合动力模块的装配支撑。再配合 AGV 自动导引小车实
现底盘合车无人化、自动化装配。这种小车用于总装配的物料自动化配送，
通过装配有电磁或光学等自动导引装置，来实现工厂内配送路径自动跟踪、
转向同步行驶，现在越来越多的小车在此基础上还具有障碍物识别、停车、
自动调速和无线通信等功能，在整个装配生产线上起到了基础调配作用。在
力矩控制智能发展方面，力矩拧紧设备采用高精度电动拧紧设备。传统的拧
紧技术扭矩法逐步被淘汰，最新的技术发展开始逐渐转向扭矩＋转角法或屈
服强度法应用。这些新技术的应用为力矩智能化发展指明了方向。在总装配
信息化技术中，射频识别技术（RFID）也开始慢慢在普及，目前从中国的
制造业基础来看，射频识别是现代制造产业中的一种有待发展和挖掘的前沿
技术，运用该技术来实现对汽车生产过程的信息采集记录和监控是一种十分
准确且方便的解决措施。

四　产业链的横向集成——智慧工厂

（一）智慧工厂

　　智慧工厂是现代工厂继自动化、数字化、信息化发展之后又一个更高的
发展阶段。其设计初衷是在数字化工厂的基础上，运用更先进更发达的技术
和系统来服务整个工厂，这些技术包括当前最前沿的物联网、大数据、云计
算等技术；在实际生产过程中，智慧工厂所具备的功能可以完全掌控整个工
厂内的一切生产计划安排和实时动态信息，并通过对所收集信息的整理，得
出最利于生产的决策。总之，智慧工厂是一个将智能决策和绿色环保相结
合、融合并运用高精尖技术的智慧型工厂。智慧工厂的内涵如图 18 所示
　　"智慧工厂"是以物联网技术为基础，利用高度智能化的系统设备，对

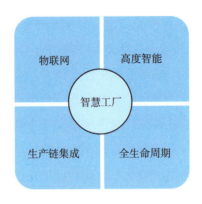

图18　智慧工厂概念

整个汽车生产链进行集成，对汽车产品进行全生命周期的制造。它的发展给智能工业的发展提供了新方向。智慧工厂的特征主要体现在生产制造上。

①制造系统自身具有高度的自主能力：它可收集与分析外界及自身的信息，并对之进行判断以便对自身行为进行规划。

②对整体可视技术的运用实践：通过结合信号处理技术、推理预测判断技术、仿真和多媒体等技术，将实际情景展现在现实生活中的设计制造过程当中。

③高度的重组、协调和扩充特征：系统内各组成部分可根据工作任务，进行自行的分配重组，形成一个最佳的系统结构。

④良好的自我学习和自我维护能力：通过系统的自我学习功能，可以在制造过程中对资料库进行不断补充、更新等。有利于系统自动执行故障诊断，并对故障做出排除与维护，或者反馈正确的系统执行操作能力。

⑤人与机器相互共存的系统：人与机器的关系更类似于一种伙伴关系。彼此之间建立一种相互协调的合作关系，在不同的工作层次上两者相辅相成。

（二）前端的原材料供应链

当前，对于中国汽车零部件企业，面临的处境是处在上端的原材料供应商和下端的主机厂商中间，在两者不断要求更多利益的情况下，时常会受到原材料的成本上涨和整车厂降低采购成本的双向压力，在这种局面下，大多数企业的效益让人深感忧虑。因而在维持自身供应链稳定的情况下，亟须要一种更精益的生产方式和物流系统用以降低生产成本。对于零部件企业而言，与所有的公司企业一样，如何找到自身优势以提高核心竞争力，已经成为目前国内汽车零部件行业迫切需要研究并解决的问题。然而目前精益生产只是一种提出来的理念，并没有一种统一的运行模式。

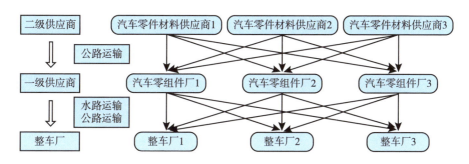

图 19　汽车原材料的供应链体系

　　汽车原材料供应链的体系结构如图 19 所示，各个原材料供应商、零组件厂和整车厂之间是多向联系，从二级供应商到一级供应商有公路运输一种方式，但是从一级供应商到整车厂有水路运输和公路运输两种方式。

　　我国的汽车零部件企业面临的现状是：首先，消费者的消费能力和需求的增强带来国内的市场份额不断地增加，这对于广大的零部件企业是一种向前发展的机遇，但这同样也会成为挑战。就目前的统计现状来看，我国的汽车零部件产品的去向主要是国内汽车生产厂商，而出口国外的比例较少，而且出口的零件大多是维修配件，这种制造和销售现状直接表明了我国的出口的动力不够，不能获取更高的利润来源。但在经济全球化发展的背景下，我国汽车零部件产业在寻求自身发展的同时，也不断地壮大产业规模、提高效益，这些基础为我国汽车零部件的出口国外提供了良好条件。但是国内的汽车零部件企业也有直接的现实问题，由于目前中国制造业整体水平的落后，没有高新核心技术的支撑，大多数企业都没有掌握行业的尖端技

术。而且中国的劳动资源分布密集，如何利用劳动力成本较低的优势和缩短新产品的开发周期对于整个零部件企业而言会是一个集体面临的考验。能否经受住这个考验是我国的零部件企业在全球的零部件供应链中占据重要地位的关键。

（三）中端的整车制造生产链

在我国进行改革开放以来，很多国际汽车制造企业不断来到中国进行投资生产，尤其是随着我国逐步实施所承诺的 WTO 中有关汽车产业的相关条款，这些国际汽车企业更是加大了投资的力度，在国内建立了一大批实力强、规模大的合资汽车制造企业，这一类汽车制造企业每年的产量占了中国汽车整车生产数量的绝大部分。近年来，像奇瑞、吉利、比亚迪这样的民族汽车整车制造企业不断追求自主知识产权和塑造自主品牌的情形有了长足发展。民族品牌的建立也使得我国汽车工业中在世界汽车工业的地位不断提高，影响力也在不断增强。然而，目前突出的问题是，汽车产业发展迅猛的同时，在国外先进企业的竞争压力下，本土的品牌竞争也在加剧。

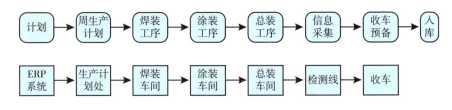

图 20　汽车生产制造的生产链体系

我国的汽车制造生产链如图 20 所示，整个制造流程从 ERP 系统制订计划到最后整车的入库形成一段完整的生产链。

在汽车制造快速发展、产品的技术含量越来越高和产品更新速度越来越快的情形下，汽车制造的生产物流在整车厂的制造过程以及最终的利润影响上起着越来越关键的作用。简单来说，对于汽车整车制造企业而言，最好的物流方案，意味着以最低的总费用、最高的效率，将汽车零部件、整车、备件等从生产线运到仓库，再从仓库转移至需求地，在经过销售商出售给消费者后，最终实现用户的需求的过程。该过程具体可分为供应物流、生产物流、销售物流、逆向物流四个部分。供应物流是一种面向整个企业的物流，不仅面向企业的所有采购人员，还面向企业组织中的其他人员。这样不仅可以保证整个企业的物资方面供应，而且还可实现对整个企业的资源的调动。汽车的生产物流顾名思义就是在生产时的物料流动。它是指在汽车零配件进行生产后，一般会以半成品的形态，从一个制造单元转到下一个制造单元继续进行加工制造，并且在每一个特定的制造环节还要按照特定的工艺流程进行加工制造并储存，当进行到某一个特殊环节时，需要在其内部进行流转，再从其他环节流出的一个流转过程。汽车的销售物流是指完成品的汽车从生产线上下来开始，运往销售总库和各地分销库，直到送到最终用户的手中为止的所有一系列仓储、维护、运输、检验及加工和其他各种服务的过程。逆向物流是在企业发展到一定阶段，根据经验和消费者习惯建立起来的物流模式。由于用户在使用产品过程中会产生一部分的需求和问题。这些需求和问题需要反馈在汽车企业的生产制造中，因而，逆向物流可以帮助汽车企业对产品进行合适的处理，重新挖掘其中的部分价值。

从整体的信息化水平上来说，我国的自主汽车整车制造企业的物流发展尚处于一个初级阶段。因为在大多数的中国汽车生产企业里，其所谓的实现信息化管理仍然只是在企业的内部实现了信息化，我国汽车企业在系统的信息化建设程度上还不能跟先进国家同日而语，因此在关于汽车的数据信息采集、整理和处理方面与发达国家相比依然显得落后。尤其是在生产计划、物料采购等方面与相关的物流服务商之间缺少有效合作，冲突多发，衔接性差。在我国当前的汽车企业供应链物流管理过程中，信息交互的不通畅已经越来越成为阻碍汽车供应链进一步发展的瓶颈。各部门之间的信息不能共享交流，导致供应链难以协调的情况屡屡发生。为了改善这一情况，如今，一些国外先进的汽车企业在制订生产计划时，已经不再局限于以前传统的系统对接或者直接生成订单这种模式，他们更多的是更高效地获取供应商在运营管理、生产制造等方面信息的共享，实时全面的了解生产和供应的关系，以做出最合适的计划。

（四）后端的汽车销售服务链

汽车在后端的销售物流过程，最直接的定义就是指汽车整车从生产制造商向终端消费者流动的全过程。通常来说，在汽车整车的销售流通渠道中一般包括汽车生产企业（最上端整车生产节点）、汽车总经销商（一级中端销售节点）、汽车经销商（二级中端销售节点）和终端客户（下端用户节点）等几个节点。而就国内的现状来看，品牌专卖店占据着汽车整车销售渠道的主体，4S汽车店在汽车整车销售物流中发挥着至关重要的作用。具体来说，当前汽车整车销售物流模式存在如下几种，具体如图21所示。

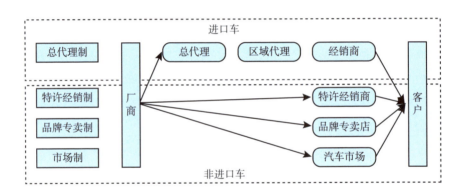

图21　汽车的销售链体系

从图21中我们可以看出，当前的销售汽车的模式，大体可以归纳成以下几种：一是品牌专卖店。就目前的销售情况看，品牌的4S店最受消费者的欢迎，这种模式是目前整车销售最主要的销售模式。其"4S"是指经销商"四位一体"的服务标准、管理标准和技术标准，这些标准由汽车的生产制造商制定，即将零配件供应、整车销售、售后服务和信息反馈四个部分融为一体。二是整车的总经销代理模式，这种模式的诞生是对我国市场自适应的结果，它源于国内复杂的汽车销售渠道特点。我国幅员辽阔，区域差异显著，其纵、深、大的特点使得总经销代理模式在我国比较适用。这种大纵深的销售模式曾经占据过很重要的地位，并且在一段时间内，继续影响着我国的汽车工业。三是汽车交易市场，它类似于一个自由贸易市场，只不过市场上销售的商品是汽车。由于它是一个可以同时存在多种品牌汽车和多个经销商的多样化交易场，因此卖家之间的竞争比较激烈，对于消费来说有一定的好处。四是特许的连锁经营模式，这种模式下的销售类似于一些零售业巨头的连锁模式，例如沃尔玛。它在全国甚至全球的范围内建立的多个连锁销售店，为消费者提供统一标准的服务。

（五）基于物联网技术的汽车产业链集成

众所周知，汽车制造业的供应链包括了最上端的原材料供应商、一级零部件供应商、二级零部件供应商、整车制造商、总经销商、分销商等许多环节。它被普遍认为是所有制造行业供应链的代表，也是涉及面最广、数量最多和技术最复杂的领域之一。在如此庞杂的产业链体系内，物流系统又被看作汽车产业供应链良性运转的关键环节。从宏观来看，它是汽车产业供应链中连接三段产业的纽带，从微观来看，它是保证每段环节高效运转的推动剂。而其中的零部件供应物流，来源和去向最为复杂，保证零部件物流的高效，也就可以保证汽车制造基础的高效，故被普遍认为是汽车制造企业管理经营过程的重要环节之一。

汽车供应链物流的横向集成是将整个汽车产业链的三段生产链融合为一个完整的生态闭环。横向集成主要以供应链的网链为框架依托，将中端的整车制造企业作为汽车产业生态的中心，涵盖自上而下的包括零部件供应商、原材料商、整车经销商、终端消费者的生态产业链。横向集成的框架如图22所示。

1. 基于物联网的零部件供应系统

整个的零部件供应系统框架如图23所示。

通常情况下，消费者的消费习惯和经销商的库存会影响整车制造企业的生产订单。而汽车的零部件供应商只有在收到中端整车制造企业的零件订单请求后，才会加工生产以供应相应的零部件。运用物联网技术的零部件供应系统会根据该零部件的特点和系统自有的编码原则，对每一个特定的零件生

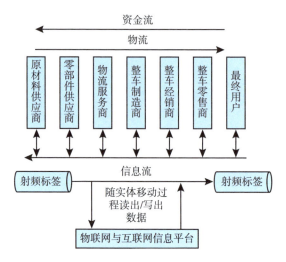

图22 运用物联网技术的汽车供应链下的物流系统

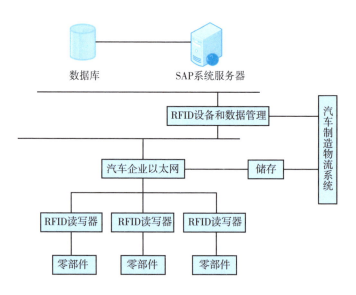

图23 汽车零部件供应系统框架

成一个特定射频识别标签。当零部件制造完毕出厂时，零部件的外包装上也会添加上相应的标签，射频识读器会激活包装和单个零部件的标签，并同时为生成的标签提供电源。在射频识读器将识别到的信息记录到本地服务器同时，本地服务器再找到服务器上的注册资源。另外，系统也会将记录信息注册到一个对象名的解析服务器，该服务器储存所有汽车的文件信息。

2. 基于物联网的汽车制造系统

在基于物联网技术的汽车制造系统中，汽车制造物流跟踪子系统有两项主要工作。第一个是将采集到的对象名进行解析服务，第二个是对检测到的实体进行标记语言。该系统使用了物联网技术后，可以将汽车整车制造环节的所有生产信息收集整理，并与上端的原材料供应链和下端的销售链形成信息共享。整车制造过程中，在汽车正式入库前，会为单个汽车生成一个初始产品信息档案存储在服务器里，汽车制造过程中进行的所有制造活动，将会由射频识读器不断地更新产品的信息文件。当汽车出库时，该汽车产品的所有信息会与已经存储的相同序列号的汽车信息相匹配，按照对应的销售物流信息进行发货分配。

3. 基于物联网的销售系统

在汽车出库运送到汽车销售企业时，同样需要利用射频识读器识别汽车产品上更新的物流信息。具体过程是当数据上传到本地系统后，本地系统对上传的数据进行一系列处理，得到汽车产品的代码，并将识读的代码传送给本地服务器。本地服务器将该汽车代码转换成域名，并把域名传递给基础框架，请求与域名相对应的服务器。基础框架系统负责匹配请求，并建立通信。汽车制造企业的服务器再返回相应汽车的相关交易信息、物流信息。然后本地服务器将返回的汽车信息与入库时采集到的内容进行对比，生成完整的验收记录，并把它存储在后台的服务器。至此，一个汽车产品从原材料加工到出库销售整个流程的所有数据信息能被基于物联网的系统所存储。

物联网技术是对汽车产业链信息集成的基础，有了汽车从生产到销售整个过程的信息流，就可以构建一个完整的信息协同平台基础。在这个平台基础上可以实现汽车产业链和服务商的协调配合，对于各级的供应商来说都可以进行信息的实时查询。

（六）三段融合的智能制造化之路

产业链的集成是汽车产业智能制造的最终形态，它使整个汽车产业形成

了一个有机、高效、完整的生态系统，并且实现向生产、制造、销售一体化的服务型制造转变。当三段生产链集成之后，可以大大降低汽车成本，实现生产制造对于市场需求的快速响应，形成一个更加贴合市场的体系。例如未来面向消费者的大规模个性化定制，一旦将生产链集成以后，客户所需要的定制信息可以很快地从销售端反馈到制造端，数据信息的集成管理将会使得生产一台个性化的汽车变得很容易，这样的汽车产业生态将会惠及消费者和制造商。

要实现"中国制造2025"战略，未来的道路上仍然充满许多的困难和挑战。而汽车产业的改革是一场深刻的产业变革，它带来整个汽车行业制造技术的进步，结构格局的变化是制造业向"工业4.0"转变的重要一步。三段产业链相融合的智能制造之路将会是一项艰巨的任务，是挑战也是一种机遇，我们应该牢牢抓住当前难得的发展机遇，用专业的态度和创新的精神，打造出属于中国的智能制造2025。

参考文献

HyoungSeok Kang, JuYeonLee, "Smart Manufacturing: Past Research, Present Findings, and Future Directions," *International Journal of Precision Engineering and Manufacturing-green Technology* vol. 3, NO. 1, pp. 111 – 128. 2016.

P. K. Wright and D. Bourne, "Automation and Craftsmanship," *Journal of Computer Integrated Manufacturing Systems*, 1988, 1, (3), pp. 131 – 142.

H. Yoshikawa, J. Goossenaerts. Proceedings of the JSPE/IFIP TC5/WG5. 3 Workshop on the Design of Information Infrastructure Systems for Manufacturing. 1993.

D. G. Arseniev, V. P. Shkodyrev, V. V. Potekhin, V. E. Kovalevsky, Smart Manufacturing with Distributed Knowledge-Base Control Networks. in Proceedings of Symposium on Automated Systems and Technologies, Hannover, PZH Verlag, 2014, pp. 85 – 89.

B. Katalinic, V. E. Pryanichnikov, K. Ueda, Kukushkin, I., P. Cesarec, R. Kettler, Bionic Assembly System: Hybrid Control Structure, Working Scenario and Scheduling, in Proceedings of 9th National Congress on Theoretical & Applied Mechanics, Brussels, 2012, pp.

111 – 118.

B. Katalinic，I. Kukushkin，V. Pryanichnikov，D. Haskovic，Cloud Communication Concept for Bionic Assembly System，Procedia Engineering，Volume 69，2014，Pages 1562 – 1568，ISSN 1877 – 7058，doi：10. 1016/j. proeng. 2014. 03. 156.

B. Lussier，R. Chatila，F. Ingrand，M. O. Killijian，D. Powell，On Fault Tolerance and Robustness in Autonomous Systems，In Proceedings of the 3rd IARP – IEEE/RAS – EURON Joint Workshop on Technical Challenges for Dependable Robots in Human Environments，2004.

E. Keogh，K. Chakrabarti，M. Pazzani，S. Mehrotra，Locally Adaptive Dimensionality Reduction for Indexing Large Time Series Databases，ACM SIGMOD Record，30（2），151 – 162.

E. Keogh，K. Chakrabarti，M. Pazzani，S. Mehrotra，Dimensionality Reduction for Fast Similarity Search in Large Time Series Databases. Knowledge and Information Systems，3（3），263 – 286.

S. S. Zobnin，V. V. Potekhin，P2P architectures in distributed automation systems，in Proceedings of Symposium on Automated Systems and Technologies，Hannover，PZH Verlag，2014，pp. 37 – 43.

Web Workers（2012）. Retrieved July 10，2014 from http：//www. w3. org/TR/workers/.

WebRTC 1. 0：Real-time Communication Between Browsers（2014），Retrieved July 10，2014 from http：//dev. w3. org/2011/webrtc/editor/webrtc. html.

A. V. Fedorov，S. S. Zobnin，V. V. Potekhin，Prescriptive analytics in distributed automation systems，in Proceedings of Symposium on Automated Systems and Technologies，Hannover，PZH Verlag，2014.

S. Ross，J. Pineau，S. Paquet，B. Chaib-Draa，Online Planning Algorithms for POMDPs，J. Artif. Intell. Res.（JAIR），32（2008）.

李佳：《同心毕力、共筑数字化工厂建设——2014 数字化工厂国际研讨会》，《制造技术与机床》2014 年第 7 期。

《从数字化工厂到工业 4.0——访机械工业仪器仪表综合技术经济研究所所长欧阳劲》，《自动化博览》2014 年第 5 期。

陆平、张浩、马玉敏：《数字化工厂及其与企业信息系统的集成》，《成组技术与生产现代化》2005 年第 2 期。

顾新建、祁国宁、唐任仲：《智慧制造企业——未来工厂的模式》，《航空制造技术》2010 年第 12 期。

周新建、潘磊：《基于数字化工厂的虚拟制造技术》，《机械设计与制造》2006 年第 7 期。

陈媛媛：《面向离散制造的数字化工厂应用技术研究》，《电子世界》2014 年第 8

期。

张辉：《谈数字化工厂技术在汽车装配工艺中的应用》，《CAD/CAM 与制造业信息化》2009 年第 10 期。

吴云峰、邱华、胡华强：《面向设计与制造的数字化工厂平台》，《中国制造业信息化》2011 年第 1 期。

付百川、李仰东、武殿梁等：《面向生产系统规划的数字化工厂仿真应用研究》，《现代涂料与涂装》2012 年第 7 期。

康留涛、王晓枫：《基于数字化工厂的车间布局仿真与物流优化》，《机械工程与自动化》2012 年第 3 期。

施宇锋、徐宁：《数字化工厂及其实现技术综述》，《可编程控制器与工厂自动化》2011 年第 11 期。

张国军、黄刚：《数字化工厂技术的应用现状与趋势》，《航空制造技术》2013 年第 8 期。

过学迅、邓亚东主编《汽车设计》，人民交通出版社，2005。

张袁：《汽车用铝合金板料冲压成形性研究》，2013。

李晓延、武传松、李午申：《中国焊接制造领域学科发展研究》，《机械工程学报》2012 年第 6 期。

李世杭：《智能制造在汽车行业的应用于展望》，《汽车工艺师》2015 年第 9 期。

陈平、蒋佳桉：《汽车总装工艺技术应用趋势与研究》，《工艺装备》2016 年第 3 期。

许博：《基于 CAPP 的汽车总装工艺与 TS16949 集成与应用实施研究》，2015。

周慧：《基于物联网技术的汽车制造业供应链物流流程优化研究》，2012。

陈敏：《中国商用车产业发展模式研究》，2010。

彭灿：《汽车整车制造企业敏捷物流模式研究》，2010。

刘红胜：《汽车制造企业精益供应链物流系统研究》，2013。

王恒伟：《汽车销售物流渠道模式研究》，2006。

綦良群等：《我国汽车产业链整合模式及其选择研究》，《科学决策》2011 年第 10 期。

盛桂芬：《汽车制造业的物流解决方案实例研究》，北京工业大学，2008。

B.6
汽车产品的智能化革命

一 智能汽车发展现状及趋势

（一）国际智能汽车的发展趋势

汽车的智能化与网联化是智能交通系统（ITS，Intelligent Transportation Systems）的两个重要研究领域。早在 20 世纪六七十年代，美、日、欧等发达国家和地区就开始了智能汽车的研究和应用。

总体来看，美、日、欧智能汽车发展由政府主导，起步较早，其发展尤其是网联化技术的研发依托于 ITS 的整体发展。美国主要由联邦运输部（DOT）负责，成立了 ITS 联合项目办公室（ITS－JPO），负责美国联邦公路管理局（FHWA）、美国联邦汽车运输安全管理局（FMCSA）、联邦运输管理局（FTA）、联邦铁路管理局（FRA）、美国国家公路交通安全管理局（NHTSA）、海事管理局（MARAD）的协同。1994 年日本政府成立了由建设省、运输省、警察厅、通产省、邮政省五省厅组成的联席会议，共同推进 ITS 的研发与应用，日本政府机构改革以后，目前由警察厅、总务省、经济产业省、国土交通省负责推进 ITS 工作。欧洲的 ITS 研究开发也是由官方（主要是欧盟）主导，同时，因为欧洲的大部分国家国土面积比较小，所以 ITS 的开发与应用与欧盟的交通运输一体化建设进程联系密切。

20 世纪，受限于汽车相关的电子技术、自动控制技术、通信技术等的发展水平，智能汽车产品发展主要分为两个方面：以智能化为主的自主式主动安全系统、辅助驾驶系统，主要提高车辆安全性、经济性以及驾驶舒适

性；基于移动通信、短程通信的网联化系统，是交通管理、车辆信息服务的主要实现方式。

进入 21 世纪，随着无线通信技术、信息技术、汽车电子技术的快速进步，智能汽车作为未来智能交通系统的核心环节，受到美日欧等国家和地区政府的高度重视，各国相继出台了以车辆智能化、网联化为核心的发展战略。2010 年，美国交通运输部提出《ITS 战略计划 2010～2014》（ITS Strategic Research Plan，2010－2014），这是美国第一次从国家战略层面，提出大力发展网联技术及汽车应用，也是无线通信技术、信息技术快速进步的产物，美国 ITS 正式进入新的阶段。2014 年，美国交通运输部与 ITS 联合项目办公室共同提出《ITS 战略计划 2015～2019》（ITS Strategic Research Plan，2015－2019），提出了美国 ITS 未来 5 年的发展目标和方向，这是《ITS 战略计划 2010～2014》的升级版，美国 ITS 战略从单纯的汽车网联化，升级为汽车网联化与智能化（自动化）的双重发展战略。

2011 年 10 月 11 日，美国交通运输部开始主持研究、测试"网联汽车技术"。2012 年 5 月 22 日，美国交通运输部最新的研究结论肯定了其具有安全性的潜力优势，由此美国正式拉开了网联汽车研究与应用部署的序幕。基于车－车、车－路通信的网联汽车已成为美国解决交通系统安全性、移动性、环境友好性问题的核心技术手段。

在汽车网联化技术应用方面，福特宣布一系列车载智能系统发展计划，并与谷歌、Facebook 等美国 IT 公司联手开发车载应用；通用推出安吉星车载信息系统（On Star），通过无线技术和全球定位系统卫星向用户提供碰撞自动求助、紧急救援协助、车辆失窃警报、车门应急开启、路边救援协助、导航路线设置、远程车况诊断等服务功能。IT 企业积极打造车辆网联平台生态圈，复制在智能手机领域的成功经验，利用移动操作系统的技术优势，打造车辆网联平台，与智能手机深度结合，延展和形成新的移动互联生态圈。例如：谷歌联合通用、本田、奥迪、现代、奔驰、Nvidia 成立"开放汽车联盟 OAA"力推车载 Android 系统，苹果联合 12 家车企发起了"iOS in the Car"，打造基于 iOS 的车载操作系统。

为了克服欧洲道路交通部署 ITS 行动迟缓和碎片化的问题，2010 年欧盟委员会制订了《ITS 发展行动计划》（ITS Directive 2010），以实现 ITS 部署的整体化与通用化，使无缝交通服务成为欧洲道路交通系统的新常态，这是在欧盟范围内协调部署 ITS 的第一个法律基础。2011 年，欧盟委员会发布白皮书《一体化欧盟交通发展路线——竞争能力强、资源高效的交通系统》，提出：（1）2050 年相比 1990 年，将减少温室气体排放量 60%；（2）2020 年交通事故数量减少一半，2050 年实现"零死亡"，并从建设高效与集成化交通系统、推动未来交通技术创新、推动新型智能化交通设施建设等三个方面推进具体的工作。

2012 年，欧盟委员会提出了《欧盟未来交通研究与创新计划》，在交通安全领域，重点提出以下研究内容。

（1）加强路路、车路、车车之间的通信，实现信息共享，提高车辆安全性。

（2）综合考虑驾驶员、车辆与道路一体化的道路安全系统，并通过政策、标准、法规的引导，快速推动相关技术的研究与产业化应用。

（3）加速推动主动安全、被动安全以及道路紧急救援相关的应用与服务。

（4）加速推进交通信息化的研究与应用，包含：高精度导航信息服务，提供车道及高精度地图信息，提供监控并辅助驾驶员进行转向等操作；提供微观交通环境信息，例如高分辨率路径引导，提供行驶环境信息，以及行人运动、骑自行车人员等运动轨迹信息；大范围路径导航，引入先验策略与信息，增强路径导航功能；接收道路安全警示信息、其他车辆警示信息以及道路行人警示信息；接收交通灯信息，并提供红绿灯通行速度建议信息；持续增强导航信息服务模块的计算能力。

2015 年 4 月，欧洲智能化系统集成技术联盟 EPoSS（The European Technology Platform on Smart Systems Integration）发布了《欧盟自动驾驶技术路线》（*European Roadmap Smart Systems for Automated Driving*），该规划从产业的角度指出了从驾驶辅助系统演进到无人驾驶系统的发展路线以及关键技术要素。该规划指出未来自动驾驶汽车的实现包含 3 个关键节点。

a）关键节点 1（2020 年）

实现在低速、驾驶环境并不复杂的特定条件下的自动驾驶（层次 3），例如，停车场停车，快速路拥堵等场景；到 2020 年基本实现低速拥堵情况下自动换道，2022 年实现高速公路自动换道。

b）关键节点 2（最晚 2025 年）

在高速公路上实现更高级的自动驾驶系统（层次 4），给驾驶员提供更多的自由空间；同时，提高更好的监控系统方便驾驶员更迅速地反应以避免发生碰撞，及做好突发状况的处理。

c）关键节点 3（最晚 2030 年）

实现城市工况下的高级自动驾驶或无人驾驶（层次 4）。巨大的挑战主要在于复杂交通环境的通信与导航，包括信号灯、行人、车 - 车通行协调、弯曲迂回道路等情况。

2010 年，日本政府制定了《新信息通信技术战略》，提出"引进和完善安全驾驶支持系统"以及"将日本全国主要道路的交通拥堵减半"的战略目标，将重点加强利用无线通信技术的车车、车路间协调系统的实用化技术研发，构筑人车路一体化的高度紧密的交通系统。

2013 年，根据日本内阁"创造世界最尖端的 IT 国家宣言"，日本道路交通委员会、日本信息通信战略委员会共同提出日本自动驾驶汽车商用化时间表，以及 ITS 2014～2030 技术发展路线图，计划在 2020 年建成世界最安全的道路，在 2030 年建成世界最安全及最畅通的道路。日本正式进入汽车网联化、智能化的发展阶段。

该战略时间维度分为短期、中期、长期三个阶段，技术维度是从驾驶安全支持系统、自动驾驶系统以及交通数据应用等三个方面快速推进。根据上述时间表，在日本经济产业省主导下将于 2016 年完成开发车 - 车/车 - 路通信技术演示系统，实现基于 V2X 的车辆智能驾驶功能，2018 年实现自动紧急刹车（AEB）的大规模市场化，并完成行人信息应用测试，到 2020 年，通过各机构联合，设定评估交通死亡率的方法并建立交通事故共享数据，2025～2030 年，实现完全自动驾驶汽车商业化。具体时间如表 1 所示。

表1 自动驾驶汽车商用化时间

智能化等级	商用化技术	日本时间（年份）	欧洲时间（年份）
层次2	自动纵向跟随系统	2015～2016	2013～2015
	转向避撞系统		2017～2018
	多车道自动驾驶系统	2017	2016
层次3	自动合流系统	2020～2025	2020
层次4	全自动驾驶	2025～2030	2025～2028（高速） 2027～2030（城市）

随着汽车智能化技术、网联化技术的快速发展，将会使未来汽车及交通系统出现本质的变革。

（二）中国智能汽车现状及发展趋势

我国智能汽车和相关基础技术产品的研究起步于20世纪90年代中期，比美欧日约晚30年。起初，汽车智能化技术的研究统一在智能交通系统的领域内开展。2000年全国智能交通系统（ITS）协调指导小组及办公室成立，并在国家科技部"十五"科技重大专项（863）中设立"智能交通系统关键技术开发和示范工程"项目，该ITS的体系框架包括8大发展领域：交通管理与规划、电子收费、出行者信息、车辆安全和驾驶辅助、紧急事件和安全、运营管理、综合运输、自动公路等，并以中心城市和高速公路应用项目为核心开展科技攻关和应用示范。

近年来，工信部、科技部、交通部、国家自然科学基金委以及地方政府等都以不同的方式支持汽车智能化、网联化的发展。从2009年开始，国家自然科学基金委员会定期举办"智能车未来挑战赛"，推动我国无人驾驶技术进步。从2011年开始，工信部连续多年发布物联网专项行动计划，汽车网联化是其支持的重点领域之一；科技部在车路协同、车联网等方面已经进行了多个"863计划"的国家立项和提供政策支持。交通部要求"两客一危"车辆和货运车辆必须安装符合规定的车联网终端并上报数据，已形成了全国联网的大型交通管理平台。国内整车厂主要是通过和高校及科研院所

的合作，以智能汽车技术的跟进为主，并未进行太多的自主研发，其配备的ADAS产品大多来自成熟市场，如欧洲、日本和美国等。通过"863计划"实施和国家自然科学基金委项目支持，清华大学、国防科大、北理工等部分高校、院士团队、汽车企业在环境感知、人的行为认知及决策、基于车载和基于车路通信的驾驶辅助系统的研究开发方面取得积极进展，并开发出无人驾驶汽车演示样车。清华大学等高校联合企业开发的自适应巡航控制系统、行驶车道偏离预警系统、行驶前向预警系统等具有驾驶辅助（ADAS）功能样机，正在逐步进入产业化阶段。

近年来，我国许多互联网企业也纷纷进军汽车行业，但更多的是涉足智能汽车的舒适和服务领域，例如阿里与上汽在"互联网汽车"领域开展合作，共同打造面向未来的互联网汽车及其生态圈。百度和腾讯均推出了车机互联产品，并且，博泰、乐视等企业也推出了互联网概念汽车。此外，在2016年巴塞罗那世界移动通信大会上，爱立信公司宣布与吉利汽车签署协议，将以爱立信车载联网云平台为基础，联合开发车联网设施。吉利将通过车－车V2V、车－设施V2I，为用户提供高级安全功能，让车辆维修保养便捷化，而车辆智能化最终的发展目标则是实现自动驾驶。网联化产品的技术水平主要取决于移动通信技术的发展。目前，全球还处于移动4G技术的应用阶段，汽车网联化的应用以远程信息交互为主，主要解决人们出行过程中的信息娱乐、交通信息发布与交通管理等环节。而代表未来移动通信技术发展方向的LTE－V、5G通信技术还处于研究阶段。并且基于移动通信技术的车辆应用也仅停留于远程信息服务阶段，真正和车辆交通安全、出行效率、自动驾驶、交通实时调度等相关的应用还处于研究的初级阶段。

综观国内外汽车产业技术发展趋势，未来5～10年将以传感技术、信息处理、通信技术、智能控制为核心，车路、车车协同系统与高度自动驾驶成为各国发展的重点，智能汽车从自主式开始起步，正逐步向"自主式＋网联式"的"智能网联汽车"方向发展（见表2）。

表2　国内整车企业智能汽车研发进展与计划

车企	研发进展	2018 年	2020 年	2025 年	已实现技术
一汽	"挚途"展示手机叫车、自主泊车、拥堵跟车、自主驾驶 4 项功能	发布互联智能乘/商用车,具备单任务短时智能托管、D – Partner 2.0 的车辆智能服务功能,完成智能互联生态圈布局	发布高速公路代驾产品及深度感知和城市智能技术,具备多任务长时间托管和智慧城市解决方案提供功能	实现智能商业服务平台运营,高度自动驾驶技术整车产品渗透率达 50%以上	手机叫车、自主泊车、拥堵跟车、自主驾驶,已量产 ACC、AEBS、LDW
上汽	初步实现 120 公里以下的自动巡航、自动跟车、车道保持、换道行驶、自主超车以及远程遥控泊车等功能	—	实现高速路上的自动驾驶	实现全环境下的自动驾驶	远程遥控泊车、自动巡航、自动跟车、车道保持、换道行驶、自主超车
长安	与清华大学合作推出 CS35 自动驾驶样车;与美国智能汽车联盟(MTC)合作,进行车车通信试验	2018 年完成第二阶段半自动驾驶技术开发及产业化;2017 年量产全自动泊车;结构化道路全自动驾驶	2020 年实现第三阶段高度自动驾驶技术的应用,完成样车测试工作和示范运行	2025 年力争突破第四阶段无人驾驶关键技术,实现产业化应用	ACC、遥控泊车、自动跟车(高速)、换道行驶、自主超车、车道保持、识别车道线与速度标识牌
吉利	实现 AEB、ACC 等基本驾驶辅助技术的量产开发,与信息产业及研究院所合作开发车载通信技术及智能驾驶技术	实现多传感器数据融合技术,完成部分自动驾驶技术的开发及产业化;量产全自动泊车、集成式巡航、拥堵跟车等功能	实现局域协同控制技术的开发,完成有条件自动驾驶技术的开发及产业化;量产高速导引功能,实现高速公路上的自主变道及自主超车功能	实现网联信息与自车智能的协同控制技术的开发,实现高度自动驾驶技术的开发	已量产技术:FCW、AEB、ACC、LDW、全景、BLIS、半自动泊车
广汽	与中科院合作,完成自动驾驶汽车开发;初步实现城市环境下全开放路段的无人驾驶	2018 年实现自主泊车、AEB、LKA/LCA 等系统量产	2020 年基本实现高速路上的自动驾驶	2025 年计划实现综合环境下全自动驾驶,实现产业化应用	已实现自主驾驶、自主泊车功能,已量产 ACC、FCW、LDW、全景泊车

141

2015 年，《中国制造 2025》发布，将智能网联汽车、节能汽车和新能源汽车并列作为三大重点发展的方向，并明确了到 2020 年，掌握智能辅助驾驶总体技术及各项关键技术，初步建立智能网联汽车自主研发体系及生产配套体系。到 2025 年，掌握自动驾驶总体技术及各项关键技术，建立较完善的智能网联汽车自主研发体系、生产配套体系及产业群，基本完成汽车产业转型升级等内容。同年，国家出台了《〈中国制造 2025〉重点领域技术路线图》，首次从国家战略层面提出"智能网联汽车"概念。根据中国国情对智能汽车进行四阶段区分，并对 2020 年、2025 年、2030 年智能汽车发展水平、自主化率设置门槛标准，如：2020 年，驾驶辅助（DA，粗略对应层次1），部分自动驾驶（PA，对应次层 2）车辆市占率达到 50%。2025 年，DA、PA 占有率保持稳定，高度自动驾驶（对应层次3）车辆占有率为 10%～20%。2030 年，完全自动驾驶（对应层次 4）市场占有率近 10%。这标志着智能网联汽车在经过产业、资本层面的预热后，首次上升到国家战略层面。智能网联汽车已然成为"十三五"汽车工业的主要变革方向之一，在政策利好下，智能网联汽车将驶入快车道，发展前景值得期待。

二 汽车智能化的初级纵向集成——先进的驾驶辅助系统 ADAS

（一）先进的驾驶辅助系统技术已成熟

先进驾驶辅助系统（Advanced Driver Assistance System，ADAS）是利用安装在车上的各类传感器，在汽车行驶过程中实时感应周围环境，进行静态、动态物体的辨识与追踪，并结合导航地图数据，进行系统的分析与辅助控制，从而预先让驾驶者察觉到潜在的危险，增强汽车驾驶的舒适性和安全性。如：车道偏离预警，当系统开启时，摄像头会时刻采集行驶车道的标识线，通过图像处理获得汽车在当前车道中的位置参数，当检测到汽车意外偏离车道时，由控制器发出警报信号，整个过程大约在 0.5 秒内完成。而如果驾驶者打开转向灯，正常进行变线行驶，那么车道偏离预警系统不会做出任何提示。

ADAS 一般由三个模块构成，感知模块、决策与控制模块和执行模块：感知模块硬件包括毫米波雷达、激光雷达、摄像头等传感器，软件算法包括车辆分类与识别、信息融合、车道线识别等；决策与控制模块涉及应用软件与芯片和控制算法，如：轨迹跟踪、危险等级判别、车辆状态识别、车辆控制信号计算等；执行模块根据判断结果发出声音、光线、振动等方式的预警提醒，并针对不同类别的危险程度，发出不同等级的安全预警，部分应用会对车辆驱动系统、制动系统，以及转向系统等进行干预。

先进驾驶辅助系统（ADAS）是一种主动安全技术，以感知模块为基础，以车辆安全预警与车辆控制为目标，在交通事故预防、人身安全提升方面具有不可替代的作用。此外，ADAS 降低了驾驶员对车辆的操作要求，减弱了驾驶强度，一定程度上释放了人力，极大提升了驾车出行的舒适性。市场中常见 ADAS 的功能定义如表 3 所示。目前，ADAS 应用最广的三大技术是自适应巡航控制系统（ACC）、车道偏离预警系统（LDW）以及自动紧急刹车系统（AEB），2015 年这 3 种技术组成的 ADAS 市场价值急速增加。

表 3　ADAS 系统功能定义

名　　称		功能定义
简写	全称	
AEB	自动紧急刹车	车辆在非自适应巡航的情况下正常行驶，如果车辆与障碍物小于一定的安全距离时，能主动产生制动效果，让车辆减速
FCW	前撞预警	通过传感设备时刻监测前方车辆，判断本车与前车之间的距离、方位及相对速度，当存在潜在碰撞危险时对驾驶者进行警告
LDW	车道偏离预警	通过摄像头等设备检测到汽车偏离车道时，根据驾驶员的操作状态，发出报警信号，减少汽车因车道偏离而发生交通事故
LKA	车道保持辅助	通过摄像头等设备检测到汽车偏离车道时，根据驾驶员的操作状态，主动控制转向系统，使得车辆保持在本车道内行驶
ACC	自适应巡航	智能化的自动控制系统，允许车辆巡航控制系统通过调整速度以适应交通状况

续表

名　称		功能定义
简写	全称	
BSD	盲点监测	利用传感设备探测后视镜盲区内是否有车辆、行人等目标物存在。当盲区内有目标物存在时，对驾驶者进行警告，防止在变道时与盲点内的车辆或行人相撞
NV	夜视辅助	利用红外成像技术，在夜里或者弱光线的环境中，检测出行人、车辆、车道等物体，使驾驶员看得更远更清楚。并且能够针对潜在危险向驾驶者提供更加全面准确的信息或发出早期警告
APS	辅助泊车系统	不用人工干预，车辆自动停车入位
AHB	自动远光灯	当系统检测到对面来车时，系统会有选择性地关闭远光灯光束范围，让光束避开对面车辆，在确保驾驶员视野清晰的同时，亦不会影响对向来车的行驶

当前ADAS都是单系统工作模式，未来系统会更多地走向多技术融合、多系统融合的道路，如ACC与AEB进行融合，形成新型的ADAS，LKA与ACC融合，则可能形成自动驾驶系统，在特定场景或有限时间内，实现自动驾驶。此外，鉴于碰撞中的被动安全系统与主动安全ADAS是相互独立的，主动安全与被动安全系统有效结合也是未来的发展趋势之一。如：未来系统可能在机载激光雷达、雷达或视频传感器监测到不可避免的碰撞时实现让安全气囊做好预备的功能。

（二）标准与法规推动ADAS技术成熟与市场化

交通安全一直是各汽车大国政府关注的重点。据世界卫生组织统计，每年约有125万人死于交通事故，各国家与此相关的经济损失更大。督促车企生产更安全的汽车一直是各国政府的重要职责。汽车安全性能经历了从被动汽车安全到主动安全，再到智能安全的过程。而ADAS在主动安全和智能安全领域扮演了重要角色，根据欧盟的公开统计，自动紧急刹车系统（AEB）的使用减少了接近20%的事故发生率。ADAS在提升汽车安全性方面的显著效果得到了政府部门认可。当前，各国政府部门针对ADAS的应用制定了一系列的标准与规定（见表4）。

表 4　各国针对 ADAS 的应用制定的主要标准及法规

主动安全系统		ISO 标准	欧盟 ECE	Euro - NCAP 标准	日本	中国
先进驾驶辅助系统	车道偏离预警 LDW	●	●	●		●
	车道偏离辅助 LKS	●		●	●	
	自适应巡航 ACC	●			●	●
	自动紧急刹车 AEB	●	●	●	●	
	前撞报警系统 FCW	●	●	●		●
	盲点检测系统 BSD	●		●		
	倒车辅助系统 BUA				●	
	自适应大灯 AFS		●			
备注:ISO 还制定了弯道速度预警系统（CSWS）、交通障碍预警系统（TIWS）、低速辅助操作系统（MALSO）、扩大范围的倒车辅助系统（ERBA）、交叉路口信息及预警系统（CIWS）、全速自适应巡航 FSRA 系统（全速自适应巡航）、起停系统（Low speed following systems,LSF）等大量标准						

（1）商用车中强制实施 ADAS 的情况

欧、美、日等国家和地区建立了严格而全面的技术标准法规体系，促进 ADAS 技术快速地进入产业化及大规模市场推广应用。例如 2013 年 9 月 FCW、AEB 正式成为美国保险协会降低保费的参考标准；欧盟强制要求所有重型卡车和公共客车装配 LDW 和 AEB；日本强制要求 2014 年 11 月前所有卡车与公共客车装配 AEB；美国要求 2017 年所有新车必须装配 BUA。

（2）Euro - NCAP 推进轿车市场对 ADAS 的应用[1]

Euro - NCAP 越来重视安全辅助系统：Euro - NCAP 评分体系共包括四个部分：成人乘客安全保护（AOP）、儿童乘客安全保护（COP）、行人安全保护（PP）和安全辅助系统（SA）。四个部分对应不同的权重，从 Euro - NCAP 的发展来看，安全辅助系统所占的权重正逐渐提升，从 2013 年的 10% 提高到 2015 年的 20%。Euro - NCAP 吸纳了越来越多的 ADAS 加入评分体系，将督促厂商装配更多的 ADAS。

---

[1] 《2016~2020 年中国 ADAS（高级驾驶辅助系统）市场深度调研与投资战略研究报告》，2016。

2016 年 Euro－NCAP 评分规则调整，将对每个参评车型的标准配置版本打分，该分数为车型的基本得分。这将利于促进车企将 ADAS 普及为车型标配，有利于 ADAS 的快速普及。

（3）国内 C－NCAP 的情况

据称，中国的评级标准——C－NCAP 将于 2018 年将 AEB 系统纳入评分体系。C－NCAP 由中国汽车技术研究中心于 2006 年正式建立，评分规则为每 3 年进行一次更新（最新是 2015 版），不断地将一些新的、国外认可的安全技术引入评分体系。C－NCAP 2015 年度总结会提出 2018 版 C－NCAP 管理规则将会把 AEB 纳入评价体系。随着 C－NCAP、Euro－NCAP 不断增加新的安全辅助系统，将促进我国 ADAS 的快速普及。

（三）先进驾驶辅助系统应用快速扩张

目前，ADAS 商品化应用速度及规模正在加速和扩大。2013 年伊始，福特、通用、丰田、马自达、宝马、奥迪等公司已将 AEB、BLIS（盲点信息系统），ACC、FCW、LDW、ANV（主动夜视系统）、RVC（倒车影像）及 APS 系统等作为中、高档汽车的标准装备进行配置。随着技术的快速发展及成本的不断下降，ADAS 已经从高端汽车向中端甚至入门级汽车车型快速渗透。据 Lux 调研，全球汽车 ADAS 市场将从当前的 3% 的渗透率上升至 2020 年的 57%。

我国汽车主动安全技术应用起步较晚，但是以国家政策为导向，通过产学研、高校和企业联合等模式，不断追求关键技术的突破、核心技术的掌握以及自主技术的创新。目前，国内已有一汽、长安、广汽、吉利等汽车品牌开始装备 ADAS 产品。

最新调查数据显示，2015 年，国内 ADAS 市场规模为 76.55 亿元，预计 2016 年市场规模将达到 121.05 亿元，增速将超过 50%。据 IHS（纽约证券交易所）旗下 IMS Research 的研究报告，中国 ADAS 市场将从 2013 年的 9.71 亿美元将会迅速增长到 2019 年的 31 亿美元，六年内中国 ADAS 市场将会快速增长到原来的 3 倍左右，未来市场空间巨大。调查指出，在《中国制造 2025》中，国家战略咨询委员会对 2020 年辅助驾驶阶段渗透率的保守估计达到 50%，结合全球领先的 ADAS 供应商 Mobileye 对 ADAS 预警系统的报价以及未来五年整车生产的速度，预计到 2020 年辅助驾驶市场空间可达 757.8 亿元。

目前，前装 ADAS 市场主要被国外供应商所垄断，而且行业集中度很高。在商用车市场，威伯科、大陆、博世、克诺尔四家公司就占据了 60% 的市场份额；在乘用车市场，大陆、德尔福、电装、奥托立夫和博世则占据了 65% 的份额。国内企业也加快了在 ADAS 市场的布局。以亚太股份为例，2015 年以来，该公司在 ADAS 领域连续发力，先后同 Elaphe（轮毂电机）、前向启创（ADAS）、钛马信息（车联网）、苏州安智（雷达及应用）合作，初步打造了自己的智能汽车生态圈。2016 年 2 月 15 日，该公司又与北京汽车研究总院有限公司、北京亚太汽车底盘系统有限公司签署了《智能网联汽车合作开发战略协议》，将研究开发智能网联电动汽车样车，将轮毂电机技术、ADAS 技术以及钛马信息的车联网技术应用到电动汽车上。

三　汽车智能化与网联化的融合——智能网联汽车

自主式智能汽车感知系统是通过雷达、摄像头等设备进行环境识别与判断。目前，感知系统虽然探测距离可达几百米，但是有效的感知范围有限，并且存在感知范围内重叠的物体识别率较低、识别错误率较高等缺点，无法实现更大范围的应用。此外，未来的全自动驾驶，对物体的准确分类与识别、反应的及时性、信息处理的及时性等方面具有极高的要求。但是，对于网联化技术而言，车辆、行人等道路信息传递准确、效率高、信息量大是其优势。因此，汽车智能化和网联化需要优势互补，进行融合，形成新一代的智能网联汽车。

（一）智能网联汽车的分级

智能网联汽车包括智能化与网联化两个技术层面，其分级也可对应的按照智能化与网联化两个层面进行。在智能化方面，美国 SAE、NHTSA，德

国 VDA 等组织已经给出各自的分级方案,这里以较权威的美国 SAE 分级定义为基础,并考虑中国道路交通情况的复杂性,加入了对应级别下智能系统能够适应的典型工况特征。各级定义如表 5 所示。

表 5　智能化分级

智能化等级	等级名称	等级定义	控制	监视	失效应对	典型工况
1(DA)	驾驶辅助	通过环境信息对方向和加减速中的一项操作提供支援,其他驾驶操作都由人进行	人与系统	人	人	车道内正常行驶,高速公路无车道干涉路段,泊车工况
2(PA)	部分自动驾驶	通过环境信息对方向和加减速中的多项操作提供支援,其他驾驶操作都由人进行	人与系统	人	人	高速公路及市区无车道干涉路段,换道、环岛绕行、拥堵跟车等工况
3(CA)	有条件自动驾驶	由无人驾驶系统完成所有驾驶操作,根据系统请求,驾驶员需要提供适当的干预	系统	系统	人	高速公路正常行驶工况,市区无车道干涉路段
4(HA)	高度自动驾驶	由无人驾驶系统完成所有驾驶操作,特定环境下系统会向驾驶员提出响应请求,驾驶员可以对系统请求不进行响应	系统	系统	系统	高速公路全部工况及市区有车道干涉路段
5(FA)	完全自动驾驶	无人驾驶系统可以完成驾驶员能够完成的所有道路环境下的操作,不需要驾驶员介入	系统	系统	系统	所有行驶工况

网联化则按照通信内容的不同将其划分为辅助信息联网、环境感知信息联网、协同决策与控制三个等级。如表 6 所示。

表 6　网联化分级

网联化等级	等级名称	等级定义	控制	典型信息	传输需求
1	网联辅助信息交互	基于车-路、车-后台通信,实现导航等辅助信息的获取以及车辆行驶数据与驾驶员操作等数据的上传	人	地图、交通流量、交通标志、油耗、里程等信息	传输实时性、可靠性要求较低

网联化等级	等级名称	等级定义	控制	典型信息	传输需求
2	网联协同感知	基于车－车、车－路、车－人、车－后台通信,实时获取车辆周边交通环境信息,与车载传感器的感知信息融合,作为自车决策与控制系统的输入	人与系统	周边车辆/行人/非机动车位置、信号灯相位、道路预警等信息	传输实时性、可靠性要求较高
3	网联协同决策与控制	基于车－车、车－路、车－人、车－后台通信,实时并可靠获取车辆周边交通环境信息及车辆决策信息,车－车、车－路等各交通参与者之间信息进行交互融合,形成车－车、车－路等各交通参与者之间的协同决策与控制	人/自车系统/外部系统	车－车、车－路间的协同控制信息	传输实时性、可靠性要求最高

（二）汽车的智能化、网联融合处于初级阶段

汽车智能化、网联化已成为汽车技术发展的大势,引领未来汽车新一轮的发展,各大车企以及众多互联网巨头、高科技企业已开始布局智能网联汽车市场,培育竞争优势并积极推动相关技术的商业化。

目前,智能网联汽车只形成了初级的网联化和智能化,从市场形势来看,自主式汽车智能化技术仍以单车的 ADAS 为主,而协同网联技术水平还处于移动 4G 技术的应用阶段,汽车网联化的应用则以远程信息交互为主,主要解决人们出行过程中的信息娱乐、交通信息发布与交通管理等环节。

真正的深度网联化、智能化还在酝酿阶段,根据各国的发展规划,预计2020 年将真正实现人－车－路的网联化以及有条件自动驾驶;2025 年,实现高度自动驾驶汽车的应用。

（三）智能网联汽车关键技术

智能网联汽车涉及汽车、信息通信、交通等多领域技术,其技术架构较

为复杂，可划分为"三横两纵"式技术架构①。"三横"是指智能网联汽车主要涉及的车辆、信息交互与基础支撑三大领域技术，"两纵"是指支撑智能网联汽车发展的车载平台以及基础设施条件。如图1所示。

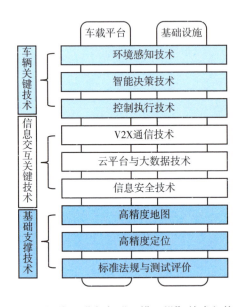

图1　智能网联汽车"三横两纵"技术架构

其中横向技术又可细分为三层体系，第一层为车辆关键技术、信息交互关键技术、基础支撑技术三部分，各部分下再细分第二层与第三层技术。如表7所示。

（1）精确可靠的环境感知技术是实现车辆高度智能化的基础

车载感知作为车辆的"眼睛"，通过毫米波雷达、激光雷达、高精度摄像头等传感设备，实时感知车辆周围环境、道路、障碍物存在等信息，增加了车辆视角，实现了车辆对外界危险环境的感知程度和理解能力的提升。先进感知技术包括利用机器视觉的图像识别技术，利用雷达（激光、毫米波、超声波）对周边障碍物进行检测的技术等。

---

① 智能网联汽车产业技术创新战略联盟：《智能网联汽车技术路线图》，2016。

表7　智能网联汽车"三横"技术体系

第一层	第二层	第三层
车辆关键技术	环境感知技术	雷达探测技术
		机器视觉技术
		车辆姿态感知技术
		乘员状态感知技术
		协同感知技术
		信息融合技术
	智能决策技术	行为预测技术
		态势分析技术
		任务决策技术
		轨迹规划技术
		行为决策技术
	控制执行技术	关键执行机构(驱动/制动/转向)
		车辆纵向/横向/垂向运动控制技术
		车间协同控制技术
		车路协同控制技术
		智能电子电器架构
信息交互关键技术	专用通信与网络技术	DSRC 技术
		RFID 技术
		LTE – V 技术
		移动自组织网络技术
		4G/5G 车联网技术
	大数据技术	非关系型数据库技术
		数据高效存储和检索技术
		数据关联分析与挖掘技术
		驾驶员行为数据分析与 UBI 技术
	平台技术	信息服务平台
		安全决策平台
	信息安全技术	车载终端信息安全技术
		手持终端信息安全技术
		路侧终端信息安全技术
		网络信息安全技术
		数据平台信息安全技术

续表

第一层	第二层	第三层
基础支撑技术	高精度地图	三维动态高精度地图
	高精度定位	卫星定位技术
		惯导定位技术
		通信基站定位技术
		协作定位技术
	基础设施	路侧设施与交通信息网络建设
	车载硬件平台	通用处理平台/专用处理芯片
	车载软件平台	交互终端操作系统
		车辆控制器操作系统/共用软件基础平台
	人因工程	人机交互技术
		人机共驾技术
	整车安全架构	整车网络安全架构
		整车功能安全架构
	标准法规	标准体系与关键标准
	测试评价	测试场地规划与建设
		测试评价方法
	示范应用	示范应用与推广

目前，超声波雷达、毫米波雷达、激光雷达等高性能传感器能够实现百米以内的高精度目标探测。摄像头和雷达对物体的感知和识别已达到毫秒级别。市场上销售的车辆所配备的车载雷达主要为24GHz/77GHz毫米波雷达。车载图像感光芯片、专用图像处理ISP芯片在全球市场上已大批量应用，但是芯片产品基本上被少数几家公司所垄断。国内少数公司通过多年积累，已经开发出手机和消费类产品使用的CMOS芯片，但车载CMOS芯片由于对使用环境温度、电磁兼容性（EMC）、功耗、复杂使用环境下的参数性能、高可靠性低成本的封装等要求，还没能够突破大批量应用的门槛。

（2）定位与地图技术实现车辆的跟踪

定位与地图技术包括高精度定位技术、高精度地图及局部场景构建技术。基于GPS的高精度定位技术已相当成熟，如差分GPS、载波相位差分技术（RTK）、精密单点定位（PPP）等，且应用广泛，成本低，稳定性好，占据着绝大部分的车载导航应用市场，具备成熟完善的产业链。北斗系统作为我国近年来逐渐发展壮大的自主卫星导航系统，基于北斗的高精度定位的基础硬件现阶段尚不具备成本优势，在国内汽车行业市场的占有率较低。

国际知名的地图企业和相关的行业协会正在开展高精度地图的理论研究和制作，并且已经进入实车试验和标准化阶段。国内相关领域研究起步较晚，地图生产制作的自动化程度较低，覆盖范围小，与自动驾驶方案对接仍处于预研阶段；我国在数据采集、地图精度、数据内容、存储管理、覆盖范围上没有形成合力，标准化进程推进较慢。

（3）智能决策技术是车辆的"大脑"

智能决策是车辆的核心"大脑"，也是车辆智能化的核心技术之一，更是实现无人驾驶汽车的核心。根据获取的外界环境信息，智能决策中心模拟操作人员对道路环境进行危险识别判断和等级化处理，并针对危险程度等级，自动采取安全的驾驶行为操作或者发出请求驾驶员接管的提示，从而实现车辆安全和人员安全。目前，关键的决策技术包括危险事态建模技术、危险预警与控制优先级划分、多目标协同、车辆轨迹规划、驾驶员多样性影响分析、人机交互等。

（4）数据交互平台是智能汽车研发的关键支撑

数据交互平台是支撑智能汽车应用功能的关键。数据平台建设涵盖智能汽车道路运行数据、车辆运行状态数据、故障状态数据、车辆事故数据等多方面数据，支持零部件、整车厂等企业进行数据分享与交流，加快智能化系统性能分析、评价验证和研发速度，为车辆智能化不断升级和完善提供重要的数据支撑，也为我国智能化汽车标准体系的研究提供大力支持。

相比欧美日等国家和地区，我国智能化汽车发展尚处于初级阶段，各企业独立数据平台建设的投入尚有限，再加上政府的引导，有条件建设全国性统一的基础数据交互平台，从而实现我国汽车智能的快速发展。此外，还需建立智能汽车数据平台分级体系，包括基础数据平台、公共服务平台、应用开发平台等。各级平台间通过标准数据格式与传输协议进行数据交互，并为

车主、企业、政府等提供不同层次的服务，优化资源配置，提高服务水平与行业监管效率。

（5）高速移动通信技术实现汽车全范围感知与交互

从 20 世纪 80 年代中期开始，移动通信技术进入快速发展阶段，分别经历了从数码语音传输为核心的 2G、2.5G 通信，到以数据传输为核心的 3G 通信，到以移动宽带数据传输为核心的 4G 通信，传输速度达到 100M/S。目前，基于 3G/4G 移动通信技术的车联网技术，已经得到大规模的应用。

为进一步解决车辆行驶过程中的安全、效率、舒适等问题，车车/车路协同通信技术，成为下一阶段发展的重点。

①专用短程通信技术 DSRC

DSRC（Dedicated Short Range Communication，专用短程通信技术）是特定小区域内实现对高速运动下的移动目标识别和双向通信的常用技术，是目前美、日、欧主推的车车/车路协同通信技术，自 1992 年美国 ASTM 提出以来，在小区域内车辆识别、驾驶员识别、路网与车辆信息交互等应用方面不断发展。目前相关核心技术已基本成熟。预计美国将于 2017 年强制所有车辆安装基于 DSRC 的车车通信协同。

我国于 1996 年决定立项开展"公路交通工程设施综合标准化研究"，将 ECT 收费系统 DSRC 列为重要一项。目前 5G 频段的 DSRC 技术已成为国际主流，典型标准体系有欧洲的 CEN/TC278、日本的 ARIB T75、美国的 ASTM E2213 – 2003 和中国的 GB/T 20851 – 2007。

②应用于车路协同的 4.5G 通信技术 LTE – V

LTE – V 以 LTE 蜂巢式网络作为车车/车路协同通信的基础，实现车与车、车与基站、基站与基站之间的通信。LTE – V 针对车辆应用定义了两种通信方式：集中式（LTE – V – Cell）和分布式（LTE – V – Direct）。集中式也称为蜂窝式，需要基站作为控制中心，集中式定义车辆与路侧通信单元以及基站设备的通信方式；分布式也称为直通式，无需基站作为支撑。目前 LTE – V – CELL 业界已经对该技术关键指标有了确认，LTE – V – Cell 传输带宽最高可扩展至 100MHz，峰值速率上行 500Mbps，下行 1Gbps，时延用户面时延≤10ms，控制面时延≤50ms，支持车速500km/h，覆盖范围与LTE范围类似。目前暂无LTE – V – Direct方面的技术指标。

预计2017年3GPP将会推出LTE – V的相关技术标准，我国以大唐电信、华为、信息通信研究院为主的机构正在积极参与并推进相关的标准化研究工作。

③未来高速移动通信技术——5G通信

作为下一代高速移动通信技术，5G成为移动互联网向物联网演进的关键，受到国内外研究机构的高度重视。车辆的网联化作为未来物联网发展的重要领域，对未来高速移动通信技术提出了非常严苛的要求，主要体现在以下几个方面。

a）低时延高可靠性，对于应用于车辆实时控制的网联化通信技术，要求为车辆提供毫秒级的端到端时延和接近100%的可靠性传输；

b）高容量高密度传输，对应于实际交通场景中，大规模车辆同时接入下的高流量密度需求，达到数十 $Tbps/km^2$；

c）连续广域覆盖，要求无论车辆处于静止还是高速移动，车辆处于覆盖中心还是覆盖边缘，都应保持100Mbps以上的高速通信能力；

5G技术在车联网领域主要应用于低时延高可靠场景，可基于超短TTI帧结构、优化信令流程、OFDM、新型组网等实现车辆与基站的通信。我国已制定全方位推进5G发展，力争在2020年实现商用的目标，并设立IMT – 2020（5G）推进组，布局大量国家级重大科研项目，并全力推进5G与车联网等典型行业应用的融合发展。目前ITU已完成了IMT – 2020标准前期研究，3GPP也启动了面向5G的业务需求、新一代系统架构、RAN需求、信道模型等研究项目，计划于2016至2017年完成技术性能需求与评估方法的研究。

（6）信息安全保障汽车及社会安全

随着汽车网联化技术的快速发展，汽车的信息安全隐患日益凸显。据相关数据统计，一辆汽车上搭载的车载电脑约有100台，其运行代码数量超过6000万行，车辆中使用的计算机技术架构和联网技术架构在大量沿袭原有

的计算机和联网架构的同时，也继承了其安全缺陷，信息篡改、病毒入侵等手段被黑客应用到汽车攻击中，汽车的安全问题已不容忽视。

近年来世界著名汽车企业，如宝马、丰田、特斯拉、JEEP等，在其现有研发的车型中均发现了不同程度的汽车安全漏洞。此外，美国FBI官网显示，著名恐怖组织ISIS正在进行无人驾驶汽车相关技术研究，并将其应用在自杀式爆炸袭击上。汽车信息安全事件产生的危害日益严峻，信息篡改或者黑客入侵都有可能造成车毁人亡的严重后果，而传统车企侧重于汽车物理安全的理念，容易忽视信息安全的重要性。汽车的信息安全问题不仅能够造成个人或者企业的经济损失，还有可能成为社会隐患甚至上升为国家安全问题。

欧洲、美国、日本等发达国家和地区在汽车信息安全领域起步较早，相关研究机构和组织相继提出了行业标准和指南，为整车厂商、汽车一级供应商、汽车安全解决方案/技术/产品开发商、互联网公司和移动数据提供商提供了一定的参考依据和规范指导。

在汽车网络安全的标准和指南方面，美国SAE发布的SAE J3061（《汽车网络物理系统网络的网络安全指南》），将汽车信息安全理念贯穿到汽车全生命周期中，为汽车行业和相关企业提供技术参考和建议；欧洲的EVITA（E–satety vehicle intrusion protected applications）研究项目，为汽车网络安全提供了包括信息"攻击"场景、危险分析、建议性硬件系统结构等方面有价值的指导；国际电工委员会（IEC）发布的《工业过程测量、控制和自动化网络与系统信息安全》标准（IEC62443），对用户、系统集成商、组件供应商提出了信息安全相关的基本要求；此外，日本信息处理推进机构（IPA）从汽车可靠性角度出发，通过对汽车安全的攻击方式和攻击途径进行分析，定义了一种汽车信息安全模型"IPA Car"。在汽车通信安全标准和指南方面，2013年9月，美国高速公路安全管理局（NHTSA）做出了将基于车联网的专用短途通信作为所有客运车辆默认安全措施的决议；美国国家标准与技术研究院（NIST）发布了"企业管理移动设备安全管理指南"（NISTSP–800–124），并于2014年发布了改善基础设施网络安全框架的指南；Intel 公司也通过建立汽车安全评估协会，在此基础上对汽车网络安全进行研究，并公布了有关智能驾驶在信息安全方面的研究内容。

随着我国汽车保有量的逐年增加和互联网行业的迅猛发展，国家、产业及行业相关领域开始不断关注和支持汽车信息安全的发展，如国务院颁布的《中国制造 2025》明确提出"建立智能制造标准体系和信息安全保障系统"，科技部"新能源汽车"试点专项中提出"研究智能电动汽车信息安全理论与方法"，同时国内各大车企和互联网公司开始积极寻求合作，以求在汽车信息安全方面做出贡献。

（7）大数据支持构建汽车新生态

车辆网联化的意义不仅在于扩展了车辆环境感知的范围，使得车辆能够获取数公里甚至数十公里外的信息，为车辆的安全、高效行驶提供信息和决策支持，设置实现自动驾驶。另外，车辆的网联化使得交通环境中所有车辆的信息均能够实现共享，基于交通出行系统，以及相关能源系统的协同调度、信息服务和实时控制成为可能，基于海量大数据的分析技术成为实现相关应用的核心。

随着互联网技术、信息通信技术的快速发展，数据挖掘引起了信息产业界的极大关注。数据挖掘是信息时代到来的集中体现，2011 年 5 月，麦肯锡全球研究院发布了一份题为《大数据：创新、竞争和生产力的下一个新领域》的报告，指出大数据挖掘技术在社交网络、电子商务、物联网领域应用已非常广泛，在汽车网联化、智慧交通等领域的应用还处于起步阶段。

四　汽车智能化的横向集成——基于云端的出行生态

随着智能化、网联化、电子芯片化等技术的不断突破与创新，未来的交通将变为信息化的、数据化的、高度智能化的出行生态系统。新一代的出行生态系统将包含智能交通设施、车辆、行人、云资源、控制管理系统、智能调度系统、能源分配系统等，并将实现更加科学、更加绿色、更加高效的城市道路交通运行。

（一）以智能环境友好型汽车为主体的未来出行生态系统

从汽车的角度来看，智能环境友好型汽车将成为未来出行生态系统中的一个节点。通过车－车通信，实现车辆与外部车辆的信息交互，进一步完成车辆行驶的协同控制；通过短距/长距无线通信，实现车辆与道路设施、后台服务、周边人员的信息交互，进一步完成车辆与交通环境的协同调度，提高社会出行效率，实现车辆及出行生态系统的安全、节能、环保与舒适。随着新能源汽车的快速发展，能源系统与交通系统的关系更加密切，配合更加精细优化，传统交通系统涉及的人、车、路、后台等要素将进一步扩展，会逐渐涉及能源系统、能源管理与调度等环节，具体如图2所示。

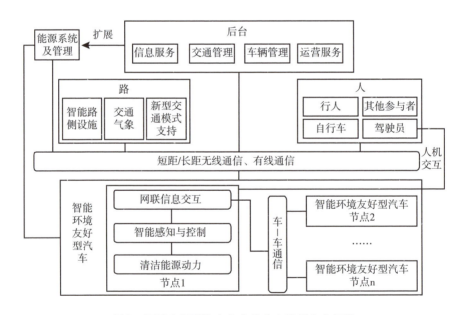

图2 环境友好型汽车为主的未来出行生态示意

以智能环境友好型汽车为主体的未来出行生态系统，将引入大容量、高速率、高可靠性、低时延的各类通信技术，在高性能的云端的作用下，增强社会要素间的协作互动与优化，从而变得更加开放与柔性。其中，智能云端是以虚拟化技术为基础，以网络为载体，以道路车辆为主体，整合道路环境、天气、危险区域、路面状况、车流量分布等交通信息，为主体提供信息共享、交通控制、路线诱导、能源分配等服务，从而改变人们的出行文化。未来出行生态系统具有以下特征。

①按需自助式便捷服务。智能云端具有快速提供资源和服务的能力，并且车辆用户不需要部署相关的复杂硬件设施和应用软件就可以根据自身实际需求扩展和使用云端资源。此外，服务商能通过网络方便地进行计算能力的申请、配置和调用，及时地进行资源的分配和回收。

②丰富的服务资源池①。将车辆分布、交通流量、环境天气等道路信息以及通过计算所获的资源汇集在一起，通过使用多租户模式将不同的物理和虚拟资源动态分配给不同类型车辆的用户使用者，并根据使用者的需求重新分配资源。各类型的使用者分配有专门独立的资源，而使用者通常不需要任何控制或知道所提供资源的确切位置，就可以使用一个更高级别抽象的云端资源。

③可自主的度量服务和交通管控。云端服务系统可以根据服务类型提供相应的计量方式，云端自动控制系统通过利用一些适当的抽象服务（如存储"处理"带宽和活动用户账户）的计量能力来优化资源利用，还可以监测、控制和管理资源使用过程。同时，针对道路现状，制定优化的区域分配方案，对出行车辆进行诱导和限制，实现城市交通的全局管控和局部协调，提高城市运行效率。

在大交通环境和智能云端的共同影响下，将车辆变得更加智能化、更加自动化，新一代全自动驾驶则将随之产生；将改变以单车为中心的车辆出行方式，而仿照像昆虫、海洋生物等群居动物出行那样进行特定队列的群体行驶；将更加优化利用、合理调度、资源分配车辆使用模式和运行管理模式，新型的车辆共享模式、交通管理调度则会快速发展，改变城市文化。

---

① 方巍：《云计算：概念、技术及应用研究综述》，2012。

（二）自动驾驶汽车

自动驾驶，简单来讲就是转向、加速和刹车由汽车自动控制，人在其中只需要很少的进行干预或者交互沟通。传统的自动驾驶是以机械视觉、雷达等传感设备为基础，通过信息融合技术、路径规划技术、车辆定位与导航技术等先进技术，实现车辆的自主决策与控制，如 Google 自动驾驶汽车、红旗自动驾驶汽车等。

在新型的大交通环境中，自动驾驶将更多地实现车辆传感信息和网联通信信息的相融，提升信息来源的准确性和实时性，克服环境感知基础的难点与问题；能够针对前方道路的交通状况和变化趋势，提前进行车辆的操作与控制，降低危险事故的发生概率；能够在云端全局路线的控制作用下进行车辆短距离或者局部路线上的车辆决策与控制，科学有效地实现分层控制，提高车辆行驶安全和效率。

智能交通环境下的自动驾驶不只是现在大众认为的基于某一个单元的：比如私人拥有或者由某个家庭来承担。在某种意义上，自动驾驶车辆可以被看作相互之间具有联系的互动系统，它们只是用来完成出行者出行需求的媒介，当有出行需求时，出行者可以利用其实现自己的出行目的。因此，未来自动驾驶车辆是作为一个独立的系统为城市交通服务，将会给我们的整个城市的道路设计、出行文化、生态环境、资源利用等众多方面带来影响，也必将改变设计者对于城市空间、交通规划、交通运输以及道路设计等的惯性思维模式。

此外，未来的自动驾驶将在提高运输效益、减少社会交通成本的投入、缓解能源危机等方面发挥巨大的作用，并会给城市交通带来新的效益。

（三）列队控制

车辆队列行驶是指装备智能系统的两辆或更多的车辆，通过机器视觉、磁、雷达等传感器，并采用车间通信方式，使车与车之间保持一定的安全距离，后车自动按照前车行驶的路线及操作方式行驶，整个车队联成一个整体。

车辆编队控制可以在很大程度上提高车辆队列的柔韧性与灵活性，从而提高了车辆在道路上所行驶的效率。车辆编队对改善交通的安全也具有重要的意义，不仅可以使车间距离在安全距离范围内缩小至最短，很大程度地提高道路上车辆的密度、增加道路上的容量，还可以极大地提升乘坐舒适度，缓解驾驶疲劳，减少交通事故，增强交通的安全性及通畅性。除此之外，车辆经过编队的行驶，不仅能够减少在行驶过程中遇到的空气阻力，而且还能够在资源上得到有效的节约，在车辆的耗油量上得到有效降低。

在未来的智能交通系统下，智能的路侧通信单元、高效的车车互联互通技术、实时的信息更新与发布极大提高了车辆行驶环境信息的准确获取和采集水平，也克服了传统车队控制的技术难点与问题。在交通系统的云端控制下，车队不仅在车辆的数量和类型方面进行增加，而且能够更迅速地掌握道路交通信息、更远地了解交通动态、更快地做出操作响应。

（四）交通调度

基于云端的交通系统以智能化和网联化技术为基础，拥有信息的快速收集、分析、计算、管理与分布等能力，能够实现城市交通的全局调度与把控、局部交通的调度与管理、特殊车辆的调用和管控。对于城市交通调度而言，可以合理地安排道路车辆数量、类型以及道路速度，实现城市车辆的均匀分布，对于缓解城市拥堵，提高交通通行效率，实现节能减排具有重要意义。

1）城市交通调度

随着科学技术的不断发展与突破，交通系统能够统计道路交通车流量、车辆类型分布、城市区域的车辆数量分布等道路交通信息，并在云端的协助下，最优的规划城区车辆、车型分布方案，合理地计算与分析道路车数的承载量以及实时通行量，实现道路车辆的实时诱导和控制，完成城市交通合理调度。全局化的交通调度节约了出行者的出行时间、降低了每个出行者的驾车强度、提升了道路的流畅性、改善了城市的畅通度。因此，无论是对于城

市还是对于个人，全局调度都具有重要的作用。

对于特殊或者突发情况，如交通事故、道路大雾等，云端能够对突发状况道路的周围局部区域进行快速管控，在不超过局部区域上限的情况下，采取增加周围道路的车辆通行数量、提升周围道路通行速度等措施，实现突发事故路段车辆的分配与交通的局部调度。城市交通的局部调度对降低事故的二次伤害、危险情景的触发概率等会起到很大作用。

2）车辆调度

车辆调度是指相关部门制定行车路线，使车辆在满足一定的约束条件下，在云端的协调控制下，有序地通过一系列特定交通点，如居民区、货运点等，达到诸如路程最短、费用最低、耗时最少、运行效率最高等目标。

以公交车系统为例，阐明车辆调度对城市交通具有重要意义。目前，公交系统基本实现公交车辆定位和跟踪、语音和数据传输、公交换乘信息服务、电子售票等功能，已经达到初级智能化水平。但是，路线固定、运行模式单一等方面都无法满足新型交通环境下人们出行和城市需求。在基于云的大交通环境下，实行变化路线与固定路线的双重运行模式，实现公交车辆的合理调度。根据出行者发布的出行信息、运行公交车辆数量、道路路况等交通信息，交通系统合理制定符合当前情景的公交运行路线，使其有序通过特殊交通要点，从而减少候车人数，提升运行效率。

随着交通系统不断地发展，车辆调度、车辆调度的延伸以及出现的新型车辆运行模式都会对人们出行方式、城市交通设计、生活方式、道路设计等产生巨大的影响。

（五）资源共享

未来的交通系统是一个有机的整体，可以视为：在封闭的、变化的空间环境中，在云端的作用下，交通要素之间具有一定的互动联系性，共享系统资源。网络拼车、出行信息共享、娱乐信息共享等运行模式则会随着交通系统发展而不断创新。其中，最具有未来交通特征的是云端下的车辆共享。

传统模式下的汽车共享，是指许多人合用一辆车，即开车人对车辆只有使用权，而没有所有权，有点类似于在租车行里短时间包车。它手续简便，打个电话或通过网络就可以预约订车。目前，已经出现的共享模式有网络打车、网络租车、P2P拼车、电动汽车分时租赁等，在减少道路车辆数量、减少污染尾气排放、缓解城市拥堵、缓解城市车位供应等方面具有不可替代的作用。但是，传统汽车共享一般是通过专业公司来协调车辆，并负责车辆的保险和停放等问题，社会参与车辆有限。

随着互联网技术和电子商务的兴起及快速发展，在云控制下的人们出行方式有了大幅改变。出行者发布自己的所在位置和出行目的，在云端的协调控制作用下，向出行路线相似的车辆发布共享车辆的预约信息，针对车辆的回应，给予出行者回复，实现交通车辆的资源共享。因此，大交通系统下的车辆共享将改变原有的运行模式，出现新型的操作方式：私家车、出租车等道路运行车辆都可成为共享的车辆，不再局限在专业公司所协调的车辆。

据调查分析，车辆共享有利于减少私人拥有车辆的数量，并在减少车辆生产和降低家庭交通成本方面具有积极作用。因此，无论未来车辆的使用方式发生怎样的变化——无私家车辆，车辆在汽车云计划下实现共享，还是在已有的共享模式上进行延伸或者出现创新性的模式，这都将对城市设计、城市交通、节能减排等方面产生重要影响。

参考文献

Hyoung Seok Kang, Ju Yeon Lee, "Smart Manufacturing: Past Research, Present Findings, and Future Directions," *International Journal of Precision Engineering and Manufacturing-green Technology* vol. 3, NO. 1 2016.

P. K. Wright and D. Bourne, "Automation and Craftsmanship," *Journal of Computer Integrated Manufacturing Systems*, 1988, 1, (3).

H. Yoshikawa, J. Goossenaerts, Proceedings of the JSPE/IFIP TC5/WG5. 3 Workshop on the Design of Information Infrastructure Systems for Manufacturing. 1993.

D. G. Arseniev, V. P. Shkodyrev, V. V. Potekhin, V. E. Kovalevsky, Smart Manufacturing with Distributed Knowledge – Base Control Networks. in Proceedings of Symposium on

Automated Systems and Technologies, Hannover, PZH Verlag, 2014,.

B. Katalinic, V. E. Pryanichnikov, K. Ueda, Kukushkin, I., P. Cesarec, R. Kettler, Bionic Assembly System: Hybrid Control Structure, Working Scenario and Scheduling, in Proceedings of 9th National Congress on Theoretical & Applied Mechanics, Brussels, 2012.

B. Katalinic, I. Kukushkin, V. Pryanichnikov, D. Haskovic, Cloud Communication Concept for Bionic Assembly System, Procedia Engineering, Volume 69, 2014, Pages 1562 – 1568, ISSN 1877 – 7058, doi: 10. 1016/j. proeng. 2014. 03. 156.

B. Lussier, R. Chatila, F. Ingrand, M. O. Killijian, D. Powell, On Fault Tolerance and Robustness in Autonomous Systems, In Proceedings of the 3rd IARP – IEEE/RAS – EURON Joint Workshop on Technical Challenges for Dependable Robots in Human Environments, 2004.

E. Keogh, K. Chakrabarti, M. Pazzani, S. Mehrotra, Locally Adaptive Dimensionality Reduction for Indexing Large Time Series Databases, ACM SIGMOD Record, 30 (2), 151 – 162.

E. Keogh, K. Chakrabarti, M. Pazzani, S. Mehrotra, Dimensionality Reduction for Fast Similarity Search in Large Time Series Databases. Knowledge and Information Systems, 3 (3), 263 – 286.

S. S. Zobnin, V. V. Potekhin, P2P Architectures in Distributed Automation Systems, in Proceedings of Symposium on Automated Systems and Technologies, Hannover, PZH Verlag, 2014, pp. 37 – 43.

Web Workers (2012). Retrieved July 10, 2014 from http: //www. w3. org/TR/ workers/.

WebRTC 1. 0: Real-time Communication Between Browsers (2014), Retrieved July 10, 2014 from http: //dev. w3. org/2011/webrtc/editor/webrtc. html.

A. V. Fedorov, S. S. Zobnin, V. V. Potekhin, Prescriptive Analytics in Distributed Automation Systems, in Proceedings of Symposium on Automated Systems and Technologies, Hannover, PZH Verlag, 2014, pp. 43 – 49.

S. Ross, J. Pineau, S. Paquet, B. Chaib-Draa, Online Planning Algorithms for POMDPs, J. Artif. Intell. Res. (JAIR), 32 (2008), 663 – 704.

李佳:《同心毕力、共筑数字化工厂建设——2014数字化工厂国际研讨会》,《制造技术与机床》2014年第7期。

《从数字化工厂到工业4.0——访机械工业仪器仪表综合技术经济研究所所长欧阳劲》,《自动化博览》2014年第5期。

陆平、张浩、马玉敏:《数字化工厂及其与企业信息系统的集成》,《成组技术与生产现代化》2005年第2期。

顾新建、祁国宁、唐任仲:《智慧制造企业——未来工厂的模式》,《航空制造技术》

164

2010。

周新建、潘磊：《基于数字化工厂的虚拟制造技术》，《机械设计与制造》2006 年第7 期。

陈媛媛：《面向离散制造的数字化工厂应用技术研究》，《电子世界》2014 年第8期。

张辉：《谈数字化工厂技术在汽车装配工艺中的应用》，《CAD/CAM 与制造业信息化》2009 年第10 期。

吴云峰、邱华、胡华强：《面向设计与制造的数字化工厂平台》，《中国制造业信息化》2011 年第1 期。

付百川、李仰东、武殿梁等：《面向生产系统规划的数字化工厂仿真应用研究》，《现代涂料与涂装》2012 年第7 期。

康留涛、王晓枫：《基于数字化工厂的车间布局仿真与物流优化》，《机械工程与自动化》2012 年第3 期。

施宇锋、徐宁：《数字化工厂及其实现技术综述》，《可编程控制器与工厂自动化》2011 年第11 期。

张国军、黄刚：《数字化工厂技术的应用现状与趋势》，《航空制造技术》2013 年第8 期。

过学迅、邓亚东主编《汽车设计》，人民交通出版社，2005。

张袁：《汽车用铝合金板料冲压成形性研究》，2013。

李晓延、武传松、李午申：《中国焊接制造领域学科发展研究》，《机械工程学报》2012 年第6 期。

李世杭：《智能制造在汽车行业的应用于展望》，《汽车工艺师》2015 年第9 期。

陈平、蒋佳桉：《汽车总装工艺技术应用趋势与研究》，《工艺装备》2016 年第3期。

许博：《基于CAPP 的汽车总装工艺与TS16949 集成与应用实施研究》，2015。

周慧：《基于物联网技术的汽车制造业供应链物流流程优化研究》，2012。

陈敏：《中国商用车产业发展模式研究》，2010。

彭灿：《汽车整车制造企业敏捷物流模式研究》，2010。

刘红胜：《汽车制造企业精益供应链物流系统研究》，2013。

王恒伟：《汽车销售物流渠道模式研究》，2006。

綦良群：《我国汽车产业链整合模式及其选择研究》，《科学决策》2011 年第10 期。

盛桂芬：《汽车制造业的物流解决方案实例研究》，北京工业大学，2008。

B.7

汽车出行服务的智能化革命

一 智能服务的内涵及发展趋势

（一）智能服务发展的历史背景

在2015年法兰克福车展上，德国的宝马、奔驰、大众三大汽车厂商相继发表转型宣言。宝马公司指出，宝马集团正在从一个豪华汽车制造商不断进化成为一个豪华出行和服务提供商；奔驰也说，他们正在从一个汽车制造商转变为一个互联网出行提供商；而大众集团的总体目标是：到2020年前，大众所有新车都会变成轮子上的智能手机。另外，2016年初丰田、通用、福特等也纷纷指出在未来将由汽车制造商向移动出行服务商转型，从出售车辆转到出售出行方案。

各大国际汽车厂商在此时不约而同地提出转型，这不是一种巧合，是在全球工业4.0深化发展的趋势下，在市场瓶颈、技术突破、社会发展等众多因素合力推动下汽车产业发展的必然。

而从世界范围来看，全球汽车产业已长期保持个位数的增长，微增长已成为业内不争的事实。与此同时，我国汽车经销商整体分布呈现分散状态，集中度不高，整个后市场服务行业亟须整合提升、变革创新，寻找新的商业模式和利润增长点，"互联网＋"成为目前迫切且切实可行的有效解决方案。

近年来，互联网技术，特别是移动互联技术的发展给人们的生产、生活方式带来了翻天覆地的变化，移动互联、大数据技术、车联网及智能网联汽车技术成为汽车产业发展主要的技术驱动力，从而带来汽车制造业的体系变化、汽车产品的形态变化和汽车行业的形态变化。不仅如此，更有可能带来汽车及相关产业全业态和价值链体系的重塑，并已成为美国、日本、欧洲等国家和地区未来发展的战略，且被认为可以提供更安全、更节能、更环保、更舒适的驾驶方式和交通出行综合解决方案，是城市智能交通系统的重要环节，是构建绿色汽车社会的核心要素。

一方面，随着汽车保有量的持续增长，由汽车所引起的交通拥堵、道路安全事故及环境污染等一系列问题日益严峻，而目前社会发展不再仅聚焦于经济问题，总体体现为高度关注环保、拥堵等社会问题。另一方面，互联网时代带来的最显著变化是人们观念的改变——产生了互联网思维，通过把移动互联网和传统的交通出行相结合，运用互联网、云平台和大数据分析技术提升了车辆使用效率，降低了社会的总体出行成本，从而使人们在出行方式上有了更大的自主选择权，促使了汽车所有权与使用权的进一步分离，汽车共享由此形成。在此过程中，车主在获得收益、减少车辆闲置的同时，整个社会的资源得到了进一步的利用，污染、交通拥堵问题也得到一定程度缓解，这是共享经济在宏观层面带来的改变。

综上所述，汽车的产品属性将从机械产品属性向电子产品属性转变，成为万物互联、便捷可达的智能互联终端；同时汽车产品的庞大基数群体、复杂社交环境属性通过大数据挖掘可衍生具体的商业潜力，从而在产业链、价值链和商业创新模式上有巨大创新。至此，传统的汽车产业的生产、制造、销售和售后等模式将被彻底颠覆，基于互联网和数据挖掘的创新商业模式将不断涌现。

（二）智能服务的内涵界定

新一轮科技革命的核心是互联网以前所未有的广度和深度融入人类社会的方方面面，形成包括传统互联网（人与人联网）、物联网等在内的"万物互联"新时代。在"互联网＋"汽车概念之下，汽车产业链所涉及的设计、制造、销售等各个环节都将和互联网产生化学反应，"互联网＋"汽车产业链的未来发展变革问题，是一个非常重要也是非常值得探讨的议题，在这

里，笔者把"互联网＋汽车产业链"的发展变化过程称为汽车产业链的互联网化。

从发展趋势看，在汽车产业链的互联网化进程中，互联网对汽车产业链的影响不断加大，立足于消费者需求，汽车产业为消费者所能提供的服务内容和服务方式等将会发生改造、重构和重塑三个层次的变革。

当前，传统汽车产业所能为消费者提供的服务我们称之为"传统汽车消费者服务"，主要包括汽车销售服务、汽车市场后服务、二手车服务等，在汽车产业链的互联网化进程中，"传统汽车消费者服务"将接受"互联网＋"的改造、重构和重塑，其改造的最终结果是能够高效、高质地满足日益多样化的消费者需求，且能不断衍生甚至创造出新的消费者服务需求，甚至颠覆传统型汽车消费者服务需求，带来正向效用。

汽车产业的智能服务是指在汽车产业链的互联网化进程中，其所能提供满足现在或者未来消费者需求的服务，按照服务内容和服务方式的不同，具体可划分为"互联网＋汽车服务"、"互联网＋汽车出行"、智能交通云服务三个阶段，随着"互联网＋"对汽车产业链深度和广度的影响程度不断加深，智能服务未来的演进具有必然性，具体描述如下。

第一个阶段："互联网＋汽车服务"。

具体指互联网在纵向渠道层面上对传统汽车消费者服务各个环节的改造，其基本特征表现为"互联网＋"加速了传统汽车产业链各环节内的信息流、资金流等的流通，提升了为汽车消费者服务的能力，但本质上不改变汽车产业链的原有逻辑结构。

第二个阶段："互联网＋汽车出行"。

具体指在车联网、智能网联等技术和"轻拥有、重使用"等消费观念的前提条件下，融合汽车产品的互联网出行服务对汽车产业链进行重构，其基本特征表现为"互联网＋"提供可捆绑汽车产品的汽车消费者服务，消费者不再追求汽车产品的拥有权，而是接受汽车消费者服务共享，这本质上已经改变了原有汽车产业链的逻辑结构，且在重构过程中，不断形成新的商业模式和商业形态。

第三个阶段：智能交通云服务。

智能交通云服务是指在互联网重构汽车产业链、智能交通与相关产业后，为满足均衡化、效率化的消费者出行需求，互联网对汽车产业链的重塑，其基本特征表现为智慧城市的智能交通系统实时分析社会出行总需求，横向集成不同社会出行形态和内容的总供给，形成多拓扑动态稳定形态的社会出行配给，从根本上解决城市交通面临的安全、拥堵、污染等重大社会问题。

二　智能服务的纵向集成——
"互联网+汽车服务"

据相关数据，截至 2015 年底，中国民用汽车千人保有量为 115 辆，和世界平均水平相比少了不少（159 辆，2012 年），和欧美发达国家相比差距更大，据此可知中国汽车产业还有较大的发展潜力。同时在乘用车平均车龄方面，中国也比欧美成熟汽车市场少近一半，而市场规律显示，汽车后市场的规模对应着平均车龄的增加呈线性增长，因此未来汽车服务市场价值链重要性不容忽视。

根据前述定义，"互联网+汽车服务"是指互联网在纵向渠道层面上对传统汽车消费者服务各个环节的改造，具体包括对汽车销售服务、汽车后市场服务和二手车服务等的改造。从总体上看，在"互联网+"改造过程中，加速了传统汽车产业链各渠道内的信息流、资金流等的流通，提高消费者服务效率和服务体验。下面将分别针对"互联网+"对汽车销售服务、汽车后市场服务和二手车交易服务的改造进程进行阐述。

（一）新车销售服务的互联网化

根据在"互联网+"汽车服务阶段的定义，我们讨论的新车销售的互联网化实质上是"互联网+"对汽车销售渠道的改造过程。近年来，汽车正逐渐从高端消费品向日常的大众消费品转变，消费者对购车流程等更加熟

悉，传统新销售模式中存在的车辆及销售信息不对称、销售价格不透明，各种服务强制打包出售等现象造成消费者购买过程的消费体验值及满意度不断下降，行业痛点亟须解决。

随着汽车市场进入拐点期，整车厂商产能过剩的风险逐渐暴露，同时传统汽车经销商的分销能力也在逐渐下降，而整车厂商和汽车经销商获取资金和消费线索的成本却在不断攀升，整车厂商和汽车经销商所面临的压力将持续增长，新车销售电商化的高效率、低成本等的优势日益受到关注。

从市场现状看，目前传统的整车厂商、汽车经销商等正逐渐拓展电商业务，此外，一些综合电商平台和垂直类门户网站也已加入新车电商行列，开展新车销售业务，市场竞争激烈。2015年，天猫"双11"购物节中阿里汽车当日全款成交的订单量超过6500辆，创造一项新的吉尼斯世界纪录，成为24小时内乘用车销售最多的平台；截至2015年11月11日，汽车之家平台"双11"购车节订购总量为54085辆，交易总额达87.95亿元，其中移动端交易占比42.8%。

与传统汽车销售相比，新车销售电商化在新的历史时期具有以下几个方面优势。

（1）具有互联网基因的"80后""90后"正在形成购车主力人群。据中国汽车工程协会的数据统计，作为互联网一代的"80后""90后"的购买行为正从"非主流人群购买非主流商品"渐转为"主流人群购买主流商品"，其购车比例占比从2014年的26%上升为2015年的34%，与网购大数据覆盖人群高度匹配。

（2）互联网的多维度标签可精准描绘目标人群画像。据阿里巴巴的数据统计，互联网大数据可记录消费者的年龄、省份、网站浏览行为、消费金额、消费频次、类目浏览和搜索等数据信息，构建人口属性与地理位置、认知行为和购买行为、品牌自有与会员行为、品牌行为与品类行为四大类的特征分类，可准确辨识"3000＋"的精准营销标签，基于全息大数据还原消费者的真实生活形态，实现线下线上全域营销和全链路检测有效紧密型品牌研究与推广。

（3）互联网有效满足了"小城青年"的汽车品质生活。"小城青年"专指生活在三至六线城市的"90后"，主要从事蓝领工作以及公务员和事业单位工作。目前，一二线城市的汽车销量在下滑，而三四五六线城市却在逆市上涨。据"淘宝＋天猫"数据统计，网络售车的车主中三至六线城市占比达到2/3，这些城市小而分散，传统媒介沟通方式难以覆盖与触达，而"小城青年"具有巨大的消费需求亟待释放，网络成为小城青年与品牌沟通的重要平台，比我们想象中更全然的拥抱城市生活方式和消费理念。

（4）互联网可实现对目标客户的持续跟踪。当前在汽车销售服务领域，可以通过互联网、云平台和大数据分析的系统平台解决方案完美地解决智能营销和客户关系管理的难题，基于全生命周期的客户数据挖掘，提升企业对目标客户的持续跟踪能力，助力实现互联网潜客高精准转化与客户关系管理。

面对新车销售互联网化的诸多优势，众多互联网企业试图利用这种优势地位在汽车领域大展宏图，这使得传统的汽车销售和服务厂商面临巨大的竞争压力和转型压力，产生了倒逼机制。

然而，用户习惯的改变非一日之功，长期以来用户已形成线下车辆买卖的日常习惯，汽车电商的销售模式在短期内还难以有较好效果，同时由于汽车产品的重体验、重服务特性决定了当前汽车电商缺乏独立生存的基础，消费者购车流程无法在网上完成，需要实体渠道提供支持。因而，目前大部分新车电商在销售渠道中扮演的还只是一个营销、集客和引流渠道的角色。

据调查统计，目前，中国汽车销售市场电商平台总体上呈现四大阵营格局。第一阵营是由媒体向线上交易平台转型而来的垂直类网站，例如汽车之家、易车网、腾讯汽车等；第二阵营是由想抢占整车销售市场的综合电商平台扩展而来，例如京东、苏宁和国美等；第三阵营是车企/经销商集团自建而成的专业电商平台，例如车享、车巴巴、庞大、中大元通等；第四阵营是以汽车团购为主的多种业态呈现的垂直独立电商，例如团车

网、车惠网等。四大阵营电商平台所具有的优势与劣势分析具体如表1所示。

表1　四大电商模式的优劣势比较

电商类型	优　势	劣　势
垂直类网站	媒体信息渠道丰富,且推送线索质量高 用户数据积累深厚 经销商关系网络强大	运营模式经验积累少 车企/经销商持谨慎态度,合作模式亟须探索
综合电商平台	流量入口优势,营销作用大,推送线索多 资金实力雄厚 支付、金融服务以及相关大数据支持	汽车只是众多品类之一 更多承担的是用户集客和导流功能
车企/经销商集团	拥有商品定价权 线下庞大的销售渠道网络布局 品牌效应易推广	线上销售经验不足 自建平台成本较高
垂直独立电商	提供购车价格优惠及相关创新服务	平台规模小,无先发优势 难以建立行业壁垒 玩家众多且竞争激烈

　　综上所述,目前的汽车销售互联网化仍处在探索阶段,且多种商业模式并存,仔细梳理其内在逻辑,依据汽车销售的互联网化程度,可归纳为传统零电商阶段、现有电商辅助阶段和未来全电商阶段三个层次的新车销售互联网化迭代进程,具体如图1所示。

　　具体而言,在传统零电商阶段,传统汽车经销商在新车销售渠道中占据绝对主导地位,此时电商尚未进入汽车销售过程,属于传统汽车销售范畴,在此不作详谈;现有电商辅助阶段,传统汽车经销商仍然占据渠道的主导地位,新车电商大部分的作用是实现线上和线下的信息交互、用户消费线索提供、导流和交易撮合,仅有部分新车电商在渠道中可承担部分销售任务,直接面向消费者,线上承接信息流、客流和现金流的流通,但受资金和整车厂车源等因素的制约较大。

　　在未来全电商阶段,伴随着新车销售互联网化程度的不断深入和消费者汽车网购习惯的培育,较为理想的是"互联网＋新车销售"在渠道层面全面融合,即"全电商模式",汽车电商平台在渠道中占据主导地位,不再依

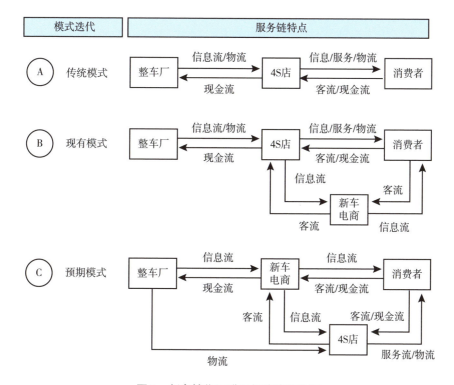

图1 新车销售互联网化的迭代进程

资料来源:《互联网+如何改造汽车销售与后市场服务》,车云网。

靠为线下经销商营销导流赚取佣金收益,而是承担主要销售任务,实现完全在线交易,传统的新车销售厂商实行转型,全面承接线上实体展示、用户体验和服务中心的职能,与汽车经销商及整车厂利益共享,打造完整汽车生活生态圈。

此外,随着工业4.0的不断发展和车联网、智能网联汽车技术的进步,未来汽车销售的互联网化绝不仅仅停留在销售渠道层面的融合,伴随着智能制造和模块化生产技术的发展,更有可能上升为供应链层面的深度融合,即个性化产品定制阶段。例如,网上选择汽车的相关配置和配色、下单,汽车在定制化工厂生产并配送至目的地,而4S店将被汽车体验店所取代,目前的特斯拉汽车在这方面已经迈出第一步,这也是"互联网+新车销售"的发展新方向。

专栏一

汽车销售服务的互联网演变

第一阶段　传统汽车销售模式。21 世纪以前，传统汽车经销商在汽车销售渠道中占据绝对主导地位，此时不存在电商模式。

第二阶段　汽车电商辅助模式。近十年，传统汽车经销商仍然占据渠道的主导地位，新车电商大部分的作用是实现线上和线下的信息交互、用户消费线索提供、导流和交易撮合。

第三阶段　汽车全电商模式。未来五年左右，汽车电商平台在渠道中占据主导地位，不再依靠为线下经销商营销导流赚取佣金收益，而是承担主要销售任务，实现完全在线交易，传统的新车销售方式有可能被全面淘汰，线下实体店面的功能将全面转变成为展示、体验和服务的中心，与汽车经销商和整车厂利益共享，打造完整汽车生活生态圈。

第四阶段　产品定制模式。未来十年左右，伴随着"中国制造 2025"的深入推进，智能制造和模块化生产技术将得到快速发展，汽车销售渠道层面的融合逐渐上升为供应链层面的深度融合，即实现汽车产品的大批量定制生产。此时，4S 店被汽车体验店所取代，汽车在定制化工厂生产并直接配送给消费者，这也是"互联网＋新车销售"的发展新方向。

（二）汽车后市场服务的互联网化

根据前述"互联网＋汽车服务"的定义，汽车后市场服务的互联化是指互联网对汽车后市场服务相关领域的改造，主要涉及互联网对汽车维修与保养和汽车金融与保险等领域的改造，其中汽车金融与保险被认为是互联网金融在汽车领域的应用，主要涉及新车、二手车及汽车相关消费性信贷与保险业务，本文对此不具体进行阐述，而是主要针对汽车维修与保养服务的互联网化改造进程进行阐述。

从市场现状看，传统的汽车维修与保养行业受价格体系不透明、企业服务能力强弱不一以及消费者维修保养信息获取不对称等因素影响，已面临洗牌。在"互联网＋"思维的影响下，汽车上门保养、O2O 维修平台等商业模式风起云涌，2015 年阿里、京东等互联网企业巨头也开始涉足汽车后市场业务。与此同时，传统汽车经销商也积极布局 O2O 电商平台，并提供类似上门保养的多样性服务。目前，包括汇通集团、鹏龙集团、元通集团等在内的多家汽车集团旗下 4S 店，基于线下优势都拓展了上门保养业务。整体汽车后市场呈现多种模式并存、多元化发展的商业格局。

目前，与汽车维修与保养相关的电商平台模式大体可分为以下三种。

（1）B2C 线索导流平台模式：主要指平台以入口形式聚集合作商家为主，不自营配件，可为车主提供线上的优惠价格享受维修保养预约服务，其特点是属于轻量化模式，门槛低，能快速积累门店和用户，但需要靠补贴上量，压缩利润空间明显，典型的包括百车宝、典典养车等。

例如，百车宝隶属于北京百车宝科技有限公司，致力于为中国汽车消费者提供全面、准确的汽车维修保养信息服务，主要产品包括汽车大师和汽车保养大全。汽车大师目前已经拥有上万名通过认证的专业 4S 店（5 年以上经验）汽修技师，覆盖所有主流汽车品牌，可专业、快速解答车主汽车维修、保养、用车等问题；汽车保养大全是一站式的汽车维修保养解决方案平台，集合 4S 店经销商、品牌连锁授权商、国家认证修理单位、上门保养四大类别服务商，主营汽车美容、汽车保养等相对能够标准化的细项内容，车主提前线上预约、购买打包服务。

（2）B2C 电商直营模式：主要指平台销售汽车配件，同时对接线下实体加盟店，为车主提供维修保养服务，其特点是门店合作意愿强烈，汽配价格透明，业务利润稳定，但利润空间小。这里以养车无忧为例进行模式说明。

作为国内首家 O2O 汽车自助保养服务平台，养车无忧网为车主提供一站式汽车保养和养护服务，包括汽车保养维修配件服务、汽车养护用品 B2C 在线商城服务和线下保养快修服务，其车型搜索匹配算法在国内首屈一指，同时还是专业的汽车保养经验分享平台。

（3）O2O 上门服务模式：平台销售配件，为车主提供上门维修服务，其特点是能满足用户即时性需求，但是受场地限制，很难实现标准化，典型

企业包括车蚂蚁、卡拉丁等。

例如，创立于2013年的汽车生活服务O2O平台车蚂蚁，是国内首家专注于汽车后市场及本地生活服务的互联网平台，已经成为汽车后市场生活服务类平台中的领军企业。车蚂蚁服务范围包括汽车保养、汽车美容、汽车维修等，近期重磅推出"三大管家"（保养管家、美容管家、维修管家），以便捷、实惠、可靠的服务理念切实帮助车主解决各种用车难题。

基于现有汽车维修保养电商平台模式分析，笔者可以看出，目前汽车维修保养服务的互联网化还处于服务链融合的探索阶段，其互联网化程度介于零电商与全电商阶段之间，随着汽车配件市场的标准化、规范化和同质化，以及配件相关政策的实施，电商平台的配件价格、效率等优势会日趋凸显，未来可能会演进为全电商阶段。维修保养的互联网化迭代进程如图2所示。

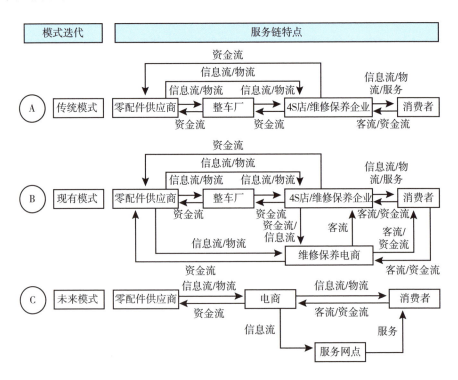

图2 维修保养的互联网化迭代进程

具体而言，在现有模式阶段，传统的维修保养还可维持现有的主导地位，但以线上销售平台和线下服务结合的电商化模式在供应链整合方面优势明显，发展方向明确，但未形成规模效应。从未来发展趋势看，随着智能制造和零部件模块化技术的深层次推进，汽车维修保养的技术壁垒和垄断地位将被进一步打破，形成与互联网电商配套的专业维修保养企业，互联网对汽车后市场服务的改造会实现服务链的全面融合。

同时，在以车主的多元化服务需求为中心的前提下，未来的汽车后市场服务将通过整合管理流程、优化系统资源，更多地与车主生活服务相关的休闲娱乐、餐饮服务等协同合作；另外基于互联网、云平台和大数据分析等技术，企业系统分析车主的全周期生活和消费行为，提供个性化服务和精准服务，打造一站式车主服务生态圈。

（三）二手车交易服务的互联网化

根据"互联网＋汽车服务"的定义，笔者讨论的二手车交易服务的互联网化是指"互联网＋"对二手车交易服务链的改造，具体指对二手车置换业务、二手车买卖以及二手车检测认证等服务的改造。近年来，随着消费者意识的成熟和换购等需求的增长，二手车交易市场在我国已逐渐成长起来，但传统二手车销售市场因消费者获取交易信息的不对称，交易价格不透明、市场管理混乱，且交易过程复杂烦冗，长期缺乏第三方认证和评估机构等问题，一直没有形成良好的发展模式。

从市场现状看，我国二手车交易服务的互联网化仍然处于发展和探索的初期，互联网化整体渗透率不高，众多互联网企业仍在摸索适合我国国情和适应中国消费者行为特性的二手车交易模式。同时，整车厂商和传统汽车经销商也在加入互联网销售环节的争夺，市场竞争激烈，运营模式不断推陈出新。

相关数据表明，基于互联网的二手车交易模式主要围绕车源和客源两大要素变换，具体总结如下。

（1）C2C模式：平台直接对接买卖双方，扮演撮合交易的角色，二手车

可进行虚拟寄售或者实体寄售，平台靠收取检测费和交易佣金获利，且正朝着提供保险、金融等延伸服务及更多增值服务方向扩展，典型企业包括大搜车、人人车以及瓜子二手车等。

人人车以诚信、专业、便捷和保障为宗旨，致力于为个人车主和个人买家打造创新型二手车 C2C 交易平台，首先创立虚拟寄售模式，打破传统模式的冗长交易链，作为中立的第三方平台直接对接个人车主和个人买家，确保车辆情况真实可信，实现交易无差价，为买卖双方让利高达 20%，为用户卖车买车提供最佳交易体验。

（2）B2C 线索导流模式：平台以入口形式集聚合作二手车卖家，不自营二手车，可为买方提供线上展示、线下到店试驾等服务，与 C2C 模式类似，扮演撮合交易角色，典型的包括二手车之家、易车网等。

基于互联网和大数据分析技术，二手车之家构建了"公平、公正和公开"的交易体系，以实际二手车海量交易数据为依托，为车主提供政策分析、价值评估、诚信担保、二手车置换和保险等一站式服务，致力于推动行业的整体良性发展，现已成为国内"访问量最大、咨询最真实、用户最信赖"的二手车网络交易平台。

（3）C/B2B 模式：平台以入口形式集聚合作二手车买家，利用平台优势搜集卖方车源，并通过竞价拍卖平台，匹配高竞价买家，同时提供第三方认证的验车服务，培育了更为集中的车源市场，后期可能会向 C 端市场的横向延伸，这里以车易拍为例进行模式具体介绍。

作为二手车在线交易平台，车易拍构建交易信用体系和"e 置换"平台，致力于打造完整的车主二手车交易解决方案，包括新车置换、二手车竞拍和标准化检测等服务。交易信用体系的构建以精确检测为技术支撑，以提供责任赔付承诺的车况检测报告为核心，为二手车买卖双方提供平台担保，实现二手车的高效大范围流通；"e 置换"是以高效交易和高标准检测为核心，为经销商提供利润提升的综合解决方案，至今已为几十个品牌的 500 多家经销商提供服务。

基于现有汽车维修保养电商平台模式分析，通过对不同电商模式之间的关系进行梳理，笔者发现，目前汽车维修保养服务的互联网化还处于服务链融合的初步探索阶段，传统二手车经销商和4S店依然占主导地位。

而从发展趋势看，随着限迁、税费等制约二手车发展的政策壁垒的陆续被打破，二手车源将更加顺畅地在全国范围内流通，为正处于市场培育期的二手车电商平台的发展提供良好的机遇，并且二手车电商也在积极探索新的商业模式，提升全产业链的配套服务能力。

三 智能服务与汽车产品的融合——"互联网+出行服务"

传统汽车社会的发展使得交通拥堵、能源环境等社会问题日益突出，而随着汽车保有量的增长，这种矛盾日益难以调和。为此，基于互联网、云平台和大数据分析技术，积极探索低碳、高效的汽车使用商业模式愈发显得必要，而且日益成为可能。提升车辆的使用效率，在满足整体用车需求的前提下降低整个社会的汽车保有量，对于解决上述矛盾具有重要意义。

根据定义，"互联网+汽车出行"是指在车联网、智能网联等技术和"轻拥有、重使用"等消费观念的前提条件下，融合汽车产品的互联网出行服务对汽车产业链重构，具体表现为"互联网+"提供可捆绑汽车产品的共享出行服务，消费者不再追求汽车产品的拥有权，而是关注交通出行需求是否得到满足，这本质上已经改变了原有汽车产业链的逻辑结构，即改变了汽车制造商与消费者之间的关系，实现汽车产业链条的重构，且在重构过程中，不断形成新的商业模式和商业形态。下文将分别针对现存和理想的共享出行服务模式进行阐述。

（一）现有的汽车出行辅助服务

汽车出行辅助服务是指汽车出行时为提升效率、便捷性、经济性等需要第三方提供的辅助服务，目前使用最为广泛的是汽车定位导航服务，以及在位置定位基础上衍生的LBS服务，实现出行业务纵向深耕，借助更具优势

的细分领域创造价值，同时实现 O2O 服务横向拓展，从出行用车高度相关的生活化场景需求切入，接入本地化 O2O 服务。

1. 汽车定位导航服务

目前，GPS/BDS 全球卫星定位导航系统已成为日常户型的标配，在出行中提供位置查询、路径导航、语音提示等服务，有效提升出行效率和舒适性。

（1）位置查询。汽车定位导航服务可提供目的地位置搜寻服务，并记录、保存和分享常用地点位置信息；同时还可基于加油站、银行等简单信息模糊搜索所在地或目的地周围的位置信息。

（2）路径导航。汽车定位导航服务根据预设的起点和终点可提供完整的路径规划，还包括是否经过，或避开某些重要途经点。

（3）实时导航。语音提示，基于虚拟语音，汽车定位导航服务可实时向驾驶者提供路口转向、车速提醒等行车信息，实现非干扰式的安全驾驶；画面提示，通过车载显示或抬头显示，汽车定位导航服务可提供车辆当前位置、速度、到终点距离，规划的行驶路线等信息；路线重置，汽车定位导航服务在汽车未按提示行驶时，可重新规划行驶路线，并重新提示驾驶员。

国内车载导航和手机导航的领先提供商包括高德地图、百度地图和四维图新等。服务覆盖十亿海量用户，连接几百个城市，每月覆盖几百亿公里道路，分享上百万次交通事故，为用户提供城市及城市间的交通路况信息，为出行者提供躲避拥堵的出行建议，为政府提供治堵建议。数据显示，通过使用动态导航，北京、上海等城市居民出行时间节省了 10% 左右，为社会节省巨大的财富。

2. LBS 服务

LBS 服务，即基于位置的服务，以卫星导航定位或无线网络定位为基础，基于地理信息系统（GIS）为用户提供高效增值服务，基础内容包括空间信息、社会信息和信息查询服务。

目前，随着卫星导航技术的进步和无线通信网络的发展，消费者个人智能化需求的位置信息服务增势明显。位置服务的信息传递，不仅为用户提供了精准和多样化的服务，提升便捷性和安全性，也可以助力企业提升运维和服务水平。

当前，基于车载的位置服务（LBS）秉持"互动"理念，不断增加各种特色功能，包括"特色地图""照片导航"等，不仅为车主提供特色的导航服务，还可直接查询到银行、度假区等丰富资讯。同时可实现用户与用户的实时互动交流，为用户或集团用户提供位置预警服务，这也是目前主流的车载产品服务发展趋势。位置服务和卫星导航的集合，增加了车载系统的实用性和服务范畴。在今天信息急速膨胀的时代，消费需求日益个性化，更需要特色和精准的导航服务。

以与车主用户联系密切的百度地图为例，其已增加银行、餐饮、电影院、酒店服务等查询，基本覆盖车主出行前、出行中、出行后全时段的服务体系，现已形成庞大的出行生态圈，早已超越单纯的位置搜索服务。深化基于位置的服务现已成为车载系统发展的重点，成为引领车载 GPS 发展的动力。

（二）现有的共享出行服务

共享出行服务是由互联网绑定汽车产品衍生而来的，其基本理念是"轻拥有，重使用"，旨在通过提高汽车利用率，以相对较少的汽车保有量满足个人的自由移动需求，分享用车效益、减少能源浪费，从消费者角度看，其本质特征是车辆的所有权和使用权分离，消费者更关注车辆使用价值。

汽车共享出行服务是一种新型的交通模式，在控制私人车辆保有量、调节城市停车位需求、提高机动化水平、缓解城市交通拥堵状况和节能减排方面具有影响。目前，欧洲对于汽车共享项目的相关研究处于起步和项目跟踪阶段，一些初步研究成果表明：汽车共享有利于减少私人车辆的拥有，对于减少车辆生产和降低家庭交通成本具有积极作用。

车辆减少直接带来停车位需求的减少，使城市设计更加紧凑集中，节省土地的使用，为城市发展带来好处。而且汽车共享使成本更加明晰，不像私人车辆使用会产生较多隐性成本，家庭会考虑成本而减少机动车交通出行需

求。但是，汽车共享也有可能会使没有能力购买车辆的人群或原本使用公共交通、自行车、步行的人群转向汽车共享，提高出行的机动化水平，这种影响势必增加了机动车交通出行需求。这种相互作用的结果较难判定，根据不同城市的交通结构、其他交通方式、人们出行习惯等得到不同的结果。

1. 目前的汽车共享模式

围绕车主多元化出行服务，以所有权分离度为横坐标，车辆属于私人保有为左，车辆属于集体保有为右，以驾驶自主度为纵坐标，出行者自主驾驶汽车为上，由他人驾驶汽车为下，从两个视角分析现有的汽车共享模式，如图3所示。

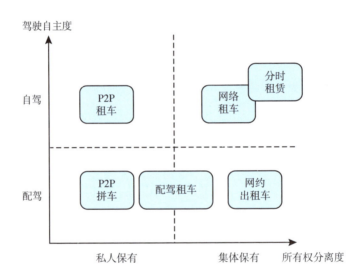

图3　现有共享出行服务模式的维度划分

（1）网络出租车

由出租车公司与网络约车平台合作，安装打车软件，通过消费者的移动互联终端为消费者提供叫车服务。目前，滴滴打车已在国内在线出租车市场占据绝对垄断的地位，极大提升了传统出租车的乘车体验，引领了互联网时代的用户出行方式。

基于互联网、云平台和大数据技术，滴滴打车有效融合了在线寻车和线下服务，从提出打车需求到使用后资金结算，勾勒出包含乘客和司机在内的乘车闭环过程，极大提升乘客的用车体验，优化了传统出租车的接客方式，给予司机充分的自主选择权，降低了双方的交流成本，最大限度地提升了出租车的使用效率，促进了社会资源的节约化使用。

（2）网络租车

网络租车是指汽车租赁机构在互联网租车平台上，通过网络为消费者提供汽车租用服务，时限较长且需要自驾。目前，神州租车是中国服务网络最大、服务网点最多、车队规模最大、服务品种最全的全国性大型汽车租赁服务企业。

而在政策层面，交通部正式公布了《网络预约出租汽车经营服务管理办法》，明确了互联网约车平台以及专车的合法性，私家车只要履行相关法定程序后，就可以转化为网约车，网约车平台公司不要求自有车辆，把"预约出租客运"（网约车）纳入了客运管理，让中国成为世界上首个正式承认互联网专车合法化的国家，这有利于网络租车的快速发展。

（3）P2P 拼车与 P2P 租车

P2P 拼车是指利用互联网租车平台，匹配路线部分重合的乘客和私家车主，根据不同乘客相似的出行需求提供合乘服务；而 P2P 租车平台不拥有车辆，利用互联网租车平台，将闲置的私家车与租客的用车需求整合起来，实现资源利用最大化。

一方面，据调查发现，至 2015 年底，中国汽车驾驶人超过 2.8 亿人，私家车总量超过 1.24 亿辆，每百户家庭拥有 31 辆。换言之，一半以上的驾驶人出行没有自己的车。另一方面，我国私家车闲置率惊人，每天平均有 22 个小时空置。相比美国"车多人少"的情况而言，中国更需从内部挖掘潜力，通过"车共享"等理念分享车辆的使用权，降低私家车闲置率。共享租车理念能更好地整合现有的资源，满足供需双方的要求创造最大效益的同时进一步践行"减少碳排放，保护环境可持续的发展"理念。

凹凸租车率先将"车共享"理念带入中国。通过平台，车主安心将自己的闲置车辆通过平台租给他人使用；租客能够使用车况更好的车辆。这种

模式极大降低了资源的"不集中"而产生的浪费，以及满足了私家车的有求有应。

作为亚洲以及中国 P2P 租车行业的试水者，P2P 租车积极借鉴国际成熟市场的 P2P 租车模式，现已发展成为亚洲较大的 P2P 租车平台。结合亚洲以及中国客户的消费习惯，为广大消费者提供安全、经济、便捷、个性化的 P2P 租车服务，并尝试完善保险机制、私家车车辆管理系统、道路救援等配套服务。

作为中国领先的汽车共享社区，宝驾租车是 P2P 私家车分享平台，在驾客（租客）和私家车车东（车主）之间搭建了一个在线的通过地理位置就近找车、分享车辆座驾的平台，应用通过移动互联技术即时地连接了有租车出行需求的驾客以及附近分享的座驾及其车主。

（4）配驾租车

利用网络约车平台进行车辆预约，最大特色在于车辆自带驾驶员，目标人群主要是高端或商务型的租车群体，它与普通的租车最大的区别是，专享司机的服务。

易到用车是利用网络约车平台进行配驾租车的代表，为每辆车配有专职的司机，不提供自驾服务。据国内知名第三方数据机构艾瑞咨询集团的数据，易到已稳扎行业第一阵营，并已经在多个维度数据指标上超越 Uber，实现"百万日订单、新增百万司机、新增百万车辆"三个百万目标。

（5）综合出行平台

综合出行平台是指涵盖出租车、专车、快车、顺风车、代驾及大巴等多项业务在内的综合出行平台，是汽车共享出行领域互联网深化发展的必然。以滴滴出行为例，滴滴已从出租车打车软件，成长为涵盖出租车、专车、快车、顺风车、代驾及大巴等多种业务的综合出行平台，当前已经是全球最大的一站式移动出行平台，打通出行 O2O 闭环。

滴滴出行全平台（出租车、专车、快车、顺风车、代驾、巴士、试驾、企业版）2015 年订单总量达到 14.3 亿个，这一数据相当于美国 2015 年所有出租车订单量的近两倍，更是超越了已成立 6 年的 Uber 订单总数。

（6）汽车共享分时租赁

汽车共享分时租赁是一种新型的低碳共用出行方式，在共享经济商业模式基础上引入了先进的车联网技术，通过车联网和移动互联网的结合，让出行者可以快速找到共享车，并进行驾驶。采用这种更低碳的出行方式可优化交通结构，且对城市节能减排、治堵降噪、节约道路及停车空间，推进城市低碳可持续交通体系建设具有重要意义。

对于普通消费者，它是一种时尚、经济、便捷、无忧的用车体验，是应对买车摇号、拥车太贵、通行限号等困难的最佳选择；对于从未体验过的普通消费者，在共享方式上，可以把分时租赁简单想象成公共自行车的升级版。当然，它比公共自行车的自助租赁，增加了更多的车联网、互联网、移动互联网等更多技术应用元素，也具有更多驾驶汽车出行的乐趣与便利。

以戴姆勒—奔驰公司成立汽车共享租赁公司——Car2go 为例，其属于"看到车辆就可以租、找到车就可以走"的快捷汽车共享租赁模式，无须固定停车位，使用后也不必送还车辆。目前，Car2go 公司在欧洲和北美 22 个城市投放 8500 辆车，其中 1000 辆是纯电动汽车，具体如图 4 所示。

图4　Car2go 公司无固定停车位汽车共享租赁

宝马公司 Drive Now 汽车共享项目运作模式与 Car2go 汽车共享租赁相似，与 Car2go 公司采用 Smart 单一车型不同，Drive Now 汽车共享租赁采用宝马的 mini cooper、宝马 3 系列等多款车型，满足不同用车需要，具体如图 5 所示。

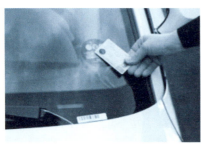

图 5　宝马 Drive Now 汽车共享租赁

奔驰 Car2go 公司与宝马 Drive Now 公司将公司开发的纯电动汽车用于汽车共享租赁项目，对电动汽车进行了推广（见图 6）。

图 6　纯电动汽车租赁

在中国，以上海国际汽车城（下称汽车城）的电动汽车分时租赁项目为例，EVCARD 于 2015 年 1 月在上海嘉定率先投入市场，是中国首个电动汽车分时租赁品牌（见图 7）。

图 7　上海国际汽车城分时租赁用车——上汽荣威 E50 电动车

苏打（北京）交通网络科技有限公司（简称"苏打科技"）专注于智能汽车、共享交通业务领域，融入先进车联网、互联网、云计算、机器学习、智慧交通及大数据技术，实现一部手机即可体验共享出行。同时支持"多租户"SaaS 模型，可接入第三方运营商及车辆，坚持数据驱动精益化运营，结合共享经济模式创新，立足于新能源汽车打造下一代智慧城市出行方式（见图 8）。

在城市综合交通环境中，汽车共享租赁与其他多种方式存在交叉。如图 9 所示，当人们出行距离较短、便利化程度要求不高时，人们会选择自行车出行；当距离不长、便利化程度要求较高时，人们会选择出租汽车出行；当距离增加、便利化程度要求不高时，人们将会选择公共交通出行；当出行距离不太长、便利要求较高时，人们会选择汽车共享租赁出行；当出行距离很长、便利化程度要求也高时，人们会选择传统的汽车租赁。

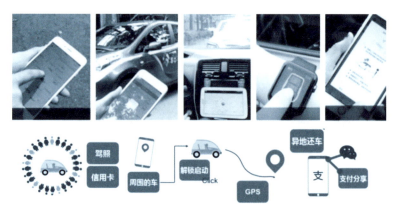

图8 "苏打出行"模式

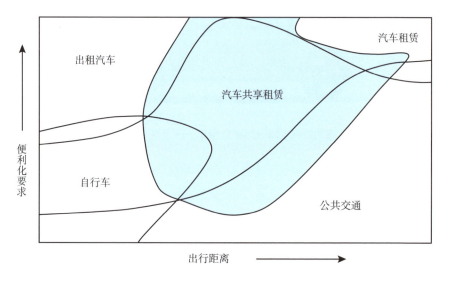

图9 汽车共享与其他交通方式关系

资料来源：施瓦茨、约阿希姆，《无车城市工作组讨论会》，伦敦，1999。

　　汽车共享租赁在城市交通环境中，除了对私人交通具有替代作用外，对其他运输方式也起到一定程度的替代作用，且根据城市交通情况、人们出行习惯等的不同，所起到的作用也有所不同。因此，在发展汽车租赁共享时，应结合城市特点，减少汽车共享对公共交通的替代，尽可能形成互补作用，吸引私人交通向公共交通和汽车共享转变，而非将公共交通使用人群吸引至汽车共享之中。

（三）理想的共享出行服务

互联网、云平台和大数据技术的飞速发展，促使智能化浪潮中的汽车产业弥补了传统汽车共享模式的不足，理想汽车共享模式已具备逐步实现的可能，根据"互联网＋汽车出行"的定义，理想汽车共享出行服务是指"互联网＋"提供可捆绑汽车产品的共享出行服务，具体是指在卫星导航、位置服务、无线通信技术融合的基础上，云平台可对车主进行定位、数据分析、系统整合、实施共享出行等各项信息服务，并针对个性化需求进行实时准确响应，实质是基于大数据实行智慧出行，满足人们便捷和舒适的出行需求。

理想的共享出行服务模式将显著提高汽车的利用率，保障社会整体的出行需求得到满足，提升人民的出行便捷性和舒适性，从而改变整个社会的出行模式，成为智能交通和智慧城市的重要组成部分。这种模式具备以下特征。

（1）技术层面：以车辆智能化为硬件支撑，通过互联网、云平台和大数据技术实现交通要素的互联互通，系统分析社会的出行需求，依靠无人驾驶车辆共享提升出行效率。

（2）消费行为层面：分离汽车拥有权和使用权，推行轻拥有重使用的汽车消费理念，节省成本便捷出行。

（3）管理层面：管理方式上实现对共享设施的集中式控制、分布式营运和统一化维护，最大限度降低设施的空置率，提升社会资源的节约化使用。

理想汽车共享实现动态车况和实时路况云计算，实现合乘匹配，城市居民互助共享，与智能停车场合作，开发局部地区的自动泊车功能，完全省去停取车时间，停车分布更加均衡，车辆流动性提高，同时合乘进一步提高了共享率。

从个体而言，汽车共享可实现固定成本社会均摊，随着共享程度的提高，可实现个人效益递增。在充分共享的情况下，使用成本不变，固定成本

由于多人分享而降低；从社会层面而言，由于汽车共享能替代私家车保有，在保障社会总出行供给的前提下，全社会的汽车保有量会下降，可实现汽车产业的资源节约使用。

四　出行供给侧的横向集成——智能交通云服务

随着人类社会的不断发展，未来城市将承载越来越多的人口。目前的城市发展模式在解决上述问题时碰到瓶颈，智慧城市成为新时代下可持续发展城市建设的趋势。智能城市获得了大家的一致认可，在国内外得到一系列实践，包括智慧北京、智慧杭州的国内城市建设，以及新加坡"智慧国计划"和韩国的"U－City"等。智慧城市的内涵和外延极为宽泛，智慧交通是其中最为重要的组成部分。基于互联网、云平台、大数据计算和人工智能技术，在区域、城市乃至更广域空间实现感知、决策、分析和调度的能力，使得智慧交通能完成对于交通出行需求侧信息的全息掌握与分析，并实现交通出行供给侧的综合分配调度，从系统层面提升交通的运行效率和管理能力，实现便捷的交通出行和可持续的经济发展。

智能交通云服务是指在实现汽车共享和智能制造的基础上，整合道路交通综合信息服务平台、公共交通信息服务系统和交通综合管理系统等城市交通出行相关系统，开展与铁路、民航、公安、气象、国土、旅游、邮政等部门数据资源的交换共享，通过智能公共交通出行和自动驾驶车辆出行满足全社会高效率、多层次的出行需求，它实现了出行供给侧的横向集成，实现了社会出行效率的最优化，体现了"安全出行、绿色出行、快乐出行"的理念。

智能汽车是智能交通系统中的核心节点与关键所在，智能网联汽车发展的意义不仅在于汽车本身产品与技术的升级，更将带来智能交通技术体系与相关产业体系的重塑，从根本上解决目前交通行业面临的安全、拥堵、污染等重大社会问题。智能网联汽车与智能交通系统的协同可以保障二者均高效稳定运行，并降低各自的建设成本。

（一）智能交通出行生态服务

在车联网和智能制造的冲击下，汽车生态圈将出现翻天覆地的变化，汽车"产业链"慢慢向"产业圈"过渡，同时人们的出行选择也逐渐走向智能化。以智能化汽车为载体，基于互联网、云平台、无线通信和大数据技术将人、车、路三者连通，构成智能出行生态圈，并提供智能交通出行生态服务。

汽车智能化技术发展的终点是智能网联汽车，在经历驾驶辅助、部分自动驾驶、有条件自动驾驶、高度自动驾驶和安全自动驾驶后，汽车本身的出行属性慢慢蜕化，后市场服务、互联网位置服务等不断融入，逐渐形成具备智能出行生态圈的生活属性。

这种属性的变化主要是由于科学技术、消费升级以及政府政策的推动，此时汽车逐渐转变成"四个轮子上的手机"，成为重要的移动终端和平台应用场景，成为连接人、车、路的关键载体，推动着智能出行越来越便捷、安全和高效。智能出行生态圈将产生以下几个方面的大数据：一是车主数据，包括个人信息、个人的出行数据等；二是网联数据，包括车辆感知数据、决策数据和辅助驾驶数据等；三是服务数据，包括车辆从出厂到报废全生命周期的硬件数据、维修保养数据等。对于这些数据的开发使用将成为企业是否赢利的关键，此时赢利模式也从技术服务等转向增值服务和差异性精准服务等（见图10）。

智能汽车是智能交通系统中的核心节点与关键所在，智能网联汽车发展的意义不仅在于汽车本身产品与技术的升级，更将带来智能交通技术体系与相关产业体系的重塑，从根本上解决目前交通行业面临的安全事故、拥堵、污染等重大社会问题。智能网联汽车与智能交通系统的协同可以保障二者均高效稳定运行，并降低各自的建设成本。下文将重点从未来的智能公共交通出行和自动驾驶车辆出行两方面进行阐述。

（二）智能公共交通出行

传统的公共交通出行往往采取固定线路和固定运力的配置方式，不能依

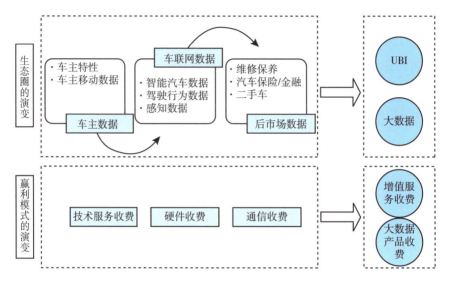

图10　智能交通出行

照实时交通信息的变化做出及时调整。在传统城市公共交通出行的基础上，目前出现了一些新型的公共交通出行方式，如智能公交、定制公交等，采用准实时调整的方式来满足不断变化的城市出行需求。

基于卫星导航、无线通信和地理信息系统技术，结合公共车辆的运营特性，智能公交建立公共交通云平台，对于公交的线路和公交车辆进行实时规划和调整，基于大数据分析实现智能调度，降低公共交通车辆的空载率，并通过实施监控和数据分析实现对公交车辆、公交站台和公交场站的智慧管理。智能公交对缓解日益严重的交通拥堵问题有着重大的意义，将会成为未来公共交通发展的趋势之一。

定制公交是指实现端到端一站直达式服务的公共交通。定制公交网络平台接受市民的出行需求申请，分析评估并设计出能最大限度满足出行需求的公交线路。定制公交班车具备社会公共服务的属性，倡导节约化出行，能提升公共设施的使用效率，实现节能减排，绿色出行。目前已在全国多个城市开展这项服务。

传统的城市公共交通不能有效解决目前城市集中出现的出行难问题，其最大的问题在于数据碎片化，不能实现相关交通数据的实时共享与分析。智能公共交通出行通过整合道路交通综合信息服务平台、公共交通信息服务系统和交通管理综合管理系统等城市交通出行相关系统，打通交通出行数据的部门壁垒，并实时获取消费者个人的出行大数据，系统分析周期性和规律性的出行需求，合理安排、实时调整城市公共交通出行工具，实现城市交通智能出行（见图11）。

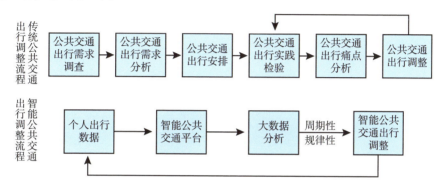

图11　传统公共交通出行调整流程与智能公共交通出行调整流程对比

传统公共交通出行调整流程与智能公共交通出行调整流程对比如图11所示，与传统的公共交通出行相比，智能公共交通出行具有以下特点。

（1）个人出行数据具有连通性。消费者个人的出行数据不再碎片化，各种交通工具和出行方式都由城市智能公共交通系统有效管理，实现由"家出发"到"回到家"的完整闭环数据采集，数据分析更加准确和高效。

（2）公共交通出行安排具有合理性。建立在道路交通综合信息服务平台、公共交通信息服务系统和交通综合管理系统等城市交通出行相关系统数据整合和消费者个人出行完整大数据基础上的智能公共交通系统，做出的公共交通工具的工作模式安排具有真实的数据支撑，应该是合理可信赖的。

（3）公共交通出行调整具有实时性。智能公共交通系统可根据城市居民的出行方式改变在最短时间内做出调整，动态调整城市公共交通系统，实时适应城市整体出行需求的变化。

（4）公共交通出行调整更具前瞻性。智能公共交通系统掌握了城市交

通出行的历史出行数据，从中判别中周期性、潮汐性以及偶发性的出行规律，指导进行预判性的公共交通出行调整，提前疏解大量集中的出行需求，整体提升城市的交通出行供给能力。

（三）自动驾驶车辆出行

麦肯锡、罗兰贝格等咨询公司对汽车未来发展的方向都有一致性的结论（见图12），其中两个最主要的方向就是：无人驾驶和汽车共享。未来的自动驾驶车辆出行正是具备了这两大特征。

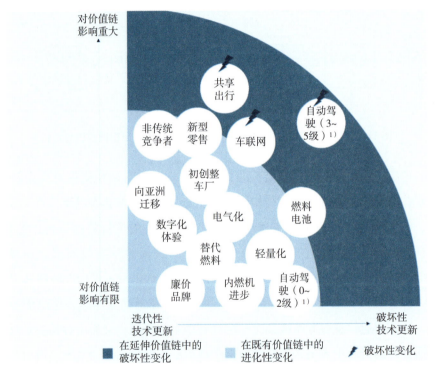

图12　麦肯锡、罗兰贝格等咨询公司对于汽车技术发展的预测

智能制造、无人驾驶、大数据和云平台技术成熟后，汽车社会进入智能汽车高度模块化生产和自动驾驶时代，通过道路交通综合信息服务平台、公共交通信息服务系统和交通综合管理系统等交通大数据接入云计算平台，综

合分析个人的出行目的和出行需求，智能交通云服务平台提供社会化运营的自动驾驶车辆出行服务，实现了汽车共享的最高阶段。

自动驾驶车辆出行服务具备的特征包括以下几个方面。

（1）全程无人驾驶：2030年左右，智能网联汽车已实现HA/FA级智能化（见图13），具备车与其他交通参与者的网联协同控制能力，实现高速公路、城郊公路和市区道路的自动驾驶，实现全路况条件下的自动驾驶。

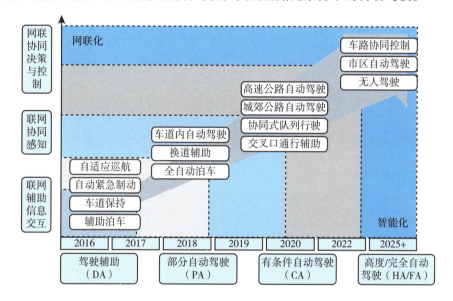

图13　中国智能网联汽车里程碑

资料来源：《智能网联汽车技术路线图》。

（2）随时上车：借助道路交通综合信息服务平台、公共交通信息服务系统和交通综合管理系统等城市交通出行相关系统，无人驾驶车辆根据智能交通云平台的出行服务需求模型，自动前往具有出行需求的目的地，或根据实际出行服务需求，自动寻找具有出行需求的个人进行动态实时匹配服务。

（3）随时还车：得益于无人驾驶技术，在还车后，无人驾驶车辆会自动寻求下一次出行服务，或寻找停车场进行维修保养，全过程自动进行无须人为干预，极大降低消费者的出行时间成本。

此时，自动驾驶车辆可实现全程的无人驾驶，由人找车变为车找人，随

时随地用车、开辟无人驾驶车道，车辆流动性和利用率最大化，共享体验趋于完美。目前，汽车制造商需要利用传感器、数据分析和周围的交通生态系统以及某些有创造力的分析模型来适应用户变化的用车需求，增强企业价值，由于有效数据比较难获得、目前法规约束较大，因而模型发展还具有挑战性。

自动驾驶车辆出行服务是汽车共享模式的终极理想目标。此类服务的出现将更为充分地实现汽车共享，汽车使用率将得到大大提升，使共享出行成为主要交通方式之一。

B.8

智能化引发汽车产业价值链、产业链、创新链动态调整

一　汽车价值链变化带来的影响

（一）消费者需求变化带来汽车传统价值链的变化

1985 年，迈克尔·波特率先提出了价值链这一概念。波特认为价值链是一种商品在创造过程中所经历的由原材料至最终产品的所有阶段，或者是某些群体共同工作，通过为客户提供某种服务来不断创造价值的一系列工艺。

1. 传统汽车的价值链

传统汽车的价值链如图 1 所示，呈 U 形，横坐标为汽车的生命周期，

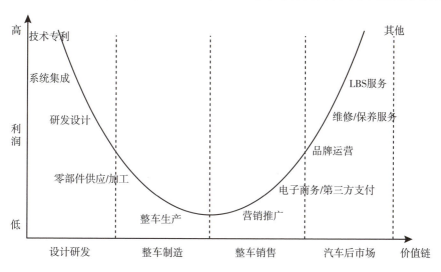

图 1　汽车传统的价值链

即设计研发－整车制造－整车销售－汽车后市场的演进过程，纵坐标为每一环节的利润，呈先下降再上升的趋势。在整个汽车生命周期中，涉及的参与者有科研机构（研究所和高校等）、零部件企业、整车企业、销售商（4S店）、修理厂等。汽车传统的价值链结构简单，利润的来源大部分是通过实体的买卖。

2. 汽车价值链变化的诱因

随着技术的进步、汽车产业的发展以及人们消费观念的改变，汽车传统的价值链发生了巨大的变化，其诱因主要有以下几点。

（1）年龄结构的改变使得现在汽车的消费者更能接受共享经济

以中国为例，历经 10 年高速发展之后，曾经的主流汽车消费者已经成为过去，新一批主流消费群体趋向年轻化。以"85 后"这一 30 岁门槛作为限定，其占比已近 4 成，并且仍有扩大趋势。年轻一代的消费群体不仅消费能力更强，对于汽车产品的定义也开始逐步脱离"资产"概念，取而代之的是向其"消费品"本质的认知回归，由此衍生更多个性化需求[1]。与"60后"、"70 后"更看重身份代表和更工具化的汽车消费观念不同，"80 后"并没有为汽车消费贴上太多"标签"。

共享经济[2]是借助互联网平台将商品、服务、数据或技能等在不同主体间进行共享的经济模式。"人需要的是产品的使用价值而非产品本身"是共享经济的核心理念。在共享经济模式中，人人皆是生产者同时也都是消费者。当前主流汽车消费者倾向长时间、低频次的消费。经销商、后市场等层面也因此转向提供全方位的"汽车生活"，而非像之前仅局限在销售、售后、服务等单一层面。麦肯锡咨询公司预计[3]：到 2030 年，大概有 1/10 的

---

① 郭博：《2015 年中国汽车消费者构成变化趋势》，易车网，http://news.bitauto.com/indexreport/20151118/1106567153－1.html。

② 杨天波、吴晓隽：《共享经济："互联网＋"下的颠覆性经济模式》，《科学发展》2015 年第 12 期。

③ Mckinsey&Company. Automotive Revolution-perspective Towards 2030：How the Convergence of Disruptive Technology-driven Trends could Transform the Auto Industry，Advanced Industries，2016.1.

销售的汽车会变成共享汽车。

（2）互联网技术的蓬勃发展为共享经济提供了技术基础

通过传统企业与互联网相结合，探索全新的服务和管理模式，以期为用户提供更好的消费、服务体验。产生不局限于流量的更高价值的产业形态，互联网技术对汽车行业的渗透最主要的体现就是车联网技术。

车联网（Internet of Vehicles）是由车辆位置、速度和路线等信息构成的巨大交互网络。通过 GPS、RFID、传感器、摄像头图像处理等装置，车辆可以完成自身环境和状态信息的采集；通过互联网技术，所有的车辆可以将自身的各种信息传输汇聚到中央处理器；通过计算机技术，大量车辆的信息可以被分析和处理，从而计算出不同车辆的最佳行驶路线、及时汇报路况和安排信号灯周期[1]。Apple、Google 等 IT 巨头已经重视车联网领域，开始与奥迪、宝马等汽车工业巨头展开合作，将重新定义车载设备，将移动互联网的语音技术、云技术带入车联网，使车联网的交互更加健康，功能更加丰富完善。

（3）资源束缚带来汽车传统价值链的变化

在不同的地区，道路资源的情况以及消费者财力的不同，对汽车价值链的影响也不同，具体体现在[2]以下方面。

在城市内的人口密集区，私有汽车预计将被逐渐放弃，取而代之的将是"按需出行"服务，从而实现拥堵缓解、减少在停车空间和时间上的资源浪费。出于同样的考量，已经有少数大城市采取立法等手段限制私人拥有汽车的数量。在城市内的人口稀疏地区，私有汽车持有量预计将减少，人们将通过"按需出行"服务满足出行需求。在城郊地区，个人汽车保有量预计不会有明显下降，"按需出行"服务将仅限于对消费者来说更为方便的特殊应用场景。在乡村地区，由于较低的人口密度大大削弱了车辆共享的效率优势，预计绝大多数消费者仍将通过私家车满足出行需求。

---

[1] Http：//baike. baidu. com/link？url = KavlLDWLoLrdjb – 1＿ tx5ZiHw4xS2X＿ J6qFawyxtOCDaJ4 KUMKdA4r4jTP4zk6dHhnosL3JO89e54oYtmH8hD1q#3.

[2] 报告丨罗兰贝格：《汽车 4.0 时代，车企谁先掉队？》，中汽汽车电子电器信息。

（二）消费者导向带来的汽车价值链变化的五种形态

消费者消费观念的变化、互联网的发展以及资源的束缚使汽车价值链出现了五种新形态，如图 2 所示。

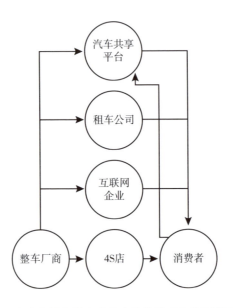

图 2 消费者导向带来的汽车价值链变化的五种形态

（1）和汽车传统价值链一样，经历了整车厂商 – 4S 店 – 消费者等环节，整车厂生产出的车通过 4S 店卖给消费者。

（2）经历了整车厂商 – 互联网公司 – 消费者等环节，此时整车厂商成为互联网企业的 OEM，就像富士康之于苹果公司一样。消费者从互联网企业购买汽车或用车服务，这里的互联网企业是指苹果、乐视、百度等以互联网起家，并涉足汽车行业的企业。

（3）经历了整车厂商 – 租车公司 – 消费者等环节，租车公司（如神州租车）从整车厂商购买汽车，消费者从租车公司购买租车服务。

（4）经历了整车厂商 – 汽车共享平台 – 消费者等环节，汽车共享平台（Uber、滴滴打车等）从整车厂商购买汽车，用户通过这些平台来购买共享出行服务。

（5）经历了整车厂商－4S店－汽车共享平台－消费者等环节，消费者从传统的渠道（4S店）买车后，利用汽车共享平台为其他消费者提供用车服务，并赚取外快。

（三）汽车价值链的变化导致新的主体出现

汽车价值链的变化使得汽车行业中衍生三个新的主体：互联网造车企业、汽车共享平台以及特斯拉一类的新车企。

（1）互联网造车企业

谷歌公司的GoogleX实验室研发出的Google Self-Driving Car是一款全自动驾驶汽车，不需要驾驶者就能启动、行驶以及停止。目前谷歌有34辆纯电动无人驾驶原型车进行道路测试，并且希望通过这个过程去探索如何大批量生产汽车。

蔚来汽车是一家从事高性能智能电动汽车研发的公司，由互联网企业腾讯、易车创始人李斌、汽车之家创始人李想、京东创始人刘强东以及知名投资机构共同发起设立。目前已经在硅谷、慕尼黑、上海、北京、香港和伦敦设立了研发、设计及商务机构。蔚来汽车致力于成为一家以服务为使命的公司，以电动智能汽车产品为基础，重新定义服务用户的所有过程。

乐视公司于2014年12月首次宣布"SEE计划"，将造车计划公布于众。从和北汽、阿斯顿·马丁的合作，到战略投资充电桩公司、控股易到用车，再到与美国初创电动车公司Faraday & Future达成战略合作，并于2016年4月20日发布了乐视汽车LESEE概念车。乐视"SEE计划"已经在美国硅谷组建起了一支技术团队。2015年3月23日，北汽集团与乐视达成协议，双方将共同打造互联网智能汽车生态系统。同时，乐视与东风柳汽进行合作，旨在充分发挥东风柳汽在研发、制造等方面的经验和技术优势，并结合乐视控股在互联网技术与理念、软硬件一体化以及用户运营等方面的特长进行有机整合，共同打造一款具备东风柳汽特色且具有"互联网智能汽车生态系统"基因的"云卡车"。

百度公司也在进行无人驾驶汽车的研发，2015年3月10日，百度CEO

李彦宏表示，百度已经投身智能汽车研发，并且有望在 2016 年推出相关产品。百度与宝马汽车合作，在北京北五环社会道路上进行了自动驾驶演示。国内研制智能汽车的互联网公司不仅仅是百度一家。2016 年 5 月 16 日，百度与安徽芜湖人民政府正式签订合作协议，双方将在芜湖共同建设"全无人驾驶汽车运营区域"，第一阶段运营区域使用的车辆将由奇瑞提供，数量有 20 ~ 30 台。

　　除此之外，苹果公司也一直表示要涉足汽车领域，2015 年《华尔街日报》报道，苹果已经秘密组建了一支研发团队，该团队的任务就是自主研发"苹果电动汽车"①；2014 年 7 月，阿里巴巴与上汽集团就双方共同开展互联网汽车及相关应用的研究与开发签署协议，携手布局互联网汽车生态；同年 11 月，华为与东风汽车集团共同研制的东风风神 AX - 7 互联网汽车正式上市，除了与东风合作之外，华为还联手长安汽车，根据双方签订的战略合作协议，两家公司将在智能汽车和车联网领域成为战略合作伙伴，一同在芯片、移动终端、车机、多屏互动、车载通信设备、系统应用、车联网平台，以及商业模式等诸多领域开展合作。

　　（2）汽车共享平台

　　罗兰贝格在 2014 年 6 月进行的一项统计显示，欧洲已经有超过 200 个活跃的汽车共享品牌，虽然汽车共享在亚洲、非洲、拉丁美洲的普及程度很低，但仍可以看到汽车共享公司正在逐渐覆盖世界。比如 2013 年南美车辆共享数量达 15800 辆，会员人数为 90.9 万，已经有 46 个活跃品牌和 10 个 P2P 项目。

　　表 1 为全球典型的汽车共享企业。其中有代表性的是 Uber 和滴滴打车。Uber 是一个 TOC 的平台，发起于 2009 年 3 月，其主要与各个国家和地区的汽车租赁公司进行合作，这种合作占到其业务的 90% 以上。当用户需要租车时，只需在手机上打开该应用，Uber 就能通过 GPS 确定用户的位置，然后指派离用户最近的司机去接人，到达目的地之后，用户无须进行现金支付，他们通过信用卡支付包括小费在内的全部租车费用。截止到 2014 年 8 月 29 日，

-----

① 搜狐科技：《苹果公司进军汽车产业》，http://it.sohu.com/20150215/n409022938.shtml。

表1　全球典型汽车共享企业

企业	总部所在地	创办时间	主营业务
Uber	美国旧金山	2009 年	移动设备打车应用程序开发
滴滴打车	中国北京	2012 年	打车软件,配驾专车
快的打车	中国杭州	2012 年	打车软件,配驾专车
易到用车	中国北京	2010 年	配驾专车
RelayRides	美国旧金山	2008 年	P2P 汽车共享服务
Lyft	美国旧金山	2012 年	拼车服务
Shuddle	美国旧金山	2014 年	面向儿童和老人提供出行服务

资料来源:杨天波、吴晓隽,《共享经济:"互联网+"下的颠覆性经济模式》,《科学发展》2015 年第 12 期。

Uber 全球运营城市超过 200 个,其业务已经遍布六大洲 45 个国家 205 个城市。2014 年 7 月 14 日 Uber 正式进入北京,8 月 4 日专为北京推出非营利性的拼车服务——人民优步,利用 Uber 现有的软件应用,为汽车提供方和需求方提供信息对接的拼车服务。

滴滴打车[1]是由北京小桔科技有限公司于 2012 年 9 月 9 日正式发布的,国内首款采用移动互联网技术和新型网络智能叫车系统的应用类软件。作为目前全国最大的打车软件平台,滴滴打车借助互联网营销策略一举占领了打车市场,不仅如此,它还深刻地改变了用户的打车习惯,同时也为司机提供了一种崭新的获利渠道。CNNIC 发布的《2013 ~ 2014 中国移动互联网调查研究报告》指出[2],在我国打车软件市场中,使用滴滴的用户超过 1 亿人,所占比例高达 74.1%。这一成绩是排名第二的 1.48 倍。滴滴官网最新数据显示,其在全国范围内共计拥有超过百万名出租车司机,服务范围覆盖全国 300 余座城市。

---

[1] 李冬新:《滴滴打车的营销策略与发展对策研究》,《青岛科技大学学报（社会科学版）》2015 年第 3 期。

[2] 吴刚等:《打车软件移动营销策略分析——以滴滴打车和快的打车为例》,《现代经济信息》2015 年第 19 期。

（3）特斯拉一类的新车企

成立于 2003 年的特斯拉，其首款车型 Tesla Roadster 以英国莲花跑车 Elise 为基础设计，是全球首款纯电动量产敞篷跑车，也是第一款使用锂电池每次充电可行驶 320km 以上的电动汽车。其后于 2012 年 6 月上市的 Tesla Model S 则是一款兼顾性能与舒适感的四门四座纯电动豪华轿车[①]。截止到 2015 年 9 月，特斯拉这家年轻的企业已经在全球 31 个国家售出了超过 1.5 万辆汽车。特斯拉于 2014 年正式进军中国市场[②]。特斯拉作为新生品牌进入汽车市场，直接从高端切入，获取很高的品牌溢价，在树立良好的口碑之后，特斯拉还将业务拓展到储能设备、电池生产等领域。

（四）传统整车企业对汽车价值链控制力降低

随着新进入者的异军突起以及汽车产业价值链的变化，传统车企对汽车的品牌、定价以及销售渠道的控制力逐渐下降。

1. 传统车企对品牌的控制力下降

品牌在本质上代表着出售者交付给购买者的产品特征、利益和服务的一贯性的承诺。如今不同品牌的汽车已经演变成人们进行相互识别和自我识别的重要符号，这也是消费者愿意为之付出一定代价的主要原因之一[③]。在传统的汽车产业价值链中，整车汽车对于品牌有绝对的控制权，但新的价值链形成后，由于大部分消费者会更重视共享平台以及服务，对于汽车品牌的关注度会下降，消费者在使用汽车时不再会关注这是什么牌子的车，而会关注自己通过哪种平台能够更方便、更经济地用车，因此消费者会更加关注汽车共享平台的品牌，传统的汽车品牌将被淡化。

2. 传统车企对定价的控制力下降

汽车价值决定汽车价格，在传统的汽车产业价值链中，整车企业在汽车

---

① 张轩平：《电动汽车创新的引领者——特斯拉》，《科技情报开发与经济》2014 年第 7 期。

② 张长令、张建杰、卢强：《美国特斯拉快速成长的原因分析——基于消费者需求的视角》，《汽车工业研究》2014 年第 4 期。

③ 杨靖远：《汽车 4S 店的品牌战略问题研究》，硕士学位论文，四川师范大学，2009。

的定价方面起着主导作用。从市场营销的角度来看，汽车的价格除了受价值量的影响之外，还受到汽车成本、消费者需求、汽车特征、竞争者行为、汽车市场结构、货币价值、政府干预、社会经济状况等因素的影响。汽车价值在价格形态上的体现由下列四个要素构成：生产成本、流通费用、国家税金和企业利润①。当中，企业利润作为汽车生产者和销售者为社会创造和占有价值的表现形态，是企业扩大再生产的重要资金来源。

在汽车产业新的价值链下，新进入者的出现降低了传统整车企业对汽车定价的控制力。对于新进入者来说，汽车本身只是一种载体，新进入者的利润来源是他们基于汽车这个平台而获得的服务、租赁等收益。随着新进入汽车企业占据市场份额的增大，它们对汽车定价的控制力也将逐渐增大。

3. 传统车企对销售渠道的控制力下降

传统汽车的销售渠道主要是通过 4S 店完成。4S 店是一类集整车销售（Sale）、零配件（Spare-part）、售后服务（Service）、信息反馈（Survey）四位一体的汽车销售企业。汽车 4S 店由经销商投资建设，按照汽车生产厂家规定的标准建造，只能销售由生产厂家特别授权的单一品牌的汽车②。但自 2014 年 10 月 1 日起，工商总局停止实施汽车总经销商和汽车品牌授权经销商备案工作，这一政策使新车销售和垄断行为得到遏制，市场环境进一步宽松，使经销商之间的竞争更充分，消费者获得更多对比选择的机会③。

互联网的蓬勃发展也带动了电子商务的飞速发展，电子商务也逐渐渗透到传统制造行业。汽车电子商务主要涉及三大板块：一是汽车（新车及二手车）、零部件、汽车用品的销售；二是汽车相关产业的销售，如汽车保险、汽车金融等；三是提供汽车使用中的服务，如汽车美容，维修等④。麦

---

① 汽车定价策略，http：//wenku. baidu. com/view/5f575d06eff9aef8941e0665。
② Http：//baike. baidu. com/link？ url ＝ － T6yd5hoFpiv9y3nY5j8YCkqafE9Sj＿ yURuYMstPWAk C1P7IV5X9HxDLuu1KnqK4El3laSF2XQTahC68KxRIgq.
③ 陈静：《中国汽车电子商务发展探索》，《北京财贸职业学院学报》2016 年第 1 期。
④ 李姣姣：《汽车电子商务发展及其对策研究——以湖北省十堰市为例》，《才智》2016 年第 3 期，第 260 页。

肯锡咨询公司预测[1]：未来汽车电子商务的走向主要包含：（1）传统销售与电子商务并重，线上线下有机结合；（2）网络交易更加规范，功能更加完善；（3）制定行业标准，打造专业领军品牌[2]。共享移动性、连接服务、功能升级、新商务模式可以扩大汽车行业30%的收入，使行业总收入增加到1.5万亿美元。虽然转向共享移动，汽车销量还会持续增长，但这种增长有可能是低速的，年增长率仅为2%。

在电子商务大发展的浪潮下，消费者买车将不再依靠4S店一种渠道，因而传统车企对汽车销售渠道的控制力将逐渐下降。

（五）传统整车企业随着汽车价值链的变化进行战略调整

一部分传统整车企业随着汽车价值链的变化开始发展共享经济，主要包括：

（1）戴姆勒Car2Go。戴姆勒集团于2008年推出Car2Go汽车共享项目。该项目打破了传统租车企业按天计费和在门店租车还车的运营模式，用户通过手机即可预约附近车辆，此外还可以通过手机或者会员卡取出放置在车内的钥匙。起租时间从车辆启动开始计时，以分钟计费。租赁结束后需要将车停在划定区域内。此时如果附近有其他人租用，即可继续使用该车辆。若暂时无人租用，会有专人将车辆开回指定停车位。[3] 截至2015年3月，Car2Go的会员超过百万名，服务覆盖欧洲和北美的30个核心城市，已成为全球最大的汽车共享服务项目，并于2015年1月18日落户中国重庆，正式进驻中国市场[4]。

（2）宝马DriveNow服务。2011年宝马在欧洲推出了DriveNow服务，该

① Mckinsey&Company. Automotive Revolution-perspective Towards 2030：How the Convergence of Disruptive Technology-driven Trends Could Transform the Auto Industry，Advanced Industries，2016. 1.

② 徐海鑫：《浅析我国汽车行业电子商务的发展》，《管理视窗_商贸纵横》2016年第8期。

③ 赵娜：《Car2Go纹路：戴姆勒入华新攻略?》，《21世纪经济报道》2013年6月17日。

④ 于志宏：《戴姆勒奔驰"car2go"Vs华晨宝马"之诺行动"颠覆性创新的责任竞争力视角》，《WTO经济导刊》2015年第5期。

服务已经覆盖许多欧洲城市和北美城市。截至 2014 年 11 月，该服务已经在全球六个城市拥有 3780 辆车，超过 33 万用户①。2016 年 4 月 9 日，宝马在西雅图推出了打车服务 ReachNow，ReachNow 使客户通过智能手机开启和使用汽车，初期提供 370 辆宝马和 Mini 供用户使用，使用方式包括乘车、短期租赁和长期租赁等，此外，用户还可以在一段时间内把自己的私家车租赁给 ReachNow②。

（3）奥迪"Audi at home"项目。2015 年，奥迪汽车美国公司推行"Audi at home"项目，"Audi at home"能够为用户专门提供一支高端奥迪车队，这个车队随时都在用户的住宅区待命。用户可以随时预订汽车出行，而且能够从"Audi at home"车队中选择最希望使用的那款车型，这样用户就会感受到除自己私家车之外其他车型的驾乘体验。收费标准有按小时和按天计算两种方式，具体服务费用包括车辆清洗、燃油、保险、通行路费、不限里程附加费等③。

（4）华晨宝马"之诺行动"。2013 年底的广州车展上，华晨宝马首发了一款高端电动汽车品牌——之诺 IE，并在 2014 年第一季度将之诺 IE 推向市场，其运营方式为只租不售。华晨宝马于 2014 年 3 月 25 日在北京一次性向一嗨租车交付 160 辆之诺 IE 投入一嗨租车在北京地区向企业和个人提供的电动汽车租赁业务。之诺无忧租赁服务既提供以天为计算单位的短期租赁，同时也提供为期一年、两年、三年的长期租赁。

另外还有通用的 RelayRides、丰田的 HarmoRIDE、标致的 Mu bu Peuquet、福特的 FORDCsharing、雪铁龙的 Multicity Carsharing 以及大众的 Quicar 等，都是汽车制造商涉足汽车共享领域的尝试④。

根据罗兰贝格的研究报告《汽车 4.0 时代》，伴随着汽车共享和按需出行服务的逐渐普及，以及自动驾驶相关技术的进步，未来消费者在车辆

① Wikipedia. DriveNow. https：//en. wikipedia. org/wiki/DriveNow.
② 《和 Uber 抢市场宝马在西雅图推打车服务 ReachNow》，凤凰科技，2016 年 4 月 11 日。
③ 《奥迪在美推高级汽车共享服务"Audi at home"》，中国进口汽车网，2015 年 11 月 12 日。
④ 马蕾：《汽车共享全解》，《经营者》2014 年第 9 期。

保险和维护方面的支出将会减少。同时，一些拥有两台或三台私人用车的家庭将会整合需求，通过拥有一辆汽车搭配按需出行服务的模式满足出行需求。在这种情形下，消费者将会有更充裕的资金用以购买更少量的私人用车，因此，他们会更倾向于选择高端品牌，从而形成需求"高端化"趋势①。

　　该报告还指出，尽管整车企业都受到汽车价值链变化带来的影响，然而不同类型的企业所受影响程度不尽相同②：高端车企（如戴姆勒、宝马等专注于高端市场的车企）凭借其高端产品从需求"高端化"中受益，另外，得益于强势品牌，由这些企业提供的按需出行服务对消费者将更有吸引力；与此同时，其他车企的高端品牌将会向目前的高端车企发起强有力的挑战，而且高端车企在规模方面的不足也会在一定程度上限制其自有按需出行服务的发展。中高端车企（如大众/奥迪、丰田/雷克萨斯等规模庞大、覆盖包括高端车型在内几乎全部细分市场的车企）则需加大对高端市场的投入，并且针对受按需出行服务冲击较小的细分市场（如 SUV）开发中端车型。鉴于其规模优势，此类企业在按需出行服务领域将会占据相当大的市场份额，尽管如此，它们仍将在这一领域与实力雄厚的科技企业和高端车企一并竞争。中端车企（如福特、FCA 等主要关注中端市场、拥有多个中端品牌的车企）的市场将会受到需求"高端化"和按需出行服务的双重挤压，因而将会面临巨大挑战。此类车企在综合开发高端市场的同时，还特别需要考虑如何更好地参与到按需出行服务当中：与科技企业联手，或者是独立生产具备按需出行服务特点的车辆，都是潜在的发展方向。低成本车企（致力于将成本降到最低，主要服务对象是对价格较为敏感的消费群体的车企）可选择与科技公司或者高端车企合作，为其提供低成本同时又具备按需出行服务特点的车辆。

---

① 报告｜罗兰贝格：《汽车 4.0 时代》，https：//www. rolandberger. com/publications/publication_ pdf/roland_ berger_ tab_ automotive_ 4_ 0_ 20150224. pdf。
② 报告｜罗兰贝格：《汽车 4.0 时代》，https：//www. rolandberger. com/publications/publication_ pdf/roland_ berger_ tab_ automotive_ 4_ 0_ 20150224. pdf。

二　汽车产业链变化带来的影响

产业链由马歇尔的企业间分工协作理论演化而来，产业链体现的是产业纵向和横向的关联关系。纵向来看，产业链是一种通过社会分工将初始自然资源进行加工和处理，变为最终产品到达消费者这一过程所包含的整个生产链条；横向来看，产业链囊括了市场中服务于同一环节的所有企业竞争或合作关系。汽车产业价值链变化的同时也会带来产业链的变化，下文一一进行介绍。

（一）新进入者带来传统汽车产业链的变化

传统的汽车产业产销模式是由配套商、整车企业、经销商三个环节共同构成，传统的车企文化中，企业缺乏为用户提供极致体验的追求，其更倾向于做出一款中规中矩的产品后再去拼价格和渠道，在这种文化的影响下，整车厂通常三年只出一两个车型，车型之间基本上只有配置的差别。

互联网市场环境下诞生的汽车融合了网络时代的属性，必须实现快速的迭代。IT公司的进入，将打破已经相对固化的传统汽车产业组织模式。IT公司属于轻资产管理模式，代工是其普遍采取的生产途径之一。汽车除了是交通工具之外，还被赋予更多互联网功能。由这一理念发展出的商业模式必然会与传统汽车企业的商业模式存在巨大差异。新进入者大多拥有互联网背景，因而相比于传统车企更具创新性和灵活性，比如特斯拉在设计之初就注意到模块化的开发，预留软硬件升级、拓展接口，在纯电底盘、电池模组、大屏芯片选型等各方面的设计细节，都是为了达到可以快速进行产品迭代的目的。

（二）新进入者自身能力和制造方式不同带来产业链变化

在造车方式上，新进入者主要分为两类：新实体制造商和虚拟制造商。实体制造商主要指自己造车的企业，比如特斯拉公司；虚拟制造商主要是指

只输出概念，由 OEM 造车，如蔚来汽车。

在产品形式上，新进入者也可以分为两类：制造全新的产品和改装现有的产品。比如特斯拉就是完全制造全新的产品，而谷歌无人驾驶车则是对现有的量产车进行改装。

由于品牌被淡化，汽车产业会出现一些像富士康一样的代工厂，为汽车租赁公司和互联网汽车公司代工。且工厂的制造时间变快，由只生产一种车型的平台变为可以生产多种车型的平台。整车制造成本大大降低。

（三）智能制造使整车制造柔性化

智能制造技术是在现代传感技术、网络技术、自动化技术以及人工智能的基础上，通过感知、人机交互、决策、执行和反馈，实现产品设计过程、制造过程和企业管理及服务的智能化，是信息技术与制造技术的深度融合与集成[1]。智能制造牵涉四个环节的智能化[2]，即研发过程智能化、产品的智能化、制造过程的智能化和服务环节的智能化。智能制造以智能工厂为载体，以关键制造环节智能化为核心，以端到端数据流为基础，以网络互联为支撑，可有效缩短汽车产品研发周期，降低运营成本，提高生产效率，提升产品质量，降低资源能耗[3]。

传统汽车制造商通过智能制造延续其优势地位，例如大众汽车集团佛山工厂已经采用 MQB 横置发动机模块化平台战略。MQB 是将发动机、变速箱和前轴悬挂放在同一模块内，再和车身等模块总装，造车效率大大提高，可实现在同一条生产线上进行汽油动力汽车、插电式混合动力汽车和所有电动汽车的生产[4]。目前，北汽、上汽、一汽、东风、广汽、长城等汽车制造企业越来越多地选择使用汽车制造业智能化机器人满足高效的汽车流水装配作业。

---

① 张曙：《工业 4.0 和智能制造》，《机械设计与制造工程》2014 年第 8 期。

② 程惊雷：《加快汽车领域智能制造进程》，《上海经济》2015 年第 9 期。

③ Http：//www.cheyun.com/content/1402.

④ Http：//www.pcauto.com.cn/news/739/7391092.html.

新进入者利用智能制造技术降低产业进入门槛。智能制造业的发展使得汽车流水线更具灵活性，因而对于新进入者来说，利用智能化的流水线来实现自己的造车理念将变得更加容易。

（四）零部件的模块化、通用化、标准化降低了新进入者的进入门槛

以往的产品生产，需要付出大量的成本和消耗大把的时间。模块化希望实现的是将标准化的零部件进行组装，以此来设计产品。这样做的好处是能够快速响应市场上消费者多样化、差异化的需求。它打破了传统意义上的生产流程，简单来说就是"数线并产"，最终将所有模块拼装整合，大大提升了工作效率。模块化的核心是最大限度地提高零部件标准化和通用化，从而最大可能地实现零部件共享，以实现更大规模、更高效率的生产，摊薄不断增多的车型数量和不断缩短的产品生命周期而导致的高昂开发成本。除此之外，在模块化生产模式下，零部件厂商的地位将会发生重大变化。

在模块化生产方式下，零部件成为汽车技术创新的重心。零部件设计者将会参与到汽车厂商的产品设计过程中，使得零部件厂商在与整车厂利益博弈中更加主动，未来可能会出现由零部件厂带动整车厂技术进步的现象。以ADAS（先进驾驶辅助系统）为例，它集成了若干个安全子系统，如导航与实时交通系统TMC、电子警察系统（ISA）、自适应巡航系统（ACC）、车道偏移报警系统（LDWS）、车道保持系统（Lanechange Assistance）、夜视系统（Night Vision）、自适应灯光控制系统（Adaptive light control）、驾驶员疲劳探测系统（Driver drowsiness detection）等。

零部件模块化的同时也带来了零部件的通用化和标准化，使得不同车型、不同配置的汽车可以使用同一种零件模块。模块化使得创新性技术主要由零部件厂商掌握，因而整车厂商技术平台的地位将进一步降低，汽车产业的新进入者的门槛也大大降低。

（五）传统整车企业随着汽车产业链的变化进行战略调整

由于制造业以及零部件产业的变化，传统的整车企业会进行一系列战略调整以适应新的汽车产业链，主要包括整零关系的调整和生产方式的调整。

1. 整车企业进行生产平台的调整

整车企业将对自身的生产线进行更新换代改进，比如大众采用 MQB 平台取代了之前的 PQ25、PQ35、PQ46 平台。该平台不仅在大众、奥迪、斯柯达和西雅特等品牌中得到广泛应用，同时还支持生产 A00、A0、A、B 等四个级别的车型。丰田在 2012 年启动的 TNGA 模块化平台目前还没有正式投入使用，下一代的雅力士、普锐斯、卡罗拉、凯美瑞、RAV4 乃至普瑞维亚等车型都被囊括在该平台内。雷诺—日产 CFM 模块化平台分为驾驶舱模块、发动机模块、前部底盘、后部底盘以及电控系统五个部分，通过不同的方式组合生产出两厢、三厢轿车、SUV 以及 MPV 车型，譬如日产旗下的新奇骏、新逍客、新楼兰以及雷诺雷嘉、卡缤等车型①。

2. 整车企业进行生产方式的调整

整车企业将进行生产方式的调整，由制造升级为智能制造。以往整车企业进行生产方式升级时，主要是对流水线进行优化改进，提高效率。在新的产业链条下，整车企业在进行生产方式升级时将更注重生产的智能化与定制化，即整车企业将充分利用智能制造技术来快速地进行产品的更新换代，利用大数据云平台来对客户的驾车习惯、消费习惯和购车需求进行分析，为每一位客户制造出符合客户需求的定制化汽车。

3. 整车企业将进行整零关系的调整

以往零部件供应商属于整车企业上游产业，一个整车厂往往有很多个零部件供应商，在合作关系中，整车厂往往占据上风，更具议价优势。而零部件模块化之后，整车厂的供应商将变为几个大的模块供应商，整车厂

---

① 今日头条：《汽车"模块化平台"到底是什么意思？》，http：//toutiao.com/i6247445274084
508161/。

将省去对零部件供应商的挑选以及议价等大部分工作。同时，零部件的标准化将使零部件市场被几个大的模块厂商所垄断，导致整车厂对价格的控制力减弱。

在新的汽车产业链中，传统整车企业会与新进入者展开正面竞争，技术、品牌、创新能力强的传统整车企业将得以生存，但弱的传统整车企业就可能变为新进入者的 OEM。

三　汽车创新链变化带来的影响

产业的创新链，指的是以产业链条上各个企业为创新主体，由此所组成的企业间以及企业与高校和科研机构、中介机构、用户和供应商、金融机构、政府之间的联系网络①。汽车产业传统的创新链由四个部分构成②，如图 3 所示。

在图 3 中，产业创新链的主体部分包括作为主要参与者的企业，以及作为次要参与者的高校和科研机构、中介机构、用户和供应商、金融机构、政府；产业创新链的资源要素包括高校和科研机构所提供的知识、技术资源，中介机构提供的技术市场、创业中心和咨询等服务，以及政府为促进产业创新发展所提供的必要科技基础建设；通过创新链作用实现的技术、组织、管理创新则是产业创新链的对象；最后一部分产业创新链的运行机制涵盖政府为了促进产业创新体系形成和完善而提供的政策引导和法制调控，还有行业协会提供的规则和标准，以及产业创新体系在形成和发展过程中自身生成的用以约束相关参与主体行为的机制。

汽车产业的价值链与产业链的变化也会带来汽车产业创新链的变化，下面介绍创新链的变化带来的影响。

---

① 杨雯：《中外新能源汽车产业创新模式与创新能力比较》，硕士学位论文，北京理工大学管理与经济学院，2015。

② Chesbrouth，H. W.（200（3）. Open Innovation：The new imperative for creating and profiting from technology. Bostion：Havard Business School Press，2012，23 - 26.

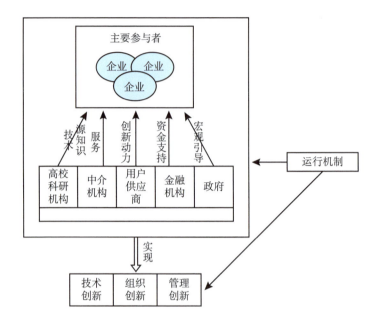

图3 汽车产业传统创新链构成

资料来源：Chesbrouth，H. W. 200（3）．"Open Innovation：The New
Imperative for Creating and Profiting from Technology，" Bostion：Havard
Business School Press，2012，23－26.

（一）信息网络技术与传统汽车技术的深度融合带来汽车技术体系的变化

传统汽车技术体系已经发展得比较完善，近年来汽车技术的创新大多来源于汽车传统技术以外的技术，结合大数据、物联网与云计算等技术来实现汽车的智能化和网联化以及提高安全性。大数据与移动互联、物联网、云计算、社会计算等技术领域交叉融合，由此产生诸多综合类应用。大数据的核心在于挖掘数据中蕴藏的情报价值，而不是简单的数据计算。此外，安全技术已在未来汽车上的应用也引起了广泛关注，被动安全技术日臻精细，随之而来的是主动安全技术的大幅提升，二者交叉融合的趋势变得更加明显。与此同时，智能驾驶技术的进步速度将大大提升，尽管完全无人驾驶的实现尚需时日，但是可以预见的是，在划定区域部分工况下，自动驾驶作为一项核心安全技术将得到充分应用。除此之外，安全技术也将与数据信息交换系统、信息网络即时系统、语音识别系统等技术紧密结合。

汽车智能和网联化的技术路线如图 4 所示。

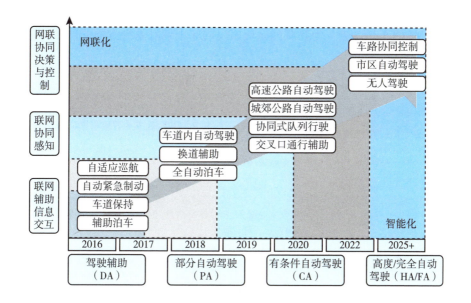

图 4　智能网联汽车技术路线

资料来源：《智能网联汽车技术路线图》。

汽车新技术中，比较有代表性的技术有：ADAS，即先进驾驶辅助系统，是利用车载传感器第一时间进行车内、外环境数据搜集，对动、静态物体进行识别，通过探测和追踪等技术处理，使驾驶员在最短时间内意识到可能发生的危险，并引起注意从而提高安全性的主动安全技术；无人驾驶技术，即"环境探测 - 自主决策 - 控制响应"技术，其发展主要依赖三方面技术的成熟：智能感知技术是前提，智能决策和控制技术是核心，高精度地图及智能交通设施等是重要支撑，智能识别及决策就像智能汽车的

中枢神经①。进入者都是以这样的技术作为自己的核心能力，来改变传统汽车产业的格局。

（二）信息化、网络化、数字化、平台化成为汽车产业创新的主要方向

目前国际国内的整车企业和互联网公司都在致力于开发新的车载信息化数字化系统，表2和表3分别为外资品牌和自主品牌的车企在车载信息系统方面研发的产品，表4为互联网企业研发的车载信息系统方面的产品。

表2　外资品牌车载信息系统

企业	信息系统	功　　能
上海通用	上海通用安吉星	碰撞系统求助系统，紧急救援系统，安全保障系统，导航系统，车况检测系统，全音控免提电话
丰田	丰田 G-Book	紧急救援，防盗追踪，道路救援，保养通知服务，咨询服务，G 路径检索服务，预订服务，网络地图接收功能，高速公路安全驾驶提醒服务，图形交通信息服务
宝马	宝马 Connected Drive	互联驾驶服务，实时路况信息，旅程咨询服务，紧急救援协助，BMW 远程售后服务
现代	现代 Smart Connectivity	群组与个人信息管理，信息交流，短信发送，信息备份与加密，虚拟 IP，无缝切换，实时传输
福特	福特 SYNC	可以通过 SYNC 与大多数蓝牙手机相连，免提通话等；兼容大多数流行的媒体播放器和文件格式音乐搜索；全程语音导航；紧急帮助，车辆检查报告
奔驰	奔驰 COMAND	蓝牙、3G 上网、一键导航、电话功能、语音控制、防盗追踪、远程遥控车门等
特斯拉	特斯拉车载信息系统	娱乐系统，空调，座椅加热，天窗行李厢的开闭，充电设定，总电源开关以及驾驶模式等；联通 3G/4G 互联
奥迪	奥迪 MMI 多媒体交互系统	将谷歌"Android Auto"和苹果的"Carplay"汽车软件的主要功能集成

资料来源：方正证券，"智能汽车系列报告一：不容错过的大趋势"。

---

① 人工智能视角下的无人驾驶汽车：《移动的智能网联机器人——人工智能系列研究之无人驾驶深度研究》。

表3 自主品牌车载信息系统

企业	信息系统	功　能
华泰	华泰 TIVI Platform 车载信息娱乐系统	在线试听,资讯查询,网络社交,车载办公,智能导航,预约保养,实时车辆故障检测,手机共享上网,Screen Link 双屏互动等
纳智捷	纳智捷 Think + 车载信息娱乐系统	导航、影音娱乐、日常生活信息及相关预订,防盗,夜市
长安	长安 In Call	动态导航、兴趣点导航、客服中心呼叫、短信代发、天气预报、远程救援、资讯娱乐、车辆追踪和维修保养预订服务
吉利	吉利 G-netlink 交互系统	语音识别,行车导航,车载通信,影音娱乐,手机映射,生活资讯与服务,SOS 紧急救援,气囊摊开报警,Wi－Fi 上网
一汽	一汽 D-Pratner	导航分享,实时路况,五方会议,语音识别,网页浏览,SNS 社区,安全诊断,防盗监控,在线点歌,资源管理
比亚迪	比亚迪 i 系统	导航,远程救援,被盗定位,资讯娱乐服务,队内通话,一键客服,云服务
上汽集团	上汽集团 INKANET	一键服务,语音查询与搜索,车载试听,智能通信,位置服务,Wi－Fi 热点共享
北京现代	北京现代 BlueLink	紧急救援服务,导航与周边信息查询服务,远程控制车辆,车辆诊断与定期检测,车辆安全防护,影音娱乐
奇瑞	奇瑞特马 Telematics 无限交互系统	通信,导航,行车安全监视,联网资讯,路况,天气等,在线下载资讯,在线网络游戏等,保养通知,车况预警等

表4 互联网企业车载信息系统

企业	信息系统	功　能	备　注
苹果	苹果 CARPLAY	将 iphone 手机的绝大部分基础功能通过汽车的控制面板来使用	法拉利,奔驰,沃尔沃为首批支持 Carplay 的车型,宝马、丰田、通用汽车、本田、现代、捷豹路虎、起亚、三菱、日产、斯巴鲁、铃木和福特等
谷歌	谷歌 Android AUTO	Google Now:个人智慧助理;Google 地图:卫星定位与语音导航;音乐控制:通过 Google Play 音乐或 Pandora、Spotifi 等音乐应用程式存取音乐;语音操作	目前 Andriod AUTO 指支持运行 Andriod L 最新系统的智能手机,硬件生产仍由汽车厂商完成,因此触屏系统无法像智能手机那样流畅
百度	百度 Carlife	地图导航、电话、音乐	在用户端能够覆盖 95% 以上的智能手机用户,在车机端可以适应 Linux、QNX 和安卓系统

续表

企业	信息系统	功　能	备　注
乐视	乐视 LEUI AUTO	地图导航,汽车服务,远程控制与管理,多端自动同步	官方生成该系统,将基于乐视云,打通智能手机、电视和汽车的操作体验。LEUI 更像是一个平台,将会构建出完整的乐视超级汽车生态系统
合正电子	合正电子 DA 智联系统	融合方向盘控制,主机系统配备蓝牙电话、导航、DSP 收音机、USB 影音播放,并且能够无缝融合智能手机	能够适应 Iso 和安卓系统,因此能够覆盖绝大多数用户,搭载车型为东风日产旗下各种车型

由表 2、表 3 和表 4 可以看出,目前无论是车企还是新进入汽车产业的互联网公司,都在致力于进行信息化、智能化、网联化的车载系统开发。

（三）新的汽车产业创新链的形成背后是学科的交叉融合和人才结构的调整

1. 学科的交叉融合

信息时代,诸多表面上看来毫不相干的学科,借助数字化的视角,呈现的却是一幅相互贯通的画面。伴随社会整体数字化程度的深化,将会有更多的学科在数据层面趋向一致①。例如云计算、物联网在汽车生产中的应用,在设计研发、生产制造、供应协作、营销服务等全产业链实现信息交互和集成协作。卫星导航、高精度地图和移动通信技术与汽车电子、智能汽车的融合推动汽车在交通安全和效率方面的智能化发展。大数据处理和电子商务利用互联网思维以用户需求和价值体验为核心,建立消费者画像数据库,推动基于大数据的精准营销。汽车产业的发展也与这些学科结合得愈发紧密。

2. 人才结构的调整

若干年前,车企在进行人才招聘时的主要需求是机械和电子领域方面的

---

① 《2015 年度大数据发展十大预测　跨学科领域交叉的数据融合分析》,http：//www.wtoutiao.com/p/d05LNQ.html。

人才，现在整车企业更加需要软件和互联网方面的人才，而且随着互联网公司涉足汽车行业，互联网企业也开始慢慢对汽车专业人才有了一定的需求。从整个汽车产业来看，其需要的是深谙信息技术，能源技术、材料技术、智能技术等重点领域的人才，以推动传统汽车技术与新能源、轻量化、智能驾驶、车联网、云管理、大数据、数字化制造、3D 打印等融合发展。

（四）传统企业进行战略调整面临的最大挑战是知识结构和人才结构的调整

创新离不开人才，传统的整车企业、互联网企业等在新的汽车产业结构下更加需要大批的人才，在传统的整车企业中，除去销售和管理人员外，工人和技术人员偏多，传统的整车企业如果想在新的汽车市场中立足，就必须吸纳更多互联网、大数据等方面的人才。例如，宝马公司在互联网技术领域，依托于 Project i 2.0 计划，快速推进自动化与全面互联驾驶的发展，重点发展高精度数字地图、传感器科技、云科技、人工智能等几个关键的科技领域[1]。与此同时，由于整零关系的对调，整车企业可以适当减少与零部件企业对接的销售人员。

对于新进入者来说，由于新进入者大多缺少汽车行业背景，新进入者需要先更多汽车方面的人才来为进入汽车行业做准备。

四 价值链、产业链、创新链变化对汽车产业格局的影响

价值链、产业链和创新链的变化会给传统汽车产业带来翻天覆地的变化，传统汽车产业的参与者主要是以整车企业为中心，由整车企业、大学/科研院所等科研机构、零部件供应商、汽车销售、消费者以及后服务商家共

---

① 中青汽车：《第一战略发布，宝马对手已不是传统车企》，http://shuoke.autohome.com.cn/article/512213.html。

同组成的。新的汽车产业格局将以传统整车企业、新进入企业和汽车贡献平台为中心，由平台、大学/科研院所、零部件供应商、OEM、销售商、消费者、后服务商家共同组成。

（一）新进入者成为价值链和产业链的格局改变者，而传统整车企业的原有优势受到冲击

互联网技术是汽车行业技术发展的主流方向之一，而新进入者大部分是互联网企业或是有互联网背景的企业，加之新进入企业也在不断地调整自身的人才结构，吸引更多的汽车领域的人才，因而在新技术方面，新进入者相较于传统的整车企业来说具备一定的竞争优势。新进入者通过汽车共享以及汽车服务分去了价值链中的部分利润，也使得汽车的产业链变得更加复杂。新进入者的加入改变了汽车产业的价值链和产业链的格局。

新进入者进入汽车产业，与传统整车企业争夺汽车销售、汽车共享与汽车租赁市场，因而传统的整车企业对于汽车的制造、销售、租赁与汽车共享的控制力将大大下降。

（二）不同企业根据自身知识结构和竞争优势在新的汽车产业格局下寻找新的定位

在新的汽车产业格局下，传统整车企业和新进入者都需要发挥自身的优势，重新找到自身的定位。随着汽车产业发展的复杂化和多样化，现有的车企不得不面对的一个现实是，要和新进入者进行竞争或者与其合作。新的市场进入者最初只是针对特定的目标，在探索到未来新领域之前会沿着价值链在经济上有吸引力的领域活动①。

传统整车企业与新进入者既是竞争关系，也可以是相互合作的关系，传

① Mckinsey&Company. Automotive revolution-perspective towards 2030：How the convergence of disruptive technology-driven trends could transform the auto industry，Advanced Industries，2016.1.

统车企与互联网公司在智能汽车领域，并非替代关系，更可能地是双方积极开展合作。在智能化浪潮的驱动下，传统车企致力于提高汽车产品智能水平，多数以人、车、环境便利交互和自动驾驶作为主攻方向。这些与互联网公司在智能汽车领域的布局不谋而合。因而传统整车企业与互联网公司既有在市场上的竞争，也有在技术上的合作。

互联网公司通过车载智能产品、无人驾驶等技术在汽车行业内立足，例如，阿里与上汽集团全资子公司上海汽车集团投资管理有限公司于 2015 年 3 月联手发起总额为 10 亿元的"互联网汽车基金"，共同搭建互联网汽车研发、运营平台。一个月后，阿里又宣布成立汽车事业部，整合原有天猫汽车、淘宝汽车、汽车 O2O 三支团队，以"车主 +"战略为中心筹建一个新的平台，通过与包括蚂蚁金服在内的汽车生态产业链各方协作，力图向用户提供看车、选车、用车、买车全链条汽车电商服务；腾讯同样不愿落后，也是在 2015 年 3 月，其联手富士康、和谐汽车在"互联网 + 智能电动汽车"领域共同开展合作，其中腾讯将依托其数据基础、云计算能力、社交平台（微信和 QQ）资源与另外两方就相关产品及商业模式展开探索。乐视在 2015 年 3 月联手北汽打造互联网智能汽车生态系统，北汽负责整车制造，乐视负责互联网平台搭建和内容整合。

（三）新的汽车产业格局在三条链的动态调整过程中逐步形成

1. 新的智能出行生态圈

在互联网和智能化的联合冲击下，整个汽车产业将在不久的将来发生翻天覆地的变化，这一变化将呈现三大趋势：车联网化、智能化、后市场化。与此同时，在汽车由"产业链"向"产业圈"演变的过程中，大众的出行方式也将发生一场巨变，智能出行将逐步成为趋势，借助更为智能化的汽车载体，通过传感器、通信技术、计算技术等将 V2I（车与基础设施之间信息交互）、V2V（车与车之间信息交互）、V2P（车与人之间信息交互）三者贯通，实现互联互通，形成智能出行生态圈，如图 5 所示。

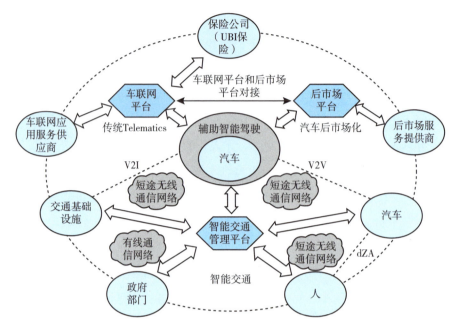

图5　智能出行生态圈

资料来源：东方证券，"互联网＋汽车系列报告之二：迎接智能出行生态圈的到来"。

2. 新的消费格局

随着新进入者的进入，新的消费格局逐渐形成，高、中、低端消费者的消费需求不同，如图6所示。

图6中，不同消费者对传统整车企业、互联网造车企业以及汽车贡献平台的消费意向将发生变化。

（1）低端消费者，低端消费者是指在三四线小城市生活的工薪阶层，买车的目的是实用。在新进入者进入汽车市场之前，低端消费者买车时更看重性价比，如果私家车对于这部分消费者不是刚性需求的话，那么这部分消费者将更倾向于在急用车的时候租车或者打车；在新进入者进入汽车市场之后，由于汽车共享平台的出现，这部分消费者买私家车的意愿降低，反而更倾向于购买租车服务或拼车服务。

（2）中端消费者，中端消费者是指生活在一二线城市的中产阶层，这

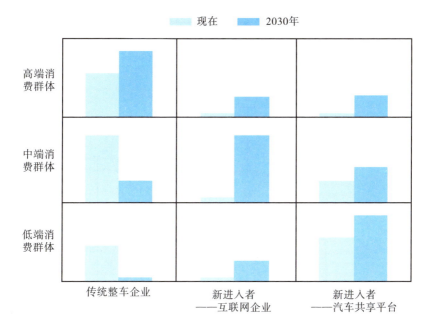

图6 不同阶层消费者消费需求的变化

部分消费者具备独立买车的消费能力，同时又对生活品质有一定的追求。在新进入者进入汽车市场之前，终端消费者会更倾向于拥有私家车，但在私家车无法满足出行需求的情况下，他们也会选择租车或者打的；在新进入者进入汽车市场之后，由于互联网公司的造车理念更加符合追求生活品质的中端消费者的需求，中端消费者会更倾向于购买互联网公司提供的汽车和服务，但同时，仍有一部分中端消费者会选择购买传统的汽车。

（3）高端消费者，高端消费者是指整个社会中为数不多的贵族阶层，这部分消费者购买汽车更多的是出于喜欢或是为了彰显自己的财力。这部分消费者始终认准的都是高端汽车品牌，但在新进入者进入汽车产业之后，这部分消费者也会尝试购买一些汽车服务或者互联网汽车的服务来体验新事物。

3. 新的汽车产业格局

如图7，原有的汽车产业格局结构比较简单，以整车企业为中心，上游有零部件商供货，下游有销售商进行销售，大学和科研院所等为整车汽车提

汽车蓝皮书

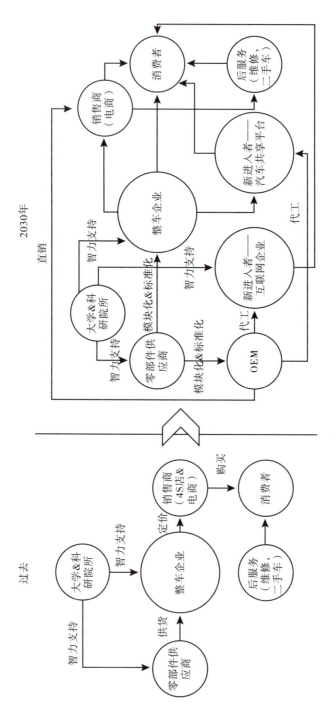

图7　新的汽车产业格局的形成

224

供技术和人才。新的汽车产业格局将包含更多的参与者，整车企业不再是汽车产业格局的中心，而是以整车企业和互联网造车公司以及汽车共享平台三者为中心的全新的产业格局。在新的格局下，一部分整车企业将继续生存，而另一部分整车企业将变为新进入者的代工厂，整车企业、零部件企业、新进入者企业都会进行新技术的研发与创新，汽车的销售渠道也更多地由线下转为线上。

专题研究——我国智能网联
汽车发展战略及政策建议

Focused Study – Development Strategies and Policy Recommendations
for Intelligent and Connected Vehicles in China

B.9
中国智能网联汽车发展的战略思考

党的十八届五中全会确定的"创新、协调、绿色、开放、共享"五大发展理念,既是新时期中国经济社会中长期发展的指导思想和基本理念,也是未来一个时期中国智能网联汽车产业发展的战略原则、内在逻辑和根本要求。

从这五大发展理念出发,以更高、更长远和更宽泛的视角来审视,中国大力发展智能网联汽车的战略意义已远远超出其产业自身范畴:它应当成为新常态下中国经济保持中高速增长、迈向中高端水平的新引擎、制造业升级和弯道超车的新抓手、节能减排和绿色发展的新支点、国家新型创新体系的新平台、高效和谐的智慧城市和智能交通体系的新支柱,以及推动时期国家行业管理体制和产业政策改革的新推手。从这个意义上说,对于发展智能网联汽车的重要性是无论怎样强调也不过分的。

一　智能网联汽车发展的战略维度与体系设计

从国家战略高度来谋划和推进智能网联汽车的发展，不仅是必要的、可行的，而且是刻不容缓的，更是需要精心设计与大力推进的。

（一）构建战略框架的必要性

智能网联汽车发展应当也必须体现国家意志，其原因是多方面的。

第一，智能网联汽车是作为国民支柱产业之一的汽车产业发展的无可回避的战略方向和必然选择，系未来全球汽车产业竞争的制高点。欧美日等发达国家和地区均从战略高度上重视，在政策上加大对智能网联汽车的研发和产业化的投入力度，且已在一些关键技术领域先行一步。特别是美国早已将智能网联汽车作为智能交通体系的重要组成部分进行国家层面的战略规划与技术性测试。例如，美国密歇根大学交通转型中心① （U－M Mobility Transformation Center） 于 2005 年在密歇根州安娜堡市 （Ann Arbor） 建立了大型综合性测试基地 （Mcity），全球各主要汽车厂商和高科技公司纷纷在那里进行智能网联汽车在各种模拟路况、交通流、道路设施、通信网络环境下的技术性测试。中国如不能及时集中战略资源，明确战略方向，加大投入，及时跟进甚至局部领先，就有可能重蹈我们在传统内燃机汽车的被动跟随的覆辙。

专栏1

美国联邦政府在智能网联汽车发展中的作用

美国联邦政府目前正大力支持智能网联汽车的研发、测试与应用。联邦交通部 （USDOT） 正联手公私机构包括各州和地方政府、车辆和装备制造

---

① 美国密歇根州目前集中了来自全球的 375 个汽车研发中心，它目前还是全美最大的工业和机械工程师集聚地。

商以及学术机构共同推进智能网联汽车的开发与应用。在联邦交通部内部，智能交通系统联合计划办公室（ITS JPO）正与联邦政府其他部门合作协调推进智能网联车辆技术的发展，这些机构包括联邦高速公路管理局（FHWA）、联邦铁路局（FRA）、联邦交通局（FTA）、国家高速公路交通安全管理局（NHTSA）等。

一个覆盖全国的智能网联汽车和基础设施网络将要比人们预想的更快实现。智能网联的技术性测试以及这些技术在现实世界中的应用已经取得了巨大的进步。最近刚刚完成的联邦交通部智能网联汽车示范项目（USDOT Connected Vehicle Safety Pilot Program）提供了大量有价值的数据，这些数据涉及相关技术、应用，以及从日常驾驶员那里获得的系统运行情况。

基于这些测试结果以及其他研究成果，联邦高速公路交通安全管理局（NHTSA）在2014年早些时候决定尽快实施新车和轻型卡车上的车－车通信（V2V）管制。2014年8月，NHTSA发布了一项关于建议开始实施车－车通信技术的预告，同时还发布了一份支持此项建议的综合研究报告。它吸引了社会公众关于此项决策的评论，并着手进行事前评估。这项决策的主要焦点是车辆在发生碰撞前能够向驾驶员发出警告。2014年2月，NHTSA宣布它将让轻型车辆之间的通信成为可能（同时正考虑在重型卡车上也予以实施）。最近，2015年5月，NHTSA宣布它将新车的车－车通信装置使用时间表提前，同时加快车－车和车－路免受无线电干扰的信号传输测试工作。

通过超越汽车和道路的联网技术来展望未来，联邦政府与州、地方机构、产业界和社会公众合作，正探讨部分或完全自动驾驶的可行性，并可能会与车联网技术相结合。这两种技术的结合可能提供前所未有的安全性、机动性和环境友好性。

专栏2

Mcity 项目简介

密歇根大学的"M城市"（M City）是全世界第一个模拟真实环境，用

位于安娜堡的智能网联和自动驾驶车辆测试基地 Mcity

资料来源：University of Michigan Mobility Transformation Center，*U – M Opens Mcity Test Environment for Connected and Driverless Vehicles*，Jul 20，2015。

以测试无人驾驶车及汽车联网技术的迷你城市。它是由密歇根大学交通转型中心（U – M Mobility Transformation Center）携手密歇根州交通部（MDOT）于 2015 年联合设计和开发的。

M 城市，占地 32 英亩，模拟城市及郊区真实场景，当中包括十字路口、红绿灯、街灯、人行道，路障等各种交通状态，甚至被涂鸦的路牌和模糊的行车线都考虑在内。M 城市让研究员可以模拟联网真实环境，反复、多方位及严谨测试新技术，车与车互联（V2V）或者通过网络沟通的感应系统（V2I）技术均会在这里进行测试，直至这些技术在现实生活得到应用并普及。交通转型中心的目标之一是在 2021 年前将整个安娜堡地区变成无人驾驶城市。

第二，各级政府的战略资源投入（包括财政、税收、金融、土地等）、市场监管（如移动互联、数据报备与传输、驾驶安全等）、技术法规、试点示范运行（特别是要经过大量的各种应用场景下的车－车、车－路技术性测试和安全评估）都需要在一个清晰的总体战略框架下有序推进，才能发挥公共政策资源的最大效能，避免"撒胡椒面式"的碎片化或运动式推进机制。

第三，智能网联汽车本身是一个跨领域、跨行业、跨技术、跨地域的全新复杂系统工程，在技术路线、通信标准、系统平台、数据接口、网络与数据安全、商业模式、创新组织等方面面临诸多风险（包括政策性风险、技术风险和市场风险等）和不确定性。如果这些风险和不确定性因素不能由政府牵头来化解或控制，变不确定性为确定性，变不可控为可控，潜在的市场参与者的积极性就会受到极大抑制。

第四，智能网联汽车产业是一个颠覆性创新过程，也是一个具有一定外部性特征的信息（包括车辆自身数据以及车－车、车－人、车－云、车－交通设施等）和知识（包括显性知识和隐性知识）不断渗透、融合、衍生、学习、外溢和分享的过程，单独一个企业或研究机构无法在技术、组织管理和商业模式突变过程中解决上述外部性问题，客观上需要国家层面的顶层设计与战略指引来化解。在此基础上，各类市场参与者才能进行长期的成本—收益经济核算，以及机会与风险研判，才能进行战略性决策。

第五，尽管《中国制造 2025》明确将智能网联汽车列入未来 10 年国家智能制造发展的重点领域，并提出到 2025 年我国将掌握自动驾驶的总体技术以及各项关键技术，要建立起比较完善的智能网联汽车的自主研发体系、生产配套体系及产业群，但是上述原则性表述还需要后续具体化的战略步骤与路径、战略重点、技术路线、中长期目标、近期行动计划、公共政策支撑体系等战略要件，以及战略与决策形成机制、决策执行机制、资源导入机制、激励与约束机制、风险防控机制、利益协同与共享机制等配套机制，才能形成一个完整清晰的、可审视的、可执行的、可修正的综合性战略体系。

（二）"战略方阵"：战略维度、战略环境、战略框架与战略执行

笔者认为，战略体系设计通常应包括相互关联、相互影响的四个方面，它们一起构成了战略方阵（见图1）。战略方阵的第一极是战略动机或战略视角，包括增长动力、超越引领、可持续发展、创新能力和安全可靠性等。

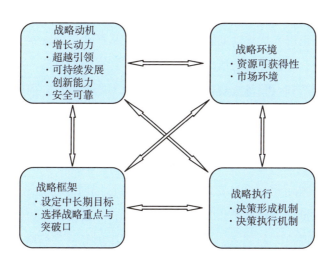

图1 智能网联汽车发展的"战略方阵"

第二极是战略框架的体系构建，包括中长期目标的设定、战略重点与突破口选择、描绘路线图、确定战略步骤与技术路线、拟订近期行动计划和实际措施等。

第三极是战略实施的运行机制设计，包括决策形成机制、决策执行机制、资源导入机制、激励与约束机制、风险防控机制以及利益协同与共享机制等。

第四极是战略环境。包括资源的可获得性、获益机会与市场环境、正规与非正规的制度约束、竞争有效性的市场环境、行为合规性的监管环境以及适宜的产业生态环境等。

作为战略决策者，要避免犯这样的错误，即过分重视战略框架本身的设计，如制订最终目标、战略重点、路线图、过渡阶段、行动计划以及支撑条件等，反而忽略了对阶段性目标及可选择的路径分析，缺少对战略维度、战略环境和战略实施机制等方面的思考与行动。

二 将智能网联汽车产业打造成新常态下中国经济增长动能转换战略的重要引擎

中国经济正进入增长动能转换的新时期。从产业层面观察，在过去近二十年的时间里，中国经济之所以能保持9%以上的高速增长，主要得益于基础设施、房地产和汽车等大规模市场需求源源不断地释放，而持续快速的城镇化和居民收入的稳定增长保证了上述需求的实现。从国际范围来看，当人均收入达到12000国际元（以1990年国际元计算）左右时，汽车市场会进入中低速增长阶段。近两年以来，虽然中国经济增速有所放缓，人均GDP也接近12000国际元（沿海发达地区有些城市已经明显超过这个门槛），但汽车市场进入低速增长期是正常的规律性趋势，也符合汽车大国发展的历史轨迹。智能网联汽车的到来，开启了新常态下中国经济持续增长的新序幕。

（一）智能网联汽车与电动汽车的耦合（CV＋AV＋EV）创造新价值

汽车网联和电动化时代的到来，不仅将极大地改变汽车产业的面貌，更重要的是创造了一个全新的产业链和价值链。麦肯锡全球研究所（MGI）

2013 年 5 月曾发布了一份具有广泛影响的研究报告①，报告列举了未来将对全球经济和人类生活产生重大影响的 12 项颠覆性技术及其潜在的经济价值。它们是：移动互联网（Mobile Internet）、知识型工作自动化（Automation of Rnowledge work）、物联网（The Internet of Things）、云计算（Cloud technology）、先进机器人（Advanced robotics）、自动和近自动驾驶汽车（Autonomous and near-auto-nomous vehicles）、下一代基因组（Next-generation genomics）、储能技术（Energy storage）、3D 打印（3D printing）、先进材料（Advanced materials）、先进油气勘探开采（Advanced oil and gas exploration and recovery）和可再生能源（太阳能与风能）（Renewable energy）。

按照麦肯锡全球研究所（MGI）的估算，到 2025 年，这 12 项技术总共将产生 14 万亿～33 万亿美元的市场价值，其中每一个对全球经济的价值贡献均超过 1 万亿美元。如今距离这个报告发布过去了三年多的时间，对未来全球经济产生颠覆性影响的技术绝不限于这 12 项技术，但这 12 项技术所产生的经济价值将远超过 MGI 的预期。

专栏 3

麦肯锡全球研究所关于未来影响全球经济社会的 12 项具有颠覆性意义的技术及其潜在经济价值

如果将智能网联汽车与电动汽车相叠加（智能网联电动汽车），那么在上述 12 项颠覆性技术中，除了下一代基因组和先进油气开采这两项技术外，其他 10 项技术都与智能网联电动汽车产生紧密的联系。例如，从应用侧来看，智能网联电动汽车将成为移动互联网、物联网、云计算、能源存储、可再生能源等技术的应用平台。而从生产侧来看，自动驾驶汽车、3D 打印技术、先进材料技术、知识型工作自动化、先进机器人等技术都是与智能网联电动车产业链高度直接相关的生产技术或材料技术。

---

① James Manyika, Michael Chui, Jacques Bughin, Richard Dobbs, Peter Bisson, and Alex Marrs, *Disruptive Technologies：Advances that will Transform Life, Business, and the Global Economy*, McKinsey Global Institute – May 2013.

Estimated potential economic impact of technologies across sized applications in 2025, $ trillion, annual

1. Mobile Internet
2. Automation of knowledge work
3. The Internet of Things
4. Cloud technology
5. Advanced robotics
6. Autonomous and near-autonomous vehicles
7. Next-generation genomics
8. Energy storage
9. 3D printing
10. Advanced materials
11. Advanced oil and gas exploration and recovery
12. Renewable energy

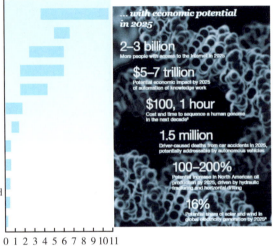

0 1 2 3 4 5 6 7 8 9 10 11

资料来源：James Manyika, Michael Chui, Jacques Bughin, Richard Dobbs, Peter Bisson, and Alex Marrs, *Disruptive Technologies*：*Advances that will Transform Life*，*Business*，*and the Global Economy*，McKinsey Global Institute，May 2013。

德国咨询机构管理工程师战略分析公司（Management Engineers at Strategy & Analysis）与另一家研究机构——汽车管理中心（Center of Automotive Management）曾于2013年联合开展了一项名为"Connected C@r 2013"的研究项目，他们在对德国汽车厂商和经营商进行调查的基础上，对未来网联汽车的发展趋势进行了研究展望，其中包括创新活动、潜在障碍及细分市场增长预期。报告结果显示，2015～2020年，全球网联汽车生产将增长近4倍，单纯乘用车细分市场就会产生超过1100亿欧元（约1490亿美元）的收入（见图2）。这些增加的额外收入不仅被汽车制造商获得，实际上，网联汽车也会更好地满足消费者的个性化需求，更紧密地将制造厂商与消费者连接在一起，从而增强消费者的品牌忠诚度。当然，汽车厂商的获益需要通过竞争性市场来实现。

实际上，自MGI发布关于未来具有颠覆性意义的12项技术报告以来，虚拟现实、增强现实、人工智能和车载远程信息通信技术（Telematics）等

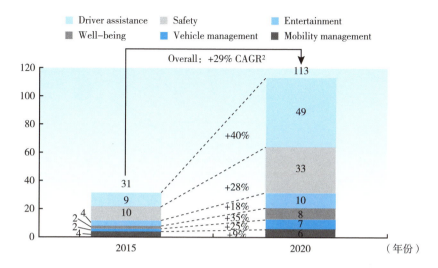

**图 2　2015 和 2020 年由辅助驾驶和安全技术引领下的
网联汽车市场收入增长情况**

注：（1）不包括商用车；（2）复合年增长率。
资料来源：Management Engineers at Strategy& Analysis，*In the Fast Lane：The Bright Future of Connected Cars*，2014。

突飞猛进地发展起来，其产业化进程也大大超出我们的预期。特别是具有很强学习功能的人工智能技术显示了广阔的应用前景。可以预期，未来增加了人工智能的自动驾驶车辆将内嵌 AlphaGo 一样的大脑，不仅可以像人一样地进行计算和操控车辆，还能够准确识别车主身份，自主计算并选择最佳行驶路线，提供自动导航，自动诊断车辆状况并给出维修提示，自动优化功率输出，记录和分析道路交通和环境信息，分析车内乘员的行为习惯，通过车载或可穿戴式人机交互界面进行语音与手势操控，还可以监控车内人员特别是驾驶员心跳、血压等身体健康状况等（见图 3）。

上述颠覆性技术究竟能产生多大的价值空间，笔者大致可以从三个维度来考察。

一是汽车消费市场规模。这个汽车消费市场不仅指汽车保有量，还包括汽车服务人口、服务地理范围、车载电子装置等。

二是汽车生产规模。汽车生产量越大，整车及零部件生产企业越多，机

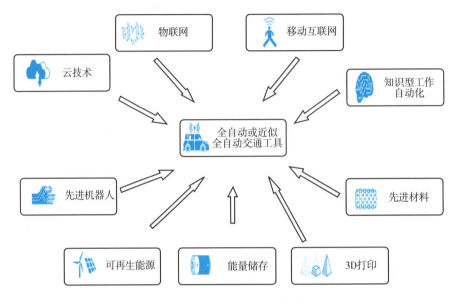

图3　自动驾驶车辆与其他重大颠覆性技术

资料来源：笔者根据 MGI 资料整理。

器人、3D 打印机、轻体材料、知识工作自动化等技术才更有发挥作用的空间。

三是电子信息产业规模。电子信息产业越发达，对智能网联电动车产业的支撑作用越强，特别是新技术的研发和初始应用。

从上述三个维度出发，中国作为世界最大汽车生产国、汽车消费国和最大的电子信息生产与消费国，决定了中国必将是智能网联电动汽车最具发展潜力的市场。

（二）传统价值链的转移与新型价值网络的形成

目前，国内有一种代表性观点，表达了对传统汽车制造业未来前景的担心。他们担心，随着物联网、分享经济对汽车消费市场的渗透，未来的汽车销售市场将不断萎缩，人们的出行需求将不再是通过对汽车的拥有来实现，而是基于使用权的分享来实现。在这种情况下，新增的汽车消费市场何在？

如果没有新的消费需求作支撑，汽车销量及产量都将不可避免地持续下滑，随之而来的是汽车制造业的全面萎缩。

这种担心从表面来看有一定道理。但是，如果我们从更宽泛的视角，特别是全寿命周期内全部汽车产业链和价值链构成的视角去审视，问题答案并不那么悲观，甚至在相当大的程度上是乐观的——汽车产业价值链将发生重心转移，即由汽车制造环节向新兴汽车后市场服务和多样化应用环节转移和延伸，或者说新的价值网络正在被源源不断地创造出来。这些新兴的后市场服务相对于传统的汽车销售、维修、保养、保险等后市场服务而言，价值创造过程更依赖互联网来实现，如地图导航、位置信息服务、车载通信、第三方云服务、分时租赁等，这些新兴业态正如雨后春笋般地不断出现并进一步延展，借用一位互联网名人的话来说，就是"当汽车驶下生产线时，它的价值创造过程才刚刚开始"。从这个角度出发，我们有理由保持乐观的心态，汽车产业的转型首先是人们观念的转变。

智能网联汽车所创造的新价值体系不同于以往以大厂商为主导的金字塔式价值体系，而是一个相对扁平化、分散化的价值网络，传统整车和零部件制造厂商仅仅是这个网络上的一个较大的节点。其他价值节点还包括一些新兴的、非传统汽车企业，如平台软件集成商、应用软件开发商、移动通信服务商、位置信息服务商、第三方大数据公司，以及保险公司、广告商、风险投资等服务提供商。这些新兴竞争者之间既是竞争关系，也是一种相互依存的价值共享关系。例如，自动驾驶时代的车辆保险与常规车辆保险存在很大不同，保险公司、汽车 OEM 厂商和保险投保人很可能会对交通事故的责任认定存在较大争议。而保险公司可以通过与大数据公司开展合作，对智能汽车行驶工况和安全记录进行建模分析，找出车辆机械故障或交通安全事故背后的规律，这样就可以提前介入预防，避免不必要的人身安全伤害与保险支出。否则，保险公司可能不愿受理自动驾驶车辆的投保申请，或者会向投保人收取高昂的保费。当然，保险公司的业务结构也将发生重大转向，其主要目标客户可能由终端消费者转向自动驾驶车辆 OEM 制造商、通信、导航等模块供应商。

同样地，也正是基于智能网联汽车巨大的潜在市场价值的认知，近年来

像谷歌、苹果、百度等知名互联网公司投身于自动驾驶领域。

德国两位研究人员马提亚斯·本滕里德和尤尔根·雷纳（Matthias Bentenrieder and Juergen Reiner）曾将与智能网联汽车相关的增值服务归纳为七大类：保险、车队管理、移动支付、交通信息、安全与保养、导航和信息娱乐（见图4）。笔者认为，上述七种增值服务尽管涵盖了智能网联汽车的后市场增值服务的大部分业务，但仍显得不够全面，主要是缺乏车辆－车辆之间（V2V）和车辆－环境（V2X）之间的移动通信以及第三方云服务。如果再叠加电动汽车概念，还会衍生充电、换电服务等新型业态。

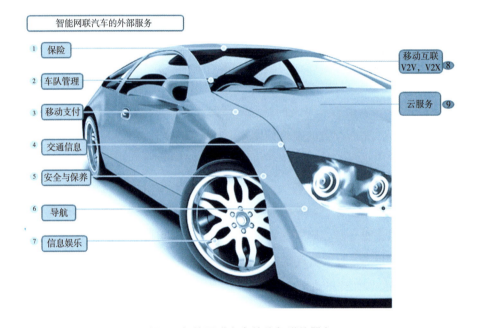

图4　智能网联汽车的外部增值服务

资料来源：作者根据 Matthias Bentenrieder and Juergen Reiner，*Drive New Business Models*，Oliver Wyman Automotive 进行整理与补充。

如果我们将视线放宽到所有智能网联汽车产业的参与者，哪些主体可能获益更大？国际专业咨询公司奥利佛·维曼横向对比了智能网联汽车 OEM 厂商、模块供应商、消费者、IT 公司和保险公司等市场主体从自动驾驶汽车上可能获得的潜在的价值矩阵。它重点考察了安全性、机动性、大数据、城市基础设施和物流体系等几个维度，发现最大的直接获益群体是消费者，紧随其后的不是汽车制造厂商，而是 IT 公司。制造商、供应商及保险公司在安全性和机动性方面得到了可观的间接收益（见图5）。

价值篮子

参与者	安全性	机动性	大数据	城市基础设施	物流体系
消费者	X	X	X	X	X
生产厂商	（X）	（X）	X^2		
供应商	（X）	（X）	X^2		
IT公司	（X）	（X^1）			（X）
保险公司	（X）	（X）	X		

X：直接受益者
（X）：间接受益者（例如由购买意愿提升或需求改变引发）

图5　自动驾驶汽车市场参与者的价值矩阵

资料来源：Oliver Wyman，*The True Value of Autonomous Driving*。

（三）数字化时代工作岗位的提升、转移与创造

未来的10～15年，不仅是智能网联汽车大行其道的时代，也是数字化、智能化制造与服务的时代。当智能网联汽车遇到数字化和智能化革命，就业岗位会出现何种变化？可以肯定地说，与汽车产业价值链的变化相适应，智能网联汽车时代的到来，使得汽车产业在全寿命周期内的就业结构和工作岗位的知识结构也会发生显著变化。特别是随着越来越多的个性化的智能网联汽车在智能工厂的混合生产线上被大规模定制生产出来，旧的工作岗位以及与之对应的旧有专业技能开始逐渐退出舞台，新的岗位和新的技能需求将逐渐显现。

在数字化、智能化和网联化时代，工作岗位和薪酬结构将不再简单地根据工作强度、工作环境和工作场地体面与否，被泾渭分明地划分为蓝领和白领两大类，而是根据物理世界与虚拟世界的连接程度，以及数据链和信息网络的不同环节与不同节点，大致分为强物理弱虚拟、物理与虚拟中性与强虚拟弱物理三大类工作，它们之间并没有清晰的理论界面。

处理数据与信息的现场前端执行和人机交互界面操作、后台大数据处理（采集、筛选、存储与建模分析）、人－机－机－人通信系统的维护、云平台建模与计算服务、基础软件与应用软件的初始化编程与后期升级、数据与网络安全工程等工作有一些可以由企业自身来完成，有一些则可以借助第三方提供的社会化服务来实现。

那些终日忙碌在传统四大工艺车间内，不断重复着枯燥无味的汽车制造组装的蓝领岗位将走向分化：一部分岗位被机器人所替代，而且这部分比例会越来越高；另一部分岗位所需要的工作技能发生重大变化，经过员工再培训等实现知识更新和技能提升。基于工作岗位的暗默知识与经验传授通过数字编码变成可编程和可执行的操作软件，成为智能工厂制造执行系统（MES）和知识工作自动化（automation of knowledge work）的重要组成部分。传统汽车厂商内部的人力资源配置结构和薪酬结构也将发生重大变化。那些从事知识价值的创造与应用、工业软件的开发与维护、工业数据的采集与分析、私有云的开发与维护等工作的岗位将成为企业需要的和高薪酬的热门岗位。

三　将智能网联汽车发展作为国家制造强国战略的重要领航工程

制造业这个在后工业化国家曾经逐渐衰落的产业门类正迎来新的发展机遇。制造业的重要性随着新一代信息技术、材料技术、新能源技术的大规模、高强度的渗透，正被发达国家的战略决策者和企业家重新发现。无论是德国的工业4.0战略还是美国的制造业复兴计划和制造业创新网络，都再次将制造业托举到全球竞争舞台的中央。正如《中国制造2025》规划中所言，"制造业是国民经济的主体，是立国之本、兴国之器、强国之基。十八世纪中叶开启工业文明以来，世界强国的兴衰史和中华民族的奋斗史一再证明，没有强大的制造业，就没有国家和民族的强盛。打造具有国际竞争力的制造业，是我国提升综合国力、保障国家安全、建设世界强国的必由之路。"

（一）智能网联汽车是中国制造2025战略的"牛鼻子工程"

《中国制造2025》明确了9项战略任务和重点：一是提高国家制造业创新能力；二是推进信息化与工业化深度融合；三是强化工业基础能力；四是加强质量品牌建设；五是全面推行绿色制造；六是大力推动重点领域突破发展，聚焦新一代信息技术产业、高档数控机床和机器人、航空航天装备、海洋工程装备及高技术船舶、先进轨道交通装备、节能与新能源汽车、电力装备、农机装备、新材料、生物医药及高性能医疗器械等重点领域；七是深入推进制造业结构调整；八是积极发展服务型制造和生产性服务业；九是提高制造业国际化发展水平。笔者认为，综合起来看，智能网联汽车是实现上述重要任务和领域的首选产业，它涉及面广、产业链条长，不仅涉及生产材料、生产过程、生产工艺、组织方式、商业模式、管理体制等方方面面的改革与发展，集中了当前中国制造业的突出矛盾和问题。以此为突破口，补足和打通智能网联汽车产业的短板和产业链，整个制造业的水平和能力就会上一个台阶。从这个意义上说，称智能网联汽车为中国制造2025战略的"牛鼻子工程"并不为过。

（二）智能网联汽车改写中国汽车微笑曲线的位势

作为一个后起汽车制造大国，中国汽车工业特别是乘用车制造基本上是建立在模仿与学习外国先进技术基础上的，因为核心技术的缺失，中国一直被认为处于全球汽车产业微笑曲线上附加值最低的加工组装环节。中国能够凭借自主创新能力实现弯道超车，提高在微笑曲线上的位势吗？

中国汽车产业实现后来居上，实现了中国人的百年汽车强国梦，在笔者看来，两条可行途径越发清晰起来：一是汽车电动化，二是智能网联化。

汽车电动化使得中国与汽车发达国家之间在内燃机上的技术鸿沟和专利壁垒完全被改变，清晰的战略目标，"三纵三横"的战略布局，自上而下的战略行动，以及系统的财税激励政策，使得中国在短短的三四年时间内迅速超过美国成长为全球规模最大、品种最多的电动车消费市场。2015年，中

国包括电动汽车、插电式混合动力车在内的新能源汽车实现了 33 万辆的销售业绩，表明电动汽车正成为中国汽车产业的新亮点。

然而，仅有电动汽车这一条腿是不够的。因为，借助移动互联网、大数据和云计算等新一代信息技术的革命性突破，全球汽车产业格局正在被智能网联汽车时代所改变。电动汽车的创新毕竟主要集中在车辆本身，而智能网联汽车颠覆的不仅是汽车本身，还可成为车辆与人、车辆与车辆、车辆与基础设施、车辆与汽车制造厂商、车辆与云服务商等的联系媒介。这股影响力甚至超过电动汽车的颠覆性创新浪潮，如果能够引领智能网联汽车创新浪潮，中国汽车产业就完全有可能引领全球汽车产业在互联网时代的发展。

（三）智能网联汽车进一步强化"工业强基工程"

国家"十三五"规划明确提出要实施工业强基工程。加强工业基础能力建设，是《中国制造 2025》提出的五大工程之一。在实施过程中，国家有关部委要求通过规划引导和政策支撑，围绕重大工程和重点领域，实现关键基础材料、核心基础零部件（元器件）、先进基础工艺和产业技术基础（"四基"）工程化、产业化突破，夯实工业发展基础。智能网联汽车的发展，无缝串联起上述"四基"的工程化与产业化，例如，在核心基础零部件（元器件）领域，智能网联汽车的发展将激发高端传感器、高速光通信器件、工业基础软件等创新与应用；在产业技术基础方面，智能网联汽车发展也将推动云计算、大数据技术的创新与应用。因此，如果将智能网联汽车纳入国家工业强基工程建设的体系，作为重点突破和示范应用的标杆，将有助于强基工程建设的整体推进。

四 将智能网联汽车纳入国家智能交通系统和可持续交通战略统筹发展

如果将智能网联汽车看作一个子集，那么，它将同时存在于智能交通体系和智慧城市体系这两个更大的集合之中。实际上，无论是智能交通还是智慧城市，从内涵到外延，从构成要件到支撑体系，从认识到行动，都要比智能网联汽车起步更早，发展也更成熟。

（一）智能网联汽车是打开智能交通体系（ITS）大门的"金钥匙"

智能交通体系建设的核心目标是通过新一代信息技术的广泛应用，使交通参与者更安全、更高效、更协调、更知情、更智能地使用交通运输网络。其中，显著减少道路安全事故率和死亡率应当是首要任务。欧盟 2010 年 7 月 7 日发布的有关指令（EU Directive 2010/40/EU）将"智能交通系统"定义为信息和通信技术被广泛应用于包括基础设施、车辆和使用者在内的道路交通的系统[①]。在这份指令中，欧盟提出了智能交通系统应优先发展和应用的领域和标准，包括：

——最优化地使用道路、交通和旅行数据[②]；

——交通和货运管理智能服务的可持续性；

——道路安全和保障应用；

——连接车辆与交通基础设施。

目前，欧盟正在大力推进的"C – ITS"（Cooperative Intelligent Transportation System），目标是运用现代信息通信技术实现车辆与车辆、车辆与交通信号、车辆与道路设施及其他道路使用者之间的通信。其中，智能网联汽车成为最重要的移动互联信息源。

根据美国交通部《智能交通战略计划（2015 ~ 2019）》，智能交通系统是一套能够为互联的、集成的和自动的交通系统提供便利的工具。这样的交通系统是信息密集的，能更好地服务于用户，也能对旅行者和运营者的需求

---

① EU Directive 2010/40/EU（7 July 2010）Defines ITS as Systems in Which Information and Communication Technologies are Applied in the Field of Road Transport, Including Infrastructure, Vehicles and Users, and in Traffic Management and Mobility Management, as well as for Interfaces with Other Modes of Transport.

② "旅行数据"指的是像公共交通时刻表和费率之类的基础数据，在旅行前和旅行中需要提供的各种旅行信息，以便于制订旅行计划、预订食宿和随机调整。

做出快速反应。在美国交通部的上述规划中，智能网联汽车计划是其重要组成部分，它旨在推进内置了感应器、通信模块和信息处理装置的车辆或移动设备，与外部交通设施之间就其位置和交通状况等进行信息传输与通信的一系列研发活动。目前，美国智能交通体系的两大优先推进领域就是实现汽车互联应用和推进车—路自动化（Realizing Connected Vehicle Implementation and Advancing Automation，美国交通部，2015）[1]。

智能交通系统并不是一个新鲜事物。发达国家提出智能交通系统的概念迄今至少有二十年的历史，但一直是没有大的发展，一个重要原因是信息通信技术的体系化和集成化应用成本过高。如人、车、路和环境之间的信息传输与反馈，涉及道路设施、交通流、信号系统、气象信息和指挥系统等等方面的海量数据的采集、加工、分析、传输和处理，而这些数据的处理必须在瞬间精准地完成，否则就会出现车毁人亡的恶性交通事故。

智能网联汽车的出现，伴随着大数据、云计算、移动互联技术、物联网等新一代信息技术的群体性爆发，使得在由"人—车—路—环境"链条构成的智能交通系统中机动性最强、变化最复杂最频繁的要素——车辆的智能化问题得到解决。接下来，在解决智能网联汽车发展（"1 + X"模式）过程中，嵌入式的联网道路设施、信号系统、空间地理系统、气象系统、交通信息系统等，都会逐个破解。从这个意义上说，智能网联汽车是破解智能交通系统难题的钥匙，而且是一把金光闪闪的钥匙。

（二）智能网联汽车是可持续交通战略的重要支柱

环境改善、交通效率和交通安全是可持续交通的三大主题。从欧盟和美国等国家和地区的实践来看，智能交通总是与可持续交通概念交织在一起的。无论是交通工具还是交通设施的智能化，智能化和互联化发展都会促进交通信息的实时互联互通，从而促进交通结构的优化和交通效率的提高，而

---

① US DOT Intelligent Transportation Systems（ITS）Joint Program Office（JPO），*ITS 2015 – 2019 STRATEGIC PLAN*，2014.

这必然会反映在环境改善、交通效率和交通安全上。

如前文所述，如果智能网联汽车和新能源汽车特别是电动汽车、分时租赁、共享经济（包括车辆共享和设施共享等）相耦合（CV + AV + EV），其环境效益将会更加突出。仅以互联网约车业务而言，它是对传统巡游式出租车模式的替代，同时能够提高闲置车辆的使用效率（见图6）。

如果自动驾驶车辆能够利用车载雷达、传感器、控制器、移动通信模块和人工智能系统来感知外部交通环境，并与远程的云服务平台进行位置、车辆运行和道路状况等信息交换，从而实现智能驾驶，不必要的交通碰撞就会大大减少；如果驾驶者能够通过互联网和位置信息及时了解道路交通状况而选择最佳线路，就会减少不必要的道路拥堵，提高出行效率；驾驶者准确地知道附近可用的闲置停车设施，就避免了消耗大量汽油和时间在寻找停车位上。同样地，交通管理者通过互联网构建起庞大的无所不在的信息库，可以对车辆、道路和交通设施传输来的海量数据进行采集、分析和处理，及时调整交通信号和交通指挥系统，从而提高交通管理效率。这些都将提高城市可持续交通的发展水平。

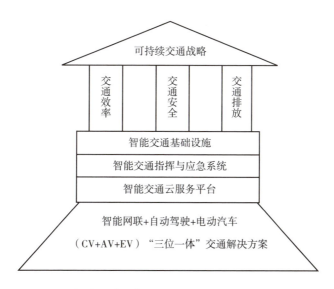

图6　智能网联汽车是实现可持续交通战略的关键

在前述美国交通部的智能交通计划中，减少交通对环境的负面影响是一个重要目标。美国奥巴马总统在2012年7月6日签署了 *Moving Ahead for Progress in the 21st Century*（*MAP–21*）运输法案。该法案除了聚焦交通安全、交通效率等传统交通领域议题外，还强调了减少环境损害、促进创新和推进交通领域的信息共享等主题。从中可以看出，交通安全、交通效率和交通环境这可持续交通领域的三大主题已经成为美国交通运输法案的重要内容（见表1）。

表1　美国交通部《智能交通战略》、美国国会《在21世纪中前进（MAP–21）》及美国交通部战略目标领域议题相关性

ITS 战略议题	美国交通部战略目标领域						Map–21
	安全	修缮	经济性	宜居性	安保防范等	环保可持续	
提升交通安全	√	√	√	√	√		√
提高交通效率	√	√	√	√	√	√	√
减少环境损害			√	√		√	√
促进创新	√		√	√			√
推动交通领域的信息共享	√	√	√	√	√		√

资料来源：US DOT Intelligent Transportation Systems（ITS）Joint Program Office（JPO），*ITS* 2015 – 2019 *STRATEGIC PLAN*，2014。

五　智能网联汽车重新定义和驱动产业创新网络

智能网联汽车催生了一个颠覆性创新的新时代。它带来的绝不仅仅是产品技术创新，更引发了生产方式、组织模式、商业模式、体制机制等的全方位深层创新。

（一）软件定义和数据驱动产业创新的新时代

在智能网联汽车出现之前，汽车产业的技术创新主要集中在传统汽车的

燃油效率、尾气排放和主被动安全系统的改善上。直到新能源汽车时代的到来，传统内燃机汽车才感受到潜在的颠覆性威胁。但这种威胁从潜在力量变成现实浪潮，还有相当长的一段路要走。无论如何，上述创新都来自硬件方面的变革。例如对于电动汽车而言，无论是"三纵"还是"三横"布局，都是针对有形的汽车实体创新而言。在物联网的时代，软件定义了万物（Software Defines Everything，SDX）智能网联汽车带来的颠覆性创新，改变了汽车产业创新链的传统面貌，它标志着软件定义和驱动创新时代的来临。

智能网联汽车是基于软件嵌入与应用的移动信息平台和信息物理系统（CPS）终端。从一定意义上讲，基于汽车 OEM 厂商定义的工业软件和网络增值服务商定义的车载嵌入式应用软件，界定了车辆与人、车辆与车辆、车辆与云平台，以及车辆与交通基础设施之间的通信协议、数据兼容标准与数据处理能力。没有相互兼容的数据通信协议和标准接口，智能网联汽车就是一个一个信息孤岛，其使用价值和市场价值也无从体现。

在智能网联汽车时代，决定汽车市场价值的主角不再是世界知名的汽车外形设计师和传统制造厂的四大工艺水平，而是一队软件工程师，以及他们不知在什么时间和地点编写的软件源代码和可执行的数字操作程序（也许在公司食堂，也许在居住区街角的咖啡店）。在汽车厂商的高级管理层中，CIO 的地位变得越来越重要。而未来的汽车售后服务明星也不再局限于那些经验丰富、心灵手巧的蓝领钣金工，而是那些专业软件和程序维护人员。

信息安全和软件更新将成为智能网联汽车未来发展的核心议题。信息安全将是全方位的，涵盖了车与车、车与人、车与云、车与交通设施之间的所有信息通信。车载软件的更新也会像我们日常使用的手机软件更新那样普通而简捷，只不过需要经过严格的身份识别和数据加密处理。

（二）商业模式创新的新视角

在智能网联汽车时代，在竞争中长期生存和盈利的商业模式变得如此重要，以至于汽车厂商、供应商、增值服务提供商和消费者，特别是中小型组织和个人消费者，都可能从商业模式创新中获益。而在传统汽车大行其道的

时代，大型 OEM 汽车厂商总是处于价值链或价值金字塔的顶端。以优步为代表的互联网约车服务公司的车辆也许没有锂电池汽车或氢能源车的技术含量高，但它产生的商业价值是巨大的，甚至是颠覆性的。

确定特定产业的正确商业模式，一个重要环节就是要准确地解析该产业的价值链构成。它通常包括以下几个递进步骤：领会消费的需求，确定可正确提供的服务，综合平衡价值、成本和市场定价，选择适当的商业模式，动员关键资源和战略伙伴（见图7）。

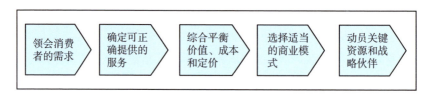

图7　定义价值构成

资料来源：GSMA Connected Living Programme，*Automotive Connected Cars*：*Business Model*，2012。

在商业模式创新中，市场行为研究和市场调查（包括生产者、消费者和服务商等在内）是非常重要的。因为决定市场行为的因素是多种多样的，因此国外研究机构在进行市场行为调查时，通常不局限于经济学或管理学领域，也会进行人类学和心理学等领域的研究。

关于车载信息服务模式创新的驱动因素随着时间的推移也在发生变化。如图8所示。

GSM 协会（GSMA）曾对车载信息服务有过成熟的市场调查，为我们进行中国智能网联汽车市场调查提供了很好的视角和方法。例如，研究机构曾对消费者的车载信息服务付费模式偏好进行调查（见图9）。从中可以看出有不同比例的消费者对于不同厂商提供的车载信息服务，在一次性支付、按月度合约支付、按年度合约支付和按次支付等不同付费方式中进行偏好选择。

（三）协同创新网络的新空间

智能网联汽车正在形成一个全新的创新网络，这是一个完全不同于传统

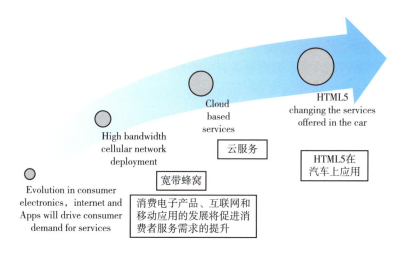

图 8　关于车载信息服务的商业模式创新驱动因素

资料来源：GSMA Connected Living Programme，*Automotive Connected Cars*：*Business Model*，2012。

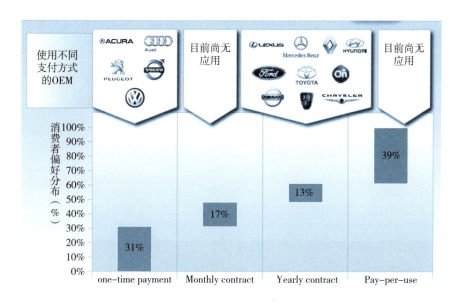

图 9　GSMA 关于不同厂商车载信息服务支付方式的市场调查

资料来源：GSMA Connected Living Programme，*Automotive Connected Cars*：*Business Model*，2012。

汽车由主机厂商主导的创新空间，是一个包括了各类大学和研究机构、中小零部件厂商、移动网络运营商、信息增值服务商、技术标准机构、专用芯片制造商、软件服务商、城市交通设施管理者等各类主体在内的广泛的创新网络。这些创新主体围绕汽车—汽车、汽车—道路—设施、汽车—人、汽车—云端、汽车—厂商等之间的信息与数据的移动传输而展开协同创新活动（见图10）。无论是从经济上还是从技术上看，单一一个创新主体通常难以垄断所有的创新环节，因此他们之间客观上也需要进行协同创新，从而形成一个多元共赢的创新网络。

图10　智能网联汽车的协同创新网络关系

（四）企业组织模式创新的新趋势

智能网联汽车的出现与盛行将改变汽车厂商传统的内部组织模式。这种变化体现在几个方面：一是组织的扁平化将日益突出，金字塔式的科层组织越来越不适应网络化时代的要求，取而代之的将是扁平化的管理结构，信息的传递是依靠互联网来实现的；二是企业内部与数据和信息处理直接相关的组织将明显增多，这些组织初始阶段主要满足企业内部的需求，随后可能独立发展成面向市场的第三方信息服务提供商；三是首席数字官（Chief Digital Officer）和首席数据官（Chief Data Officer）、首席创新官（Chief Innovation Officer）等新高级管理者可能进入企业决策层，在首席信息官领导下进行数字服务、数据服务和企业创新等方面的专业决策。

六　智能网联汽车成为国家大数据战略的重要组成部分

国家大数据战略是一个多元、复杂却是有序的数据系统。其中，智能网联汽车是一个大数据战略推进的典型应用领域。数据链将与供应链、创新链和价值链一起，构成智能网联汽车产业发展的决定性要素。

未来的全球汽车产业竞争，将是一场围绕大数据和云服务展开的平台竞争。认识早、决心大、目标明、行动快，这是决定中国在未来全球汽车价值网络竞争中占据节点甚至枢纽位置的关键。

（一）与智能网联汽车相关的大数据是国家战略资产

随着人类社会迈入大数据时代，汽车也进入大数据时代。现如今，全球每18个月新增数据量是人类有史以来全部数据量的总和。全球汽车产业每年所产生的海量数据呈指数级增长。

智能网联汽车是基于大数据的战略性应用领域，它通过连接车—人—道路—信号—云商—移动网络—卫星定位系统等，无时无刻不生产着海量的、有潜在价值的数据，这些数据可以被大量和准确采集、识别、挖掘、检索、传输、建模分析、存储和处理，从中可以跟踪分析车辆运营状况、车辆位置信息、人们驾驶行为、交通设施硬件和软件系统、交通信息化管理等方面的动态变化（见图11）。

今天，人们驾驶或非驾驶活动的踪迹都可以很快地投射到数据和网络空间，驾驶习惯、驾驶行为、行车轨迹、行驶中通信等行为都留下可记录和可分析的数据。通过大数据分析，人类可以显著改善安全驾驶、客户体验、质量与可靠性、经销商服务、信息娱乐和位置服务等各种增值服务（见图12）。

汽车蓝皮书

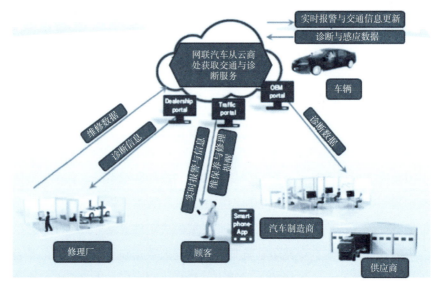

图11   智能网联汽车的数据链与应用

资料来源：T – Systems International GmbH，*Connected Car：Traffic and Diagnostics*，2013。

大数据能力不仅对个人驾驶行为、企业决策和行业发展有影响，甚至对交通管理、社会管理和国家治理等方面也将产生深远的影响。也正是基于此种原因，世界经济论坛的报告指出大数据为新财富，价值堪比石油。

图12   智能网联汽车提供的数据分析机遇

资料来源：SAS，*The Connected Vehicle：Big Data，Big Opportunities*，2015。

根据德国研究机构 T – Systems 的研究报告，大数据被认为具有 4V 特征（T – Systems International GmbH，2013）①。

——容量（Volume）：被获取的海量大数据呈现指数级增长态势；

——速度（Velocity）：高速处理比特与字节；

——多样性（Variety）：数据来源和格式多元化；

——价值（Value）：数据可以被转换成有意义的观点。

综合大数据的上述 4V 特征，我们不难理解这样一个基本判断，即汽车大数据是一个潜力无限和价值无限的有待挖掘的数据宝藏，称之为国家战略性资源是名副其实的。既然是战略性资源，就要体现国家意志，要有目的、有规划、有监管地挖掘、保护与使用。

（二）大数据能力将重新定义汽车产业竞争力和竞争格局

在智能网联汽车的时代，大数据的综合处理能力将构成企业核心竞争力，决定着一个企业的兴衰成败，决定着一个国家汽车产业的竞争力，决定着全球汽车产业的商业版图。因此，大数据战略无论如何都应当被赋予最高的企业和国家战略权重。

今天，大数据处理能力已经成为衡量企业和产业竞争力的核心指标。哪个企业能够从纷繁芜杂的大数据中梳理和挖掘出有价值的数据与信息，并通过成功的商业模式转换成可市场化的数据产品和服务，这个企业就能够抢占到数字竞争的制高点。例如，IBM 曾经归纳了与智能网联汽车相关的六个方面的外部数据服务需求，不同的数据服务需求都对应着不同的商业模式。将商业模式转换成市场价值，就成为智能化时代企业的一种核心竞争力（见图13）。

麦肯锡全球研究所为了更准确地把握企业数字化发展趋势以及所面临的机遇与挑战，在跟踪分析和评估了全球 150 家企业与数字化战略、能力和文化相关的 18 类活动基础上，提出了一个衡量企业数字化成熟度的简单指标——数字商（Digital Quotient，DQ）并对上述样本企业的数字商值进行了

---

① T – Systems International GmbH，*Connected Car：Traffic and Diagnostics*，2013.

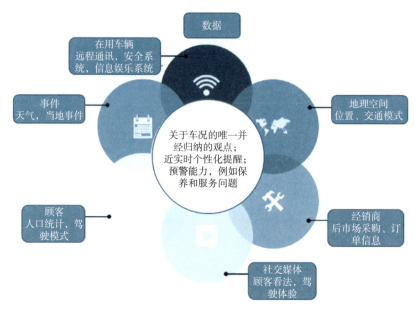

图 13　IBM：与智能网联汽车相关的六个方面外部数据服务

资料来源：IBM Software，*IBM MessageSight in the automotive industry*，2014。

对比分析（见图 14）。他们通过评估得出了四点经验（Tanguy Catlin，Jay Scanlan，and Paul Willmott，2015）①。

一是现存企业必须审慎考虑可行的战略。单纯在全球范围内进行颠覆性创新的企业毕竟是少数。95% ~99% 的企业不应在现有业务范围内进行边际化的数字变革，而应当全身心地投入进去，并制定清晰的战略。

二是企业成败取决于在战略指导下大规模投入数字化转型的能力。

三是尽管技术上的数字化能力（例如数据分析、数字内容管理和搜索引擎优化等）是非常关键的，但是强有力的、适应性强的文化可以弥补技术能力上的不足。

四是企业应当根据他们既定的数字化战略来设计组织结构、人才开发、融资机制和核心绩效指标（KPI）。

---

① Tanguy Catlin，Jay Scanlan，and Paul Willmott，*Raising your Digital Quotient*，McKinsey Quaterly，June 2015.

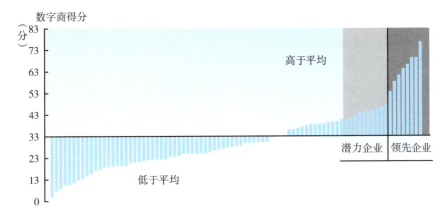

图14　大企业数字化成熟度评估呈现很大差异

资料来源：Tanguy Catlin, Jay Scanlan, and Paul Willmott, *Raising your Digital Quotient*, McKinsey Quaterly, June 2015。

美国联合包裹公司（UPS）通过行车整合优化和导航系统（On‑Road Integrated Optimization and Navigation，ORION），利用安装在上千辆运输车辆上的传感器不断发回的数据流来优化线路，UPS公司运输路线缩短了530万公里，引擎闲置时间减少了1000万分钟，节省了65万加仑的油，碳排放量减少了6500多吨[①]。

可以预期，当越来越多的汽车企业（包括传统汽车厂商，也包括新兴的基于互联网的汽车后市场增值服务提供商）娴熟地运用大数据技术，进行智能网联汽车的开发与应用时，一个庞大的价值网络和智能网联产业生态将逐渐形成，并为国家大数据战略的实施提供强有力的支撑。毕竟，大数据战略不是一个抽象的概念，而是分解到各行各业之中，通过看得见摸得着的物理世界，与看不见摸不着的虚拟世界——移动互联网、大数据、云计算、人工智能（AI）、虚拟现实（VR）、增强现实（AR）等先进信息技术的耦合与创新，实现整个产业的持续扩张和新价值网络的创造。

[①]　陈新河：《软件定义世界，数据驱动未来》，工业和信息化部电子科学技术情报研究所网站，2013年12月14日。

B.10
促进我国智能网联汽车产业
发展的政策保障

一 制定发展战略，为我国智能网联汽车产业发展提供顶层设计

国际金融危机爆发以来，以信息技术的广泛渗透和深度应用为基本特征、以"一主多翼"为主要表现的新一轮产业革命，在全球范围内快速酝酿兴起。正如铁路、电力、汽车等人类工业发展史上核心技术系统的整个生命周期通常远远超过一个世纪一样，以集成电路、电子计算机、软件、微电子、光纤通信、移动通信、互联网等为代表的信息技术的出现和应用，开始于20世纪中叶，预期将成为影响未来相当长的时期内全球产业发展的核心力量（见图1）。

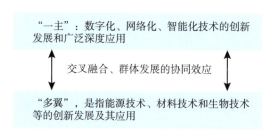

图1　新一轮产业革命"一主多翼"示意

资料来源：作者自绘。

在这样一个大的技术背景下，就汽车产业而言，智能网联无疑代表着未来发展方向，也是产业国际竞争制高点所在。比如，麦肯锡2013年5月发布的《颠覆性技术：改变生活、商业和全球经济的进展》报告中就指出，

无人驾驶车辆是改变世界的 12 项颠覆性技术之一，预计到 2025 年全球无人驾驶汽车及对经济影响的潜在价值为 0.2 万亿~1.9 万亿美元。再如，据美国《福布斯》和美国电器及电子工程师协会（IEEE）预测，汽车自动驾驶时代将于 2040 年前后到来，届时全球 70% 以上的汽车都是无人驾驶汽车。[①] 又如，据麦肯锡发布的 "2015 年汽车互联和自动驾驶技术咨询报告"，预计未来 10~20 年，电动化、互联化、自动驾驶、汽车共享/多元化乘车的融合将极大影响消费者的乘车体验；90% 的受访车企高管认为公司的商业模式将因为互联和自动驾驶而改变，80% 的受访车企高管预计其业务将因为数字化和互联化受到新同行的挑战；智能互联和自动驾驶技术对未来汽车行业将产生举足轻重的影响，而上一次令人兴奋的创新要追溯到几十年前丰田的 "精益生产"。[②] 此外，据罗兰贝格公司的分析，智能网联汽车时代将在 2018 年到来，届时智能网联汽车销量占乘用车总销量的比例将达到 67%。

从各国的实际发展情况来看，根据罗兰贝格公司的跟踪性分析，总体上德国、美国这两个国家在智能汽车发展方面处于领先地位，且各有优势；瑞典、英国、中国、韩国、日本、意大利、法国等国与领先国家有明显差距，但在某些具体方面各有所长。以截至 2016 年第一季度的研究分析为例，在 "行业发展水平" 指标上，德国位居首位，美国、瑞典、日本等国也展现出较高的水准；在 "市场规模" 指标上，美国位居首位（安装辅助驾驶系统的车辆保有量非常巨大），德国（搭载辅助驾驶系统的商用车辆占据较高份额）、瑞典（安装高级驾驶辅助系统的车辆比例全球最高）等国紧随其后；中国在市场规模方面有不错表现，但行业发展水平与领先国家的差距依然巨大（见图 2、图 3）。

近年来，全球几乎所有重要的传统汽车厂商高度重视智能网联汽车的发展。比如，大众汽车公司推出 Volkswagen Car - Net 车联网服务，是一种提供车辆远程信息交互功能的全新智能辅助系统。再如，宝马公司面向未来战

---

① 资料来源，http：//auto. people. com. cn/BIG5/n/2013/0610/c1005 - 21809482. html。
② 资料来源，http：//www. caam. org. cn/hangye/20151105/1405177569. html。

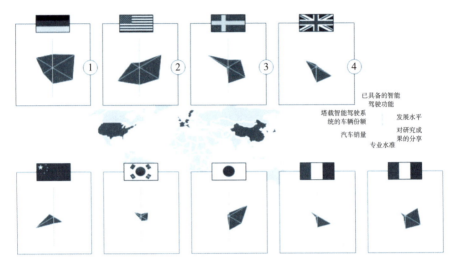

图2　全球主要汽车国家智能汽车竞争水平比较

资料来源：罗兰贝格汽车行业中心、亚琛汽车工程技术有限汽车公司，《全球智能汽车发展指数（2016年第一季度）》。

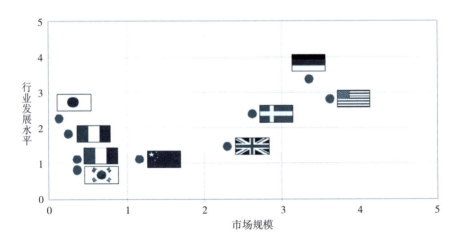

图3　全球智能汽车发展指数（2016年第一季度）

资料来源：罗兰贝格汽车行业中心、亚琛汽车工程技术有限汽车公司，《全球智能汽车发展指数（2016年第一季度）》。

略的核心包括新能源汽车、车联网和自动驾驶，其中在自动驾驶领域将推进自动化与互联驾驶的发展，并重点发展高精度数字地图、传感器科技、云科技、人工智能等关键领域。再如，奥迪公司表示，将在未来5年内投入240亿欧元用于自动驾驶领域，其中70%~80%将直接用于相关技术和产品的研发。又如，通用汽车公司表示，到2016年底，将有1200万辆搭载安吉星系统的通用汽车在全球各地行驶；到2020年其全球汽车销量的75%将实现互连。此外，北汽集团等国内传统汽车厂商也开始进入无人驾驶等领域。除这些传统汽车厂商在不断通过内部研发、对外并购、战略合作等方式抓紧布局智能网联汽车之外，大量的跨界企业也普遍选择智能网联作为进入汽车产业乃至广义的交通出行服务的切入点。以无人驾驶汽车测试为例，据美国加州机动车管理局（Department of Motor Vehicles，简称 DMV）资料，截至2016年4月21日，取得上路测试许可的公司有13家，其中既包括大众、奔驰、宝马以及博世、德尔福等传统汽车整车厂商和零部件供应商，还包括谷歌、特斯拉等耳熟能详的跨界企业，甚至还包括如 Zoox、Cruise（已被通用汽车公司收购）、Drive. ai 等初创型企业。①

在全球汽车产业竞争的新格局下，再考虑到汽车产业作为我国国民经济发展重要支柱产业的地位在短期内不会改变的事实，如何促进我国智能网联汽车的发展无疑具有极为重要的现实意义，也是时不我待的一项工作。与此同时，智能网联汽车的发展在全球都仍处于起步阶段，其影响范围即涉及的政府部门、社会组织、企业和消费者都非常广，还存在着诸如管理权限划分调整、法律责任认定、信息安全等一系列新的问题，这都要求我国尽快出台相关顶层设计，为各利益群体提供一个行动指南。

智能网联汽车发展的顶层设计需要明确几个重要问题。一是确认全球汽车产业智能网联发展的大趋势，为各利益相关主体指明未来发展方向。二是明确智能网联汽车发展对国民经济社会发展的重大意义。在经济发展层面上，这个跨界融合、体量巨大的产业的良好发展，对实现国民经济持续健康发展和创新驱动发展都具有重要的推动作用；在社会和环境层面上，智能网联汽车的发展能够有效减少交通事故及人员伤亡、缓解交通拥堵、减少能源

---

① 资料来源，http：//www. dmv. ca. gov/portal/dmv/detail/vehindustry/ol/auton_ veh_ tester。

消耗及环境污染等。在改革层面上，新技术、新商业模式的发展特别是新进入企业的冲击，能够为推动相关领域体制机制改革提供良好机遇。三是明确促进产业发展的基本原则。包括：更好发挥市场在资源配置中的决定性作用和更好发挥政府作用；产业政策重点是提出需要通过产业发展实现的既定经济社会发展目标，对由谁来实现以及用何种方式来实现等不做具体要求，等等。四是提出一些政策保障措施的新思路。包括：综合运用需求侧创新政策和供给侧创新政策；对相关职能部门协同合作提出具体要求；开展全生命周期政策评估，提高财政资金使用效率，等等。

此外，还需要引起重视的一个问题是，形成各利益群体间的广泛共识是制定好并实施好战略的重要前提条件。以德国为例，行业组织在汽车产业管理中发挥着举足轻重的作用。行业组织是政府与企业之间的"中间人"，有义务将企业的利益诉求传递给政府部门，并且凭借其在专业领域的知识、人才为政府部门相关决策制定提供意见建议。而且，很多行业组织还肩负着为广大中小微企业表达利益诉求的义务，从而确保相关战略计划的制订是建立在社会广泛共识的基础之上，这也是战略按计划实施的必要前提条件。国际金融危机之后，各主要国家出台了很多经济社会以及产业发展战略，比如美国"再工业化"和"先进制造业伙伴计划"、德国的"工业4.0"和"数字化战略2025"、中国的"互联网＋"行动和"中国制造2025"等。综观这些战略计划的制订和实施情况可以发现一个基本事实，制定出一项好的战略或者说提出一个好的顶层设计特别是要能有效贯彻落实，广泛征求利益相关群体的意见建议并达到广泛共识是必要条件。如若不然，其作用往往仅是写出一份好的文件。

二 加强部门协作，为我国智能网联汽车产业发展提供政策合力

智能网联汽车的发展涉及经济社会的诸多方面，其利益相关主体的范围远比传统汽车乃至新能源汽车更大，覆盖面之广在汽车产业领域可谓"前

所未有"。根据中国汽车工业协会的定义，智能网联汽车是指搭载先进的车载传感器、控制器、执行器等装置，并融合现代通信与网络技术，实现车与X（人、车、路、后台等）智能信息交换共享，具备复杂的环境感知、智能决策、协同控制和执行等功能，可实现安全、舒适、节能、高效行驶，并最终可替代人来操作的新一代汽车。从这个基本定义出发，如果说传统汽车是一个个孤立的点，整车厂商与零部件供应商、整车厂商与消费者等之间的联系都是单向的，那么智能网联汽车所代表的生态系统更像是一张"大网"，其多元连接和开放性决定了会有更多的政府部门、行业组织、各类型企业以及消费者等参与其中。

在明确相关发展战略之后，建设智能网联汽车这个新的产业生态系统关键在于如何落实战略，在政策层面上有两个核心问题，一是加强跨部门协调，二是提高政策有效性。历史经验和现实情况都表明，目前我国在这方面的工作还存在不少可改进之处。一方面，跨多个部门的战略制定和实施必须以部门良好协同为基础。就我国的情况而言，传统汽车产业的政府管理职能就分布在多个部门，包括发改、工信、交通运输、公安等，协调难度很大。在智能网联汽车产业发展中，除这些部门之外，还会有一些新的职能部门需发挥监管作用，而且原有部门中还将会有更多的司局涉及其中。跨部门协调以及部门内部不同司局之间的协调，是一项非常复杂但又必须要做好的工作。如果不能以一种机制性的手段解决这个问题，"政出多门""政策相互打架"的问题必然将继续发生，战略实施效果不可避免地也会大打折扣。另一方面，政策有效性和针对性迫切需要提高。不同政策之间相互能否协调好是一个重要问题，单个政策是否有效也是一个重要问题。经验表明，做好政策全生命周期的评估，是确保政策有效性的一种行之有效的方法，也有助于避免政策效果不显著或者逆向而行导致朝令夕改问题。在这个方面，我国已经有了一些进展，但政策评估体系还需要进一步健全完善。

从国际经验来看，有几个方面可供借鉴。第一，各主要国家在政府层面都有一个集多项管理职能于一身的汽车综合管理部门，如美国的交通运输部，德国的交通、建设与城市发展部，日本的国土交通省，韩国的国土交通

部，等等。这种管理模式的好处在于，由单个政府部门执行车辆的开发、生产、使用直至报废全生命周期管理，避免交叉或者重复管理，降低部门间协调难度。第二，各部门依据法律法规授权实现分工和协作，各司其职。对于各职能部门工作中不可避免的交叉协调，主要国家都通过法规文件的形式明确部门之间的分工和协调程序，不仅有利于各部门遵循共同的行为准则来交接和协调工作，而且能够减少人为干预和不确定性，从而显著提高部门间协调的效率。第三，主要国家都建立了一套相对完备的政策评估体系。政策制定出台，需要严格遵守一整套相关程序或流程，并且对政策进行预评估，从而尽最大可能确保政策的有效性和针对性。此外值得注意的是，公开透明也是提高政策有效性的重要方法。比如，美国政府在出台政策之前，其中一个必要环节是征求相关领域专家以及广大公众的意见，确保政策出台符合最大范围内相关群体的利益。

有鉴于此，笔者提出以下三条建议。一是制定关于我国智能网联汽车发展的国家战略。在战略制定过程中，要建立有效平台充分听取吸收各利益相关主体的意见建议。在战略制定之处就要充分考虑战略的可实施性、可执行性，把确保战略实施和落地作为战略制定的重要方面来考虑。二是强化各职能部门在智能网联汽车产业发展中的协同。在现有行政管理体制框架下，可考虑借鉴关于电动汽车发展以及"中国制造2025"战略的部门协同机制。待后续条件成熟后，在行政管理体制改革中充分考虑行业发展要求。三是以政策全生命周期评价为抓手，切实提高政策有效性和针对性。借鉴发达国家已有的成熟经验，建立一套关于政策制定及回顾的有效机制。

三　促进基础设施建设更新和互联互通，为我国 智能网联汽车产业发展提供基础支撑

目前实现无人驾驶有两种代表性技术路径。第一种是以谷歌为代表的IT企业开发的基于复杂传感系统的无人驾驶车辆。这些车辆以详细的3D地

图数据为重要基础，通过对地形进行自主探测与学习记忆，不断完善地图数据并结合精准的定位系统，来实现无人驾驶。这种方式对各类地形和道路的适应性较好，但是费用高昂。第二种是以奔驰等为代表的传统汽车厂商开发的基于普通车载传感系统的自动驾驶车辆。这类车辆通过雷达、摄像头等常规车载传感器识别车道线、交通信号灯等交通基础设施，并能够判别周边的其他车辆及行人等障碍物，来实现无人驾驶。这种方式成本相对较低，但对道路和交通系统标识的依赖性很强。

事实上，无论是以上何种技术路线乃至未来将会出现的其他技术路线，相比传统汽车乃至新能源汽车，智能网联汽车的发展对包括道路交通基础设施、通信和网络基础设施以及不同基础设施之间的互联互通都有着迫切需要。第一，对道路交通基础设施更新改造有迫切需要。我国所处的发展阶段以及基本国情决定了我国的道路交通运输状况比绝大多数发达国家都要更加复杂，规范秩序的建立完善也相对滞后。这种局面，尽管为智能网联汽车的发展提供了倒逼式机遇（能够适应各种复杂工况的产品无疑具有更广阔市场前景，并且具备更强市场竞争力），但也确实施加了诸多困难，包括上路试验测试难等，特别是在城市内路网。第二，对通信和网络基础设施更新改造有迫切需要。从智能网联汽车的基本定义出发可知，智能网联的最直接体现就是车与X（人、车、路、后台等）智能信息交换共享，从而具备复杂的环境感知、智能决策、协同控制和执行等功能。要实现这一点，一个高速、安全、互联的通信和网络基础设施是必备的前提条件。但在这个方面，我国与发达国家还有比较明显的差距。比如，综合多种国际比较数据发现，尽管我国宽带普及率超过世界平均水平，明显高于发展中国家平均水平，但仍不及发达国家水平；宽带网速近年来显著提高，但仍然低于全球平均水平；网费价格绝对水平不高，但网费支出占居民收入比重相对较高。第三，对多种交通基础设施之间的互联互通有迫切需要。在智能网联汽车发展过程中，各类型基础设施不能再被看作孤立的体系，而应该从系统集成的角度来看待。这就要求，必须要对基础设施建设有通盘考虑、统筹规划，这也需要各相关职能部门的协同合作。智能网联汽车相关基础设施的复杂程序可以用

汽车蓝皮书

图 4 表示。由此可见，智能网联汽车需要与路况设施、人、移动设备、周边服务、其他车辆等在内的周边环境进行信息交流与互动，同时还需要能够支持多种移动服务功能。

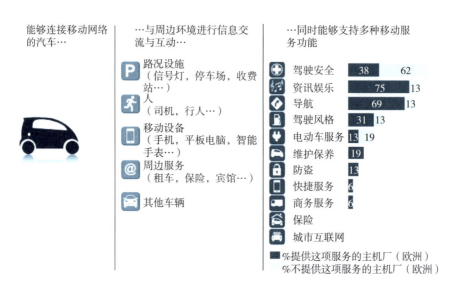

图 4　智能网联汽车需要可以与周围环境进行信息交互并支持多样的移动服务

资料来源：罗兰贝格。

在局部地区先行先试，发现问题、探索出路、总结经验，无疑是一种重要尝试。上海国际汽车城无人驾驶汽车测试基地就是一个典型案例。① 2016年6月7日，由工业和信息化部批准的国内首个"国家智能网联汽车（上海）试点示范区"封闭测试区在嘉定举行了开园仪式，可以为无人驾驶汽车提供综合性的测试场地和功能要求。据介绍，目前正式投入运营的封闭测试区（一期），共建设了一个 GPS 差分基站、2 座 LTE－V 通信基站、16 套 DSRC、4 套 LTE－V 路测单元、6 个智能红绿灯和 40 个各类摄像头，整个园区道路实现了北斗系统的厘米级定位和 Wi-Fi 全覆盖，建立了隧道、林荫道、加油/充电站、地下停车场、十字路口、丁字路口、圆形环岛等模拟交

---

① 资料来源，http：//www.at－siac.com/news/detail_ 1733.html。

264

通场景，可以为无人驾驶和 V2X 网联汽车提供 29 种场景的测试验证。在活动现场，已经有上汽、通用、沃尔沃等整车企业，清华大学、同济大学、吉林大学等高校以及国家技术转移东部中心、博世集团、东软、中科院等开发的 25 辆无人驾驶、自动驾驶、网联汽车入园，测试复杂环境下的感知、智能决策、协同控制和执行等功能。

专栏 1　世界各国智能网联汽车示范区情况

汽车发达国家都在斥资建设智能网联汽车示范区，通过模拟多种道路和场景来提供实际的运行环境，测试 V2X、无人驾驶汽车等技术。

1. 美国

美国无人驾驶汽车示范区分为两大竞争阵营，分别是位于东部的底特律 Motor City（属于密歇根州）和位于西部的硅谷 Silicon Valley（属于加利福尼亚州），共有 4 个示范区。

（1）硅谷 Silicon Valley。第一个是 GoMentum Station。位于硅谷以北 40 英里的康科德海军武器站内，是一座废弃的海军基地，占地 2100 英亩。康科德海军武器站占地 5000 英亩，已经铺好 20 英亩的公路和街道，其中立交桥、隧道、铁路等城市基础设施一应俱全，而且其优越的地理位置对苹果、谷歌以及梅赛德斯－奔驰、大众、日产等企业的本地研发部门都很具吸引力。但截至 2016 年年初，只有本田公司与其签订了合作协议，与梅赛德斯－奔驰公司一起测试其自动驾驶原型汽车讴歌 RLX。第二个是 Castle 空军基地。谷歌公司于 2014 年租用加利福尼亚 Castle 空军基地内 60 英亩土地（现为 100 英亩左右）用于测试其无人驾驶汽车并培训司机。这个封闭测试场内部有类似于郊区和城市街区的街道、支路和公路延伸，同时还能模拟交通信号灯、停止符和交通环岛，甚至还有雨天模拟器。测试现场共有 53 辆无人驾驶汽车，时速不超过 25 英里。自宣布开始实地测试以来，谷歌公司无人驾驶汽车在公共道路和封闭测试区的总行驶里程已经超过 130 万英里。

（2）底特律 Motor City。第一个是 Mcity。Mcity 作为全球第一个测试无人驾驶汽车、V2V/V2I 车联网技术的试验区，受关注度一直很高。Mcity 由

密歇根大学交通研究中心负责建立，占地共 32 英亩。目前，该测试区已与福特、通用、本田、日产、丰田、德尔福等 15 家整车企业和零部件供应商开展了相关合作。Mcity 主要包括两个测试区域，即用于模拟高速公路环境的高速试验区和用于模拟市区和近郊的低速试验区。其中低速试验区包含数英里长的两车道、三车道和四车道公路，还有交叉路口、交通信号灯以及指示牌，整体布局与美国普通城镇基本一样。第二个是 Willow Run 测试基地。该基地原是通用汽车 Willow Run 工厂的一部分，占地面积超过 335 英亩，由密歇根大学主导建设。密歇根当地政府议员表示 Willow Run 会是 Mcity 的"2.0 版本"，拥有更加复杂的交通环境布局。目前基地建设已经得到了密歇根州政府 2000 万美元的财政补贴，预期将于 2018 年初建成并对外开放。

2. 欧洲

2013 年 6 月，荷兰、德国和奥地利签署协议共同合作智能交通项目，即联合智能交通走廊项目。2014 年，瑞典宣布建立 AstaZero 安全技术综合试验场。

以 AstaZero 为例，试验场定位于一个开放的国际性平台，服务于全球的包括汽车制造厂商、供应商、立法机构、道路管理部门、学术及技术研究机构在内的利益相关方。该测试场占地面积约 200 万平方米，总建筑面积约为 25 万平方米。该测试场有一条 5.7 公里长的乡村道路，设置了 4 个 40×25 米的活动模块用以模拟城市环境；同时还有一个直径为 240 米的环形高速测试区，通过减速带与另一条 700 多米长的多车道道路相连。该测试厂可以全景模拟城市、乡村、高速路等多种路段，并且可以供无人驾驶汽车和机器人进行测试实验。

3. 日本

2016 年 3 月，日本政府宣布将在位于筑波科学城的茨城县日本汽车研究所建设一个占地 15 万平方米的自动驾驶汽车测试基地。相关政府部门将通过跑道、建筑模型、无线电通信干扰设备等相关设施建设，重点要在其中创造出所有可能出现的不利条件与场景，用于检验自动驾驶汽车在面临意外状况时的应对水平。该测试基地预计将于 2017 财年完全投入运营。

4. 新加坡

2014年8月，新加坡成立了自动驾驶汽车动议委员会，用于监管自动驾驶汽车的研发和测试。相关测试在维壹科技城开展，由新加坡的土地与交通管理部门主导。

资料来源：盖世汽车资讯，http://auto.gasgoo.com/News/2016/06/13085413541360 361385838.shtml。

总的看，在基础设施建设方面有以下几点政策建议。一是加强相关部门之间的协同。与这些基础设施建设和互联互通相关的管理职能分散在各个职能部门之中，需要做好统筹规划，加强部门间协调，避免"各自一盘棋"现象。二是继续支持地方政府或企业开展与基础设施建设相关的试点工作。在试点过程中，不断发现问题、探索出路，及时总结经验并在条件许可情况下予以推广。三是通过公私合作伙伴关系（PPP）方式推动基础设施建设。这类基础设施建设前期投入大、回报周期长，财政资金支持不可或缺。但与此同时，仅仅依靠财政资金投入是不够的，资金投入需要多元化，需要通过适当方式引入各类型社会资金共同参与建设运维。

四 突破关键核心技术领域，为我国智能网联汽车产业发展提供不竭动力

智能网联汽车领域的核心技术，相比传统汽车领域有了更多拓展，特别是纳入了更多先进信息技术。据中国电子信息产业发展研究院分析，智能网联汽车的关键技术包括五大类。第一类是感知模块的关键技术，主要包括图像识别技术、雷达技术、车辆定位与高精度地图技术。第二类是决策模块中的关键技术，主要包括信息融合技术、任务决策技术、行为决策技术。第三类是控制模块中的关键技术，主要包括横向控制技术、纵向控制技术、运动控制技术、协同控制技术。第四类是通信模块中的关键技术，主要包括车内通信技术、车间通信技术、车路通信技术、车辆与互联网通信技术。第五类

是各模块通用技术，重点是数据处理技术，包括非关系型数据处理、数据高效存储和检索、大数据的关联分析和深度挖掘等。以上这五类关键技术基本是与智能化、网联化高度关联的技术，除此之外，因信息网络技术与研发和生产制造相结合产生的车辆智能制造技术也是非常重要的关键技术。在这些关键核心技术领域，从目前的情况来看，我国企业与全球领先企业还存在着不小差距，有些差距在短时期内也难以缩小。观察表1可以发现，美国企业占据绝对优势地位，德国、日本等传统汽车强国的企业也颇具竞争力，而我国国内企业则还处于相对弱势地位。特别是在产业链的上游环节，国内企业无一入选，与领先企业差距巨大。考虑到很多国外领先企业已在智能网联汽车发展方面有着多年积累和储备，差距在未来被进一步拉大的可能性也是存在的。

表1　智能网联汽车产业链构成及代表性企业

产业链			代表性企业
上游	芯片	处理器芯片	飞思卡尔,英特尔,高通,博世,大陆,奥托立夫
		微控制器MCU	博世,大陆,电装
	传感器	传感器	德尔福,博世,大陆,奥托立夫,松下,索尼
		雷达	谷歌
		摄像头	博世,大陆,电装
	智能操作系统		苹果,谷歌,微软
中游	整车制造	动力总成	博世,德尔福,大陆,伟世通,电装
		底盘与车身控制	博世,德尔福,大陆,伟世通,电装,富士通
		电池包	特斯拉
		整车品牌	通用、福田、宝马、大众、沃尔沃、奔驰、丰田、本田、日产、一汽、东风、长安、上汽等
	信息终端制造	多媒体终端	航盛
		导航仪	航盛,好帮手
下游	车辆运维服务	车况实时监测	博泰、车易通
		车辆远程诊断	智信通、腾讯、福特、沃尔沃
		车辆维护提醒	腾讯、通用、大众
		车辆远程控制	通用、上汽
	信息内容服务	地理位置服务	高德、凯立德、百度、谷歌
		交通信息服务	百度、谷歌

资料来源：转引自中国电子信息产业发展研究院，《中国智能网联汽车产业发展战略研究报告》。

另据罗兰贝格的分析，智能网联汽车产业的发展需要构建不同类型的关键能力，包括汽车零配件生产、生产智能设备/操作系统、运送智能网联汽车/设备、提供网络连接、数据处理、提供服务、客户关系管理等，而具备这些关键能力都需要先进技术的支撑（见图5）。

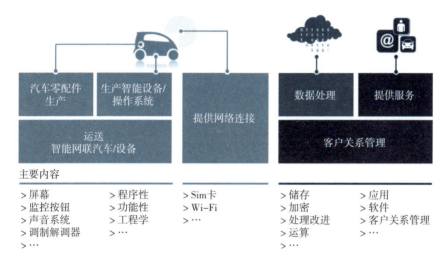

图5　智能网联汽车产业发展需要构建的关键能力

资料来源：罗兰贝格。

一般而言，要实现创新突破，要么靠跨国并购，要么靠自主研发。但已有太多例证表明，要想在这些关键核心技术领域实现突破，基本只能依靠自主研发。相比以往，新一轮产业革命背景下的创新有显著不同，在组织方式上表现出网络化、全球化的特点，在来源上表现出主体更加多元化、更多依靠知识资本、更多体现跨界融合并出现在"边缘地带"的特点。近年来，各主要国家政府和领先企业在引领创新方面有不少新的举动，更加适应时代和技术发展要求。在政府层面，重点是营造良好的创新环境，如美国政府两度发布《创新战略》；集中力量攻克竞争前共性技术，如美国建立制造业创新网络以及15个重点领域的实验室；把推动信息技术的广泛和深度应用作为创新的重要突破点，如德国发布《数字议程（2014～2017）》和《数字化战略2025》；对初创型企业给予更多关注和政策支持，等等。在企业层面，

重点是持续加大对 R&D 以及广义上知识资本的投资，特别是一些 IT 行业跨界企业和初创企业在这方面表现突出；通过跨界并购快速弥补短板或者进入新的领域，很多传统汽车厂商在这方面都有不少尝试，如奥迪联合奔驰、宝马共同收购了数字地图公司 HERE 等实例；组建或者加入各种产业联盟以共同研发共性技术或者制定推广标准；通过战略合作方式加强企业间合作实现互利共赢，等等。

专栏 2　对知识资本的基本认识

无形资产（Intangible Asset）对创新及经济增长至关重要。在一些国家，无形资产投资已经成为商业部门（不包括各级政府、医疗和教育部门、房地产行业）投资的主体部分，如美国无形资产投资自 20 世纪 90 年代初就已经超过有形资产投资，英国、芬兰等国也在近几年出现了类似变化。事实上，OECD 早在 1996 年就提出"知识经济（Knowledge-based Economy）"概念，认为全球经济将进入一种建立在知识的生产、分配和使用（消费）基础上的经济发展模式。但长期以来，无形资产的重要性并没有真正受到重视。

知识资本理论就直接来源于研究者对无形资本问题的长期关注。在基本认识方面，主要形成了以下两点共识。第一，知识资本来源于一系列无形资产。这些无形资产能够为企业带来长期收益，并且正在逐渐成为发达国家商业部门投资的主体部分和促进经济增长的核心要素。按照被广泛接受的分类标准（Corrado, Hulten and Sichel, 2005；OECD, 2013），知识资本主要包括三大类。第二，知识资本将重构 GDP 统计体系和增长核算框架。其中的重点是要将知识资本积累相关的支出记为投资，这既是逻辑一致性的考虑，同时也符合现行统计惯例。这种改变对企业也会有很大影响见表 2。

截至目前的研究发现，第一，发达国家商业部门知识资本投资规模在迅速扩大，在一些国家已经超过了有形资产投资规模。以美国为例，非农业商业部门的知识资本投资在 20 世纪 50 年代平均为 194 亿美元/年，在 2000 ~ 2003 年已经达到 12262 亿美元/年，在 2007 年更是高达约 1.6 万亿美

表2　知识资本分类及简要说明

主要分类	简要说明	具体类别
可计算机化信息	计算机程序中编码化的知识及可计算机化的数据库	软件
		数据库
创新知识产权	受知识产权相关法律法规保护的知识资产,如专利、设计、版权、商标等。其中一些资产的获得是因为R&D投入,但很多还是来自对艺术原创、建筑设计、金融产品创新等其他创造性活动的投入	科学工程类 R&D
		矿藏勘探
		艺术原创(通常伴随版权、许可)
		金融服务业新产品开发
		新建筑和新工程的设计
		人文社科类 R&D
经济竞争力	附着于企业内部人力资源和组织资源上的知识,如企业特定的培训、组织资本、品牌权益等	品牌资产
		培训
		组织资本

资料来源：OECD（2013），Corrado、Hulten and Sichel（2005，2009），作者翻译。

元。自20世纪90年代后期，美国知识资本投资就已经超过有形资产投资。第二，人均知识资本积累对劳动生产率提高的贡献约为25%，而资本对长期经济增长的作用被低估。第三，相比现行的R&D指标，知识资本指标更有利于全面认识创新和更准确衡量创新。事实上，各个国家R&D投入占知识资本投资的比例仅在10%~25%。

从这些研究来看，知识资本对企业创新发展至关重要，但目前在政策层面上受到的重视还不够。未来，一方面需要通过调整优化统计体系来"显性化"知识资本的重要性；另一方面也要以广义的知识资本投资来作为创新政策的着力点。

有鉴于此，笔者提出以下几点政策建议。一是在国家层面集中力量进行基础研究及重点技术攻关，并展开科研管理人员管理体制改革以更好地激发科研人员积极性和创造性。二是综合运用需求侧创新政策和供给侧创新政策。这两类政策的理论基础不同，对创新的认识不同，普遍认为在产业发展不同阶段的重要性也不同，需要根据产业发展情况的变化统筹使用。三是切实发挥好各类产业联盟的作用。联盟需要设定有限、具体的目标并且动态调

整，需要通过建立合理的组织架构来凸显成员之间的合作关系。四是从更好促进创新的角度进一步推动国资国企改革。让国有企业拥有更大的决策自主权，在领导考核管理中体现对创新即期投入、远期收益规律的合理把握。

专栏3　对需求侧创新政策的基本认识

激励创新的公共政策大致可以分为供给侧创新政策（Supply-side Innovation Policies）和需求侧创新政策（Demand-side Innovation Policies）两大类。两者的理论基础是不同的，而其核心是对创新的认识是不同的。

供给侧创新政策指出对创新主体的激励是最有效地推动创新产生的方式。这种理论强调创新是推动经济社会变革的核心力量，并且经济增长和经济效率也是由社会产出的知识所决定的。因此，公共政策应该着重于推动知识的生产和供给，并且最终发挥知识的溢出效应和正外部性。按照这个思路，更多的研发投入、实验室、研发人员、发明和专利会转化为更多的创新成果，最终产生更好的经济增长和更多的就业机会。这类公共政策的主要措施包括：政府直接资助的R&D活动、为激励企业进行R&D活动而出台的税收减免政策、对教育和培训的支持、产业联盟，等等。

需求侧创新政策指出表现为最终需求的市场机会对于激励创新是最重要的。这种理论不仅关注整个创新链条的前端，更关注整个创新链条的末端，即市场表现。按照这个思路，市场需求才是整合创新资源和能力，推动创新从而实现社会需要的关键。因此，需求侧创新政策更关注两个方面：一是注重激励对创新的需求，鼓励创新主体实现消费者需求；二是刺激需求市场的出现或者重构，消除阻碍创新的障碍。从基本定义来看，需求侧创新政策是指能够通过改善创新的环境、加强创新成果与最终需求的联系、增加对创新成果的需求，以达到激励创新产生和扩散的一系列公共政策，重点是消除创新成果走向市场和向更大范围扩散的障碍。

长期以来，主要发达国家在激励创新时也主要选择供给侧创新政策，而一般认为创新的需求和市场是给定的。不过，近年来，考虑到技术、产业发展阶段特征以及财政预算有限的实际情况，发达国家越来越多地开始注重使用需求侧创新政策。常见的需求侧创新政策主要有三种。一是政府采购。这已经成为很多新产品、新技术、新产业发展的重要因素。比如，美国军方采购强有力地推动了互联网、GPS、先进机器人产业的发展。而且，近年来很多采购已经不是针对既有产品，而是针对尚未很好满足的战略或者直接采购R&D支出，而且通常为中小企业制订了独立的采购计划。二是制定法规。比如，建筑领域能耗法规对推动节能服务产业的发展具有重要作用，而且通常能够规避政府选择技术的潜在风险。三是制定标准。日本的领跑者标准是其中的典型，在几乎没有公共财政支持的条件下，快速提高了产品性能，自然也提高了相关产业的国际竞争力。除以上三种主要政策外，还有领先市场、消费者政策等其他类型的需求侧创新政策（见表3）。

表3　需求侧创新政策的主要特点

政策名称	公共采购	法规	标准
政策目标	新产品或服务	促进市场吸收，增强竞争力，其他社会目标	促进市场吸收，操作的交互性，透明度
政策所需投入	财政，明晰性能需求，相关技能	法律程序，多部门协作	制定标准机构，多部门协作
对参与方的激励	增加销售额，对中小企业的优惠待遇	达成委托协议	自愿参加
主要执行者	政府部门	政府部门	产业界
政策效果	提升公共服务能力，激励创新	降低市场风险	降低市场风险
可能的风险	面对诸多异质性需求，政府部门缺乏相关经验和能力	目标可能会有冲突，程序过多	可能会造成技术封锁

资料来源：经济合作与发展组织（2013）。

五　健全完善标准体系，为我国智能网联汽车产业发展提供助推

标准体系建设，对任何一个产业的持续健康发展都发挥着重要作用，智能网联汽车产业也不例外。正如上文所言，由于智能网联汽车是一个覆盖面

极广的宏大生态系统，而且目前还处于快速发展变化期，相关标准体系建设是非常复杂的。

主要国家在这个方面起步较早，也已经取得了不少成果。比如，美国依托智能交通系统（ITS）推进汽车网联化发展，在1991年就开始着手相关工作。经过20余年的持续发展，特别是随着《美国智能交通系统战略计划（2010～2014）》和《美国智能交通系统战略计划（2015～2019）》的推进，再加上领先企业在关键技术、数据信息、测试评价等方面的长期积累和发展，美国智能网联汽车产业在标准体系建设方面走在世界前列。欧盟也以智能交通系统网络计划为依托，在《智能交通系统发展行动计划》、"Horizon 2020研究计划（2014～2021）"中推进标准化工作。日本也有类似的推进计划，起步也比较早。事实上，观察这些领先国家标准体系建设情况有如下几点借鉴意义。一是丰富的实践积累是标准体系建设的首要前提。从某种意义上讲，标准体系建设必然是滞后于产业发展的，因为行业的发展是由领先企业的不断实践和突破来引领的。这也说明，如果行业内企业在这些方面缺少发展积累，制定标准体系就如同"无源之水"。二是需要建立一套适应国情和发展需要的标准体系制定推广机制。以美国为例，美国汽车工程师协会作为一个非营利性质的教育和科研机构，致力于汽车和航空航天工程研发和标准化工作，是提出相关标准的主体单位，也提供了一个让各利益群体有效沟通的平台。

对我国而言，还存在一个所有后发国家都面临的两难困境。一方面，现有标准体系已经难以满足产业发展需求，制定相关标准体系的需求十分迫切，尽管相关工作已经启动，但做好这项工作的难度非常大。智能网联汽车涉及制造技术、信息技术等多个领域，学科专业跨度很大但又要求相互之间紧密配合，从而实现在通信传输、链路建立、信号联系、数据解析等方面协议标准的一致性，解决数据传输滞后等多个问题。而国内相关机构、企业涉足这些领域的时间还相对较短，在关键技术、基础研究、数据积累、实地测试等方面的积累还较少。与此同时，目前不同企业之间在传感系统、车载终端、通信协议、测试评价等核心技术和关键环节并不存在统一标准，全局性的行业标准依然缺少，这也不利于配套基础设施建设等方面的发展。而且考虑到多数企业还处于各自探索阶段，仓促统一相关标准也不利于企业创新发展。另一方面，主要国家在相关技术发展及标准体系建设方面已有长期积累，标准体系建设已经较为充分地反映了领先企业的实践，如果选择与这些标准体系对接，那么整个产业未来的发展都将很可能是被动跟随式的，还可能对国内一些创新造成打压，这些负面影响都需要予以充分考虑。

　　未来一个时期，我国要抓紧研究，力争尽快制定出符合国情和企业发展实际情况的智能网联汽车发展标准体系。在这个过程中，要特别注意解决以下几个问题。一是在早期阶段要为不同技术路线之间的良性竞争留有空间，尽量规避因标准制定阻碍新的创新的出现。二是要充分借鉴发达国家标准体系建设方面的有益经验，注重发挥企业在引领标准上的关键性作用，注重发挥行业组织和专家的专业化、独立性优势，注重建立能够让各利益相关主体充分表达意愿的沟通平台。三是将标准体系建设作为试点工作的重要方面，为各种技术路线创造一个实际测试，注重做好评价和甄别工作。

六　研究出台相关法律法规，将我国智能网联汽车产业发展纳入法治轨道

　　作为一个新生事物，特别是考虑到无人驾驶汽车系统的极端复杂性和对人们既有观念、认识的冲击，以及法律法规出台的严肃性，关于智能网联汽车发展的立法工作是一个世界性难题，即使是领先国家也仍处于不断摸索、论证的阶段。

　　从美国的情况来看，多种因素都对相关立法工作提出了迫切要求。第一，立法不统一制约了产业发展。最近几年，美国23个州出台了53部关于监管无人驾驶汽车的法案，涉及的关键问题包括事故责任认定和测试规则。[①] 但由于相互之间缺少衔接，各公司的无人驾驶汽车在进入不同州的城

　　[①]　资料来源，http：//itmsn.baijia.baidu.com/article/388412。

市时，都必须经过当地交通管理部门的审批。这也导致在各州边境地区运营的无人驾驶汽车会面临不利环境，并带来阻碍创新、跨州商贸等问题。第二，一些现实出现的问题要求出台相关法律法规来予以解决。除了一些无人驾驶汽车路上出现事故之外，网络安全问题也是一个新问题。2015年，在Uconnect系统漏洞被发现18个月后，菲亚特－克莱斯勒公司才将该信息告知美国联邦安全监管局，最终因上述系统漏洞可能引发安全隐患，菲亚特－克莱斯勒发布通知召回了搭载Uconnect系统的150万辆汽车。这是汽车行业首次因网络安全问题发布召回通知。网联汽车和无人驾驶汽车可能成为黑客的攻击目标，因此美国司法部要求汽车行业必须确保旗下车辆内置网络安全保护系统。

专栏4　德国、美国智能汽车法律体系建设新动向

根据《全球智能汽车发展指数（2016年第1季度）》报告分析，主要国家在这方面的情况并未发生大的变化，德国、美国总体处于领先地位，但德国仍稍稍落后于美国。

德国稍稍落后于美国，主要是因为美国一些州采取了简化的车辆上牌程序。但在这样的大背景下，值得注意的是，加利福尼亚州最近一份草案提出的最新要求显示其技术和法律规定还是相当保守。例如，一个方向盘和一个随时可以控制车辆的司机目前仍然是必要的。与此同时，德国政府已经开始着手研究制定有关无人驾驶的相关法律。德国联邦政府还发布了"智能和互联驾驶战略"，定义了未来的核心工作内容，以期为德国在法律和技术方面会遇到的挑战做好准备。其中，关系到ECE法规的内容值得特别关注，因为ECE会牵涉众多其他的欧盟国家。ECE R79就是一个例子。目前，这个规定明确禁止智能转向功能不能在时速10公里以上使用，主要原因是如果发生事故，将无法判定是由车辆还是驾驶员负责。ECE R79从而成为无人驾驶的一个关键障碍。德国政府目前尚未公布任何具体的时间计划，导致德国相比美国而言在法律条款指标上评分略低（见表4）。

表4　对相关法律的需求和实际发展程度的比较：美国与
德国在全球范围内最成熟

			必要性	实际存在	
民法		生产厂家的产品可靠性	×		>必须具备的法律法规与各国实际现行的情况做了比较 >有三大类法规是我们认为必然会涉及的：民法，公法，相关规范和标准 >现有的法规如果是必要的话也会计入打分项和排名
	车辆许可	>牌照(用于里产的车辆)	×		
		>牌照(用于测试运作)	×	×	
		>许可的车辆类型			
		>车辆批准框架	×		
		>事故数据跟踪			
		>鉴定		×	
	责任划分	>车辆所有者责任			
		>车辆驾驶员责任	×		
	数据保护		×		
公法	行业规范	>维也纳公约/日内瓦公约	×		
		>允许的间接活动	×		
	交通规范	>智能汽车能够应用的领域			
		>无人驾驶的情况	×		
	驾驶执照规范	>对用户和驾驶员的要求			
		>驾驶员培训和资格考试			
规范和标准	技术标准	>智能驾驶功能的标准			
		>功能的安全性	×		
	消费者保护条例				

资料来源：罗兰贝格汽车行业中心、亚琛汽车工程技术有限汽车公司，《全球智能汽车发展指数（2016年第一季度）》。

在我国，随着各企业开始在路上实地测试无人驾驶汽车，立法工作也迫在眉睫。比如，从法律意义上来说，现阶段所有上路测试的无人驾驶车辆都违背了现行法律规定。而且，关于这些车辆的安全性、稳定性，可能出现事故的责任认定和赔偿规则等一系列问题，都缺少相关法律依据，这让相关各方都承担着较大风险，不利于整个行业的健康发展。除此之外，与很多发达国家不同，我国的交通路网环境更为复杂，即使是城市内部各种不良交通习惯依然很多，因此与无人驾驶相关的风险因素会更多，挑战也更大。而且，在地图内容、测绘资质等方面的规定与无人驾驶汽车的发展还不相适应，这

些法律法规也需要进一步修订完善。

　　未来一个时期，需要深入研究并制定相关法律法规，这既是对各方行为的有效规范，也有利于降低各方的法律风险，促进整个产业有序发展。在这个过程中，要特别注意把握两个原则。一是循序渐进原则。相关法律法规建设涉及面广、非常复杂，不可能一蹴而就，也不能过于激进，需要仔细平衡各方的利益。二是有利于促进创新原则。智能网联汽车的有序发展，对于解决经济社会中的许多难点问题、提高社会福利都有很大益处，至少要赋予企业在符合一定规范条件、在一定范围内进行试验测试的法律权限。

主要参考文献

　　国务院发展研究中心产业经济研究部、中国汽车工程学会、大众汽车集团（中国）：《中国汽车产业发展报告（2014）》，社会科学文献出版社，2014。
　　国务院发展研究中心产业经济研究部、中国汽车工程学会、大众汽车集团（中国）：《中国汽车产业发展报告（2015）》，社会科学文献出版社，2015。
　　中国电子信息产业发展研究院：《中国智能网联汽车产业发展战略研究报告》，2015年10月。
　　经济合作与发展组织：《需求侧创新政策》，上海科学文献出版社，2013。
　　宋紫峰：《对知识资本研究进展的总结及认识》，国务院发展研究中心调查研究报告，2014年3月。
　　宋紫峰：《高度关注GDP统计潜在调整方向及影响》，国务院发展研究中心调查研究报告择要，2014年3月。
　　罗兰贝格汽车行业中心、亚琛汽车工程技术有限汽车公司：《全球智能汽车发展指数（2016年第一季度）》，2016年4月。

附　录

Appendix

B.11

附录一　汽车产业相关统计数据

产销量及保有量

表1　2002～2015年中国汽车产销量及占世界产销量比重

单位：万辆，%

年份	产量			销量		
	中国汽车产量	世界汽车产量	占世界总产量比例	中国汽车年销量	世界汽车销量	中国占世界销量比例
2002	325	5878	5.5	325	5763	5.6
2003	444	6058	7.3	439	5964	7.4
2004	507	6450	7.9	507	6403	7.9
2005	571	6655	8.6	576	6540	8.6
2006	728	6922	10.5	722	6800	10.4
2007	888	7327	12.1	879	7120	12.2

续表

年份	产量			销量		
	中国汽车产量	世界汽车产量	占世界总产量比例	中国汽车年销量	世界汽车销量	中国占世界销量比例
2008	935	7053	13.3	934	6810	15.1
2009	1379	6170	22.4	1364	6540	25.0
2010	1826	7761	23.5	1806	7460	24.2
2011	1842	7999	22.99	1851	7790	23.8
2012	1927	8414	22.90	1931	8170	23.6
2013	2212	8751	25.28	2198	8564	25.67
2014	2372	8975	26.43	2349	8824	26.62
2015	2450	9078	26.99	2460	8968	27.43

资料来源：中国汽车产销量数据2002~2014年来自《中国汽车工业年鉴》，2015年来自《汽车工业产销快讯》2016年第1期。世界汽车产销量数据2002~2004年来自Automotive News，2005~2015年来自国际汽车制造商协会。

表2   2005~2015年中国品牌轿车市场占有率

单位：万辆，%

年份	全国轿车销量	其中中国品牌销量	市场占有率
2005	276.77	72.66	26.25
2006	386.95	98.35	25.42
2007	479.77	124.53	25.96
2008	504.69	130.82	25.92
2009	747.10	221.73	29.67
2010	949.43	293.3	30.89
2011	1012.27	294.64	29.11
2012	1074.47	304.96	28.38
2013	1200.97	330.61	27.53
2014	1237.67	277.49	22.42
2015	1172.02	243.03	20.74

资料来源：根据相应年份的《汽车工业产销快讯》。

表3　2014 年中国汽车产量（含改装车）分地区构成

单位：万辆

地区名称	汽车产量	地区名称	汽车产量	地区名称	汽车产量
重庆	262.89	辽宁	121.78	陕西	37.61
北京	253.05	河北	97.80	福建	17.71
吉林	250.30	安徽	96.66	云南	17.67
上海	247.45	四川	96.28	黑龙江	11.60
广东	220.24	天津	91.90	海南	9.00
广西	209.23	浙江	65.46	内蒙古	7.14
山东	203.98	湖南	62.12	山西	4.92
江苏	198.60	河南	53.17	贵州	4.47
湖北	174.46	江西	46.5	新疆	2.20

资料来源：2015 年《中国汽车工业年鉴》（宁夏、青海、西藏、甘肃汽车产量均为0）。

表4　2015 年中国汽车分车型产销情况

单位：万辆，%

	产量	同比增长	销量	同比增长
汽车总计	2450	3.25	2460	4.68
其中:乘用车	2108	5.78	2115	7.30
其中:轿车	1163	−6.84	1172	−5.33
MPV	213	7.73	211	10.05
SUV	624	49.65	622	52.39
交叉型	108	−16.92	110	−17.47
其中:商用车	342	−9.97	345	−8.97
其中:客车	59	−2.69	60	−1.90
其中:客车非完整车辆	7	−9.11	7	−8.39
货车	283	−11.35	286	−10.32
其中:半挂牵引车	25	−13.35	25	−10.33
货车非完整车辆	34	−26.61	35	−23.62

资料来源：《中国汽车工业产销快讯》2016 年第1 期。

表5 2001～2015年中国民用汽车保有量

单位：万辆，%

年份	汽车保有量	私人汽车		
		保有量	占全国汽车保有量比重	其中:轿车保有量*
2001	1802	771	42.8	—
2002	2053	969	47.2	—
2003	2383	1219	51.2	430
2004	2694	1485	55.1	600
2005	3159	1848	58.5	861
2006	3697	2333	63.1	1149
2007	4358	2876	66.0	1522
2008	5099	3501	68.7	1947
2009	6280	4575	72.85	2605
2010	7802	5939	76.12	3443
2011	9356	7327	78.31	4322
2012	10933	8839	80.85	5308
2013	12670	10502	82.89	6410
2014*	14475	—	—	7590
2015*	16273	—	—	8793

*数据来自相应年份的《国民经济和社会发展统计公报》。

资料来源：2001～2013年数据来自相应年份的《中国汽车工业年鉴》。

经济效益

表6 2001～2013年中国汽车工业总产值

单位：亿元，%

年份	汽车工业总产值（A）	全国工业总产值		机械工业总产值	
		产值(B)	A/B	产值(C)	A/C
2001	4433.2	95449.0	4.64	20391	21.74
2002	6224.6	110776.5	5.62	24110	25.82
2003	8357.2	142271.2	5.87	25625	32.61
2004	9463.2	201722.2	4.69	35045	27.00
2005	10223.3	251619.5	4.06	41787	24.47

续表

年份	汽车工业总产值（A）	全国工业总产值		机械工业总产值	
		产值（B）	A/B	产值（C）	A/C
2006	13937.5	316589.0	4.40	54907	25.38
2007	17242.0	386747.0	4.50	73567	23.44
2008	18780.5	507448.0	3.70	94040	19.97
2009	23437.8	548311.0	4.27	107484	21.73
2010	30248.6	698591.0	4.33	141583	21.36
2011	33155.2	844269.0	3.93	168871	19.63
2012	35774.4	869597.1	3.59	184131	19.43
2013	39225.4	—	—	—	—
2014	42324.2	—	—	—	—

＊表中产值数据均为当年价。

＊＊ 2001～2006 年数据为"全部国有及规模以上非国有企业"，2007 年以后数据为"全国规模以上企业"。

资料来源：相应年份的《中国汽车工业年鉴》、《中国机械工业年鉴》和《中国统计年鉴》。

表7　2001～2014 年中国汽车工业增加值

单位：亿元，%

年份	汽车工业增加值（A）	全国 GDP 总量（B）＊	A/B	机械工业增加值（c）	A/C
2001	1055.6	110270.4	0.96	5270	20.03
2002	1518.8	121002.0	1.26	3799	39.98
2003	2153.4	136564.6	1.58	7034	30.61
2004	2187.8	160714.4	1.36	9088	24.07
2005	2209.9	185895.8	1.19	11012	20.07
2006	3362.7	217656.6	1.54	14407	23.34
2007	4141.4	268019.4	1.55	19533	21.20
2008	4104.1	316751.7	1.30	24450	16.79
2009	5378.7	345629.2	1.56	28043	19.18
2010	6759.7	408903.0	1.65	37400	18.07
2011	7451.7	484123.5	1.54	44345	16.80
2012	7940.4	534123.0	1.49	48069	16.52
2013	8606.2	588018.8	1.46	53309	16.14
2014	9174.3	636138.7	1.44	—	—

＊数据来自《中国统计年鉴 2014》。

资料来源：相应年份的《中国汽车工业年鉴》、《中国机械工业年鉴》。

表8   2001～2014 年中国汽车工业利润及主营业务收入情况

单位：亿元

年份	主营业务收入	利润总额	利税总额
2001	4253.7	204.7	502.1
2002	5947.7	373.8	752.0
2003	8144.1	556.8	1032.8
2004	9134.3	575.5	1063.6
2005	10108.4	430.4	981.9
2006	13818.9	738.2	1482.3
2007	17201.4	1027.0	1916.9
2008	18766.9	923.6	1821.6
2009	23817.5	1687.7	3033.9
2010	30762.9	2598.6	4205.5
2011	33617.3	2842.1	4600.2
2012	36373.1	3166.6	5063.6
2013	37155.3	2717.1	4862.2
2014	39942.0	2844.8	5135.6

资料来源：相应年份的《中国汽车工业年鉴》。

进出口

表9   2001～2015 年中国整车产品出口量

单位：辆

年份	乘用车					商用车				
	总量	轿车	越野车	小客车 ≤9座	其他	总量	载货车	客车 >9座	专用汽车	其他
2001	3579	763	853	69	1894	22494	8527	1091	767	12109
2002	2270	969	440	269	592	26375	10520	2076	1193	12586
2003	7795	2849	648	745	3553	37612	26142	2550	471	8449
2004	73213	9335	779	2840	60259	63045	52796	4784	1257	4208
2005	38785	31125	1844	5816	0	125473	100153	6439	1625	17256
2006	115467	93315	7984	14168	0	227912	163064	12917	4479	47452
2007	264501	188638	25671	43210	6982	349911	275806	41896	12261	19948

续表

年份	乘用车					商用车				
	总量	轿车	越野车	小客车≤9座	其他	总量	载货车	客车>9座	专用汽车	其他
2008	318593	241316	24438	40523	12316	362415	287720	33928	14364	26403
2009	153005	102432	12280	17872	20421	217025	177926	23264	8912	6923
2010	282368	179940	22502	39918	40008	284285	232081	36517	8710	6977
2011	470090	372083	24309	64086	13212	379718	322053	42415	12845	2765
2012	587700	495456	4863	71201	16180	428029	355450	54450	16657	1472
2013	553339	424471	3063	103089	22716	395210	310673	63089	17328	4120
2014	507723	370943	5231	99346	32203	440186	329528	88071	17550	5037
2015	423433	307992	3020	59248	53173	332034	218841	59173	17116	36904

＊2005 年和 2006 年乘用车分类与其他年份有所不同。

资料来源：2001～2014 年数据根据相应年份的《中国汽车工业年鉴》整理，2015 年数据来自《中国汽车工业产销快讯》2016 年第 2 期。

表 10　2001～2015 年中国整车产品出口贸易额

单位：万美元

年份	乘用车					商用车				
	总金额	轿车	越野车	小客车≤9座	其他	总金额	载货车	客车>9座	专用汽车	其他
2001	3273	1346	764	113	1050	18123	5530	5442	4740	2411
2002	3359	1675	1094	212	379	21418	7163	4846	5876	3533
2003	6118	3086	1376	368	1288	31074	15919	4304	7940	2911
2004	17214	8397	1458	1563	5796	48259	27501	8103	8451	4204
2005	32460	27058	2242	3160	0	118552	68199	19665	11783	18905
2006	83935	63038	9982	10915	0	229530	118198	41619	33237	36476
2007	208617	140184	27194	35307	5932	521951	325761	90098	95504	10588
2008	245917	179501	25726	32029	8662	717073	431579	108175	160233	17086
2009	110199	80379	11006	12747	6067	408838	254607	63812	79432	10987
2010	186099	127632	19362	29437	9668	512315	318382	103657	81577	8698
2011	333971	259750	22613	44195	7414	760615	481339	153639	118366	7272
2012	429025	358943	5425	52196	12461	943725	573217	193545	172786	4177
2013	410412	311264	4587	82578	11983	879367	484912	214205	171901	8349
2014	395343	293337	8298	83179	10529	984233	533020	281954	160215	9034
2015	357994	291739	8517	43599	14139	885668	328833	231141	166832	158862

＊2005 年和 2006 年乘用车分类与其他年份有所不同。

资料来源：2001～2014 年数据根据相应年份的《中国汽车工业年鉴》整理，2015 年数据来自《中国汽车工业产销快讯》2016 年第 2 期。

表11 2001~2015 年中国汽车产品（含整车和零部件）进出口贸易额

单位：亿美元，%

年份	进口额	出口额	全国货物出口总额	汽车出口贸易额占全国货物出口贸易总额比例
2001	47.0	27.1	2661.0	1.01
2002	65.9	33.6	3256.0	1.03
2003	148.4	80.3	4382.3	1.83
2004	168.6	124.2	5933.2	2.09
2005	154.3	167.7	7619.5	2.20
2006	212.7	289.1	9689.8	2.98
2007	267.7	412.6	12204.6	3.38
2008	322.3	476.3	14306.9	3.33
2009	341.9	383.5	12016.1	3.19
2010	581.9	541.4	15777.5	3.43
2011	759.9	719.7	18983.8	3.79
2012	799.2	800.5	20487.1	3.91
2013	842.2	850.7	22090.0	3.85
2014	1004.1	914.9	23422.9	3.91
2015	773.26	800.46	—	—

资料来源：2001~2014 年汽车进出口贸易额数据来自《中国汽车工业年鉴》，2015 年汽车进出口贸易额数据来自《中国汽车工业产销快讯》2016 年第 2 期。历年全国货物出口总额来自相应年份的《中国统计年鉴》。

表12 2014 年与中国汽车进出口贸易额超过 5 亿美元的国家和地区

单位：万美元

国家或地区	进出口贸易总额	进口贸易额	出口贸易额
美国	3326909.4	1483355.4	1843554.0
德国	3301413.0	3055969.2	245443.9
日本	2535770.8	1825313.0	710457.8
英国	1287656.1	1081992.9	205663.1
韩国	1031077.1	702503.0	328574.0
墨西哥	466019.2	264199.8	201819.3
俄罗斯联邦	319826.6	803.2	319023.4
斯洛伐克	293215.1	280283.5	12931.5
意大利	239254.3	140309.8	98944.5
伊朗	233425.1	36.0	233389.1
加拿大	223712.5	78531.8	145180.7

续表

国家或地区	进出口贸易总额	进口贸易额	出口贸易额
法国	213492. 4	138786. 7	74705. 7
比利时	202424. 4	163222. 3	39202. 1
越南	192639. 3	15058. 1	177581. 2
泰国	165140. 8	43611. 9	121528. 9
阿拉伯联合酋长国	158035. 3	650. 4	157384. 9
巴西	154233. 3	9455. 4	144777. 9
澳大利亚	153883. 9	10767. 4	143116. 5
马来西亚	151148. 2	11181. 4	139966. 8
沙特阿拉伯	147772. 9	3. 6	147769. 3
匈牙利	147706. 8	133587. 4	14119. 4
印度	138345. 0	14789. 6	123555. 5
阿尔及利亚	124515. 0	0. 2	124514. 8
荷兰	118093. 8	26058. 9	92034. 8
西班牙	116278. 6	46926. 3	69352. 3
尼日利亚	113259. 9	0. 5	113259. 4
中国台湾	112943. 7	29450. 1	83493. 6
中国香港	110747. 5	811. 0	109936. 6
印度尼西亚	99018. 2	8023. 2	90995. 0
奥地利	97915. 0	94589. 0	3326. 0
南非	92855. 1	16364. 8	76490. 3
瑞典	92514. 0	74060. 5	18453. 5
委内瑞拉	91651. 5	1. 1	91650. 4
捷克	89590. 8	70764. 3	18826. 5
波兰	87338. 9	32074. 3	55264. 6
菲律宾	77503. 3	7873. 7	69629. 6
葡萄牙	74765. 3	66981. 5	7783. 8
哈萨克斯坦	73963. 3	0. 0	73963. 3
葡萄牙	74765. 3	66981. 5	7783. 8
智利	69954. 8	16. 2	69938. 6
土耳其	64949. 6	10844. 7	54104. 8
安哥拉	63633. 1	0. 0	63633. 1
伊拉克	62425. 5	1. 0	62424. 5
埃及	61568. 9	72. 0	61496. 8
缅甸	59958. 4	0. 0	59958. 4
哥伦比亚	56098. 8	1. 7	56097. 1
巴基斯坦	53445. 5	0. 3	53445. 2

资料来源：2015 年《中国汽车工业年鉴》。

表 13 2001～2015 年中国整车产品进口量

单位：辆

年份	乘用车					商用车				
	合计	轿车	越野车	小客车≤9 座	其他	合计	载货车	客车>9 座	专用汽车	其他
2001	61776	46632	10336	4551	257	9613	3138	4056	1171	1248
2002	115047	70329	32179	12348	191	13148	6692	3356	1112	1988
2003	153591	103017	39669	10812	93	18119	9862	4600	1285	2372
2004	162077	116085	35308	10510	174	13577	8078	2493	962	2044
2005	154835	76542	65966	12326	0	6490	3032	1336	552	1570
2006	218312	111777	86273	20262	0	9461	5582	1840	625	1414
2007	302096	139867	142228	19144	857	12034	9147	1558	435	894
2008	395799	154521	215062	24674	1542	13970	10171	2311	498	990
2009	409225	164837	207381	35693	1314	11471	8201	1902	375	993
2010	791126	343653	351408	89919	6146	22219	14977	5092	333	1817
2011	1011871	410270	430886	162911	7804	26751	19453	5196	214	1888
2012	1108730	446992	456362	179508	25868	23301	19452	2526	235	1088
2013	1179979	423439	505343	230915	20282	15061	11197	2386	224	1254
2014	1411561	469639	588921	344179	8822	14285	11501	1031	298	1455
2015	1091386	352460	471750	264340	2836	10506	4884	899	211	4512

  ＊2005 年和 2006 年乘用车分类与其他年份有所不同。

  资料来源：2001～2014 年数据根据相应年份《中国汽车工业年鉴》整理，2015 年数据来自《中国汽车工业产销快讯》2016 年第 2 期。

表 14 2001～2015 年中国整车产品进口贸易额

单位：万美元

年份	乘用车					商用车				
	合计	轿车	越野车	小客车≤9 座	其他	合计	载货车	客车>9 座	专用汽车	其他
2001	126095	94730	24556	6558	250	45144	12047	9276	18803	5018
2002	260588	161367	76738	22126	357	60351	25970	8606	18630	7145
2003	443757	308252	113634	21665	206	83835	42621	7554	23262	10398
2004	459487	326924	109418	22448	698	82131	40429	5705	25446	10551
2005	467495	259413	181941	26141	0	48879	19335	5002	16188	8354

续表

年份	乘用车					商用车				
	合计	轿车	越野车	小客车≤9座	其他	合计	载货车	客车>9座	专用汽车	其他
2006	692752	399386	253832	39534	0	63376	33136	6887	16350	7003
2007	982770	500973	437365	42733	1699	117600	89497	5438	19610	3055
2008	1403259	635604	712064	52329	3262	123050	81353	8922	28041	4735
2009	1435439	656610	707877	67946	3006	111691	76770	8279	21994	4648
2010	2889909	1414774	1271141	185665	18329	188643	131584	23169	25763	8128
2011	4087090	1863024	1788509	416180	19377	241453	185280	25727	21359	9087
2012	4546811	1957018	2049518	477587	62688	221351	186311	14871	12210	7959
2013	4745328	1762141	2320267	603367	59553	154607	112266	12434	16325	13582
2014	5968675	2103598	2842405	968452	54220	123921	86611	6346	15882	15082
2015	4418170	1379684	2265379	752060	21047	90640	29902	4757	12368	43613

＊2005 年和 2006 年乘用车分类与其他年份有所不同。

资料来源：2001～2014 年数据根据相应年份《中国汽车工业年鉴》整理，2015 年数据来自《中国汽车工业产销快讯》2016 年第 2 期。

表 15   2001～2015 年中国除整车外汽车产品（含摩托车）进出口情况

单位：亿美元

年份	进口金额	出口金额	净出口额
2001	29.91	24.98	-4.93
2002	33.98	31.27	-2.71
2003	95.64	76.55	-19.09
2004	114.44	117.64	3.2
2005	102.63	148.54	45.91
2006	137.13	257.75	120.62
2007	157.64	339.58	181.94
2008	169.67	379.95	210.28
2009	187.27	331.61	144.34
2010	274.00	471.55	197.55
2011	327.00	610.19	283.19
2012	322.43	663.24	340.81
2013	352.24	721.76	369.52
2014	394.81	777.01	382.20
2015	322.38	676.09	353.71

资料来源：2001～2014 年数据来自相应年份《中国汽车工业年鉴》，2015 年数据来自《中国汽车工业产销快讯》2016 年第 2 期。

人员、研发及相关产业等

表16   2001～2014年中国汽车工业从业人数及劳动生产率（增加值）

单位：万人，元/人·年

年份	汽车工业年末从业人数	工程技术人员数	研发人员数	全员劳动生产率
2001	150.6	15.6	4.5	69269
2002	157.0	16.8	5.3	96342
2003	160.5	17.3	6.2	134301
2004	169.3	20.0	7.1	130451
2005	166.9	19.3	8.9	133549
2006	185.5	22.0	9.1	185255
2007	204.1	24.5	10.9	210166
2008	209.4	25.4	12.4	209256
2009	216.5	26.7	16.3	255947
2010	220.3	31.1	16.9	316725
2011	241.7	35.5	18.7	319684
2012	250.8	37.3	20.2	353077
2013	339.9	42.4	26.2	224532
2014	350.5	47.6	26.6	261731

资料来源：2015年《中国汽车工业年鉴》。

表17   2001～2014年中国汽车工业完成固定资产投资总额

单位：亿元

年份	投资总额	其中:汽车	其中:汽车、摩托车配件
2001	194.3	121.1	48.1
2002	283.2	170.3	71.7
2003	498.6	313.1	122.6
2004	641.3	430.0	145.4
2005	734.2	396.2	209.9
2006	780.9	415.2	240.5
2007	867.9	476.6	253.8
2008	772.3	435.7	229.0
2009	921.8	524.5	277.3

续表

年份	投资总额	其中:汽车	其中:汽车、摩托车配件
2010	1278.1	708.3	430.4
2011	1398.8	702.8	554.4
2012	1509.3	758.3	598.6
2013	1456.4	828.6	446.8
2014	1554.0	884.2	476.8

资料来源：2015 年《中国汽车工业年鉴》。

表18　2001~2013 年中国石油消费量及进口量

单位：万吨

年份	石油消费量	石油进口量	年份	石油消费量	石油进口量
2001	22956.4	9118.2	2008	37332.9	23015.5
2002	24823.6	10269.3	2009	38671.4	25642.4
2003	27583.1	13189.6	2010	44101.0	29437.2
2004	32072.9	17291.3	2011	45619.5	31593.6
2005	32547.0	17163.2	2012	47797.3	33088.8
2006	34930.8	19453.0	2013	49970.6	34264.8
2007	36654.5	21139.4			

资料来源：《中国能源统计年鉴 2014》。

世界汽车工业

表19　2001~2015 年世界主要汽车生产国汽车产量

单位：万辆

年份	美国	德国	法国	意大利	英国	日本	韩国	印度	全球总计
2001	1143	569	363	158	169	978	295	85	5577
2002	1227	547	369	143	182	1026	315	89	5878
2003	1211	551	362	132	185	1029	318	116	6058
2004	1199	557	367	114	186	1051	347	151	6449
2005	1198	576	355	104	180	1080	370	163	6647
2006	1129	582	317	121	165	1148	384	202	6922

续表

年份	美国	德国	法国	意大利	英国	日本	韩国	印度	全球总计
2007	1078	621	302	128	175	1160	409	225	7327
2008	871	604	257	102	165	1156	381	231	7053
2009	573	521	205	84	109	793	351	264	6170
2010	776	591	223	86	139	963	427	354	7761
2011	865	631	224	79	146	839	466	394	7999
2012	1033	565	197	67	158	994	456	415	8414
2013	1108	573	174	66	159	963	452	389	8751
2014	1166	591	182	70	160	977	452	384	8993
2015	1210	603	197	101	168	928	456	413	9078

资料来源：2001～2014 年数据来自相应年份《中国汽车工业年鉴》，2015 年数据来自国际汽车制造商协会。

表20　2001～2015 年世界主要汽车生产国汽车销量

单位：万辆

年份	美国	德国	法国	意大利	英国	日本	韩国	印度
2001	1747	363	275	264	277	591	145	82
2002	1713	355	261	257	289	579	162	88
2003	1697	350	244	249	294	583	132	108
2004	1729	356	247	252	296	584	109	134
2005	1744	362	255	248	283	585	114	144
2006	1705	377	249	259	273	574	116	175
2007	1645	348	258	279	279	535	122	199
2008	1349	343	257	243	248	508	124	198
2009	1060	405	269	236	222	461	146	226
2010	1177	319	271	217	231	496	157	304
2011	1304	351	269	194	219	421	159	329
2012	1479	339	233	153	234	537	156	358
2013	1588	326	221	142	260	538	154	324
2014	1693	331	218	146	284	556	166	318
2015	1747	354	235	173	306	505	183	345

资料来源：相应年份的《中国汽车工业年鉴》，2015 年数据来自国际汽车制造商协会。

表 21   2001～2013 年世界主要汽车生产国整车出口情况

单位：万辆

年份	美国	德国	法国	西班牙	英国	日本	意大利	韩国	巴西
2001	1146.2	391.6	373.5	—	98.6	41.6	—	150.1	38.6
2002	165.9	387.5	391.7	232.7	119.7	469.9	73.4	150.6	41.5
2003	161.4	393.6	404.6	249.5	123.6	475.6	70.4	181.5	53.5
2004	179.4	392.4	426.9	247.9	130.8	495.8	59.6	237.9	64.8
2005	206.4	408.1	431.9	224.7	131.6	505.3	49.8	258.6	89.7
2006	205.5	418.3	312.6	227.3	124.2	596.7	59.6	264.8	63.4
2007	239.6	466.4	469.7	238.9	131.7	654.9	65.1	284.7	64.4
2008	196.6	450.0	432.2	218.1	125.4	672.7	56.1	268.6	56.9
2009	110.7	358.4	388.3	188.3	82.9	361.6	38.3	214.9	47.5
2010	150.2	448.1	478.6	208.0	104.7	484.1	44.02	277.2	76.7
2011	172.8	482.7	489.3	212.1	119.4	446.4	42.4	315.2	57.9
2012	194.1	—	440.4	172.9	127.5	480.4	40.7	317.0	47.3
2013	209.1	440.5	437.3	187.9	124.9	467.4	39.3	308.9	59.1

资料来源：相应年份的《中国汽车工业年鉴》。

表 22   2013 年部分汽车整车和零部件企业研发投入情况

公司名称	国别	研发投入（百万欧元）	同比增长（%）	3 年来复合年均增长率(%)	研发投入占销售额比例(%)
VOLKSWAGEN 大众	德国	13120.0	11.7	17.7	6.5
TOYOTA MOTOR 丰田汽车	日本	6858.4	10.3	5.3	3.7
DAIMLER 戴姆勒	德国	5650.0	5.0	-1.5	4.4
GENERAL MOTORS 通用	美国	6095.0	2.8	-3.9	4.7
BMW 宝马	德国	4566.0	-4.7	12.4	5.7
ROBERT BOSCH 博世	德国	5042.0	8.4	3.1	10.3
FORD MOTOR 福特	美国	5683.2	7.8	6.5	4.8
HONDA MOTOR 本田	日本	4576.6	5.7	6.9	5.0
NISSAN MOTOR 日产	日本	3455.7	1.1	5.4	4.4
FIAT 菲亚特	意大利	3665.0	9.0	15.6	3.8
DENSO 电装	日本	2699.4	7.2	7.3	9.2
PEUGEOT（PSA）标致－雪铁龙	法国	2260.0	15.0	-9.3	4.2
CONTINENTAL 大陆	德国	2195.6	14.4	4.3	6.4
RENAULT 雷诺	法国	1890.0	5.4	-4.6	4.6
HYUNDAI MOTOR 现代	韩国	1430.9	26.9	6.3	2.1

续表

公司名称	国别	研发投入（百万欧元）	同比增长（%）	3年来复合年均增长率(%)	研发投入占销售额比例(%)
TATA MOTORS 塔塔	印度	2345.5	108.9	12.3	6.9
AISIN SEIKI 爱信精机	日本	1018.2	3.3	5.9	5.0
DELPHI 德尔福	英国	1070.8	0.0	2.7	7.6
SUZUKI MOTOR 铃木	日本	859.5	-0.9	5.0	4.2
ZF 采埃福	德国	866.0	6.1	3.7	4.7
VALEO 瓦莱奥	法国	807.0	3.7	8.0	6.3
KIA MOTORS 起亚	韩国	838.9	4.4	8.7	2.4
SAIC MOTOR 上海汽车	中国	919.6	16.0	0.9	1.1
MAZDA MOTOR 马自达	日本	739.9	9.1	2.7	3.6
MICHELIN 米其林	法国	656.0	2.0	2.8	3.4
BRIDGESTONE 普利司通	日本	642.8	5.7	2.0	2.6
YAMAHA MOTOR 雅马哈	日本	576.9	11.1	5.4	5.6
HELLA 海拉	德国	593.3	8.1	9.4	10.2
FUJI HEAVY INDUSTRIES 富士重工	日本	570.3	39.5	7.6	2.9
JOHNSON CONTROLS 江森自控	美国	362.4	-21.1	3.0	1.0
AUTOLIV 奥托立夫	美国	422.5	9.3	3.6	5.6
MAHLE 马勒	德国	552.3	64.3	1.4	5.6
TOYOTA INDUSTRIES 丰田工业	日本	326.2	3.1	13.0	2.2
HYUNDAI MOBIS 现代摩比斯	韩国	369.2	17.1	9.3	1.4
GOODYEAR 固特异	美国	326.7	1.7	1.9	2.2
TOYOTA BOSHOKU 丰田纺织	日本	265.0	-3.4	7.3	3.0
MITSUBISHI MOTORS 三菱	日本	307.6	22.7	1.6	2.1
VISTEON 伟世通	美国	367.4	37.2	-0.1	5.9
GKN 纳铁福	英国	288.0	14.3	10.8	3.2
RHEINMETALL 莱因金属	德国	214.0	-5.3	2.8	4.6
BORGWARNER 博格华纳	美国	276.9	10.9	7.6	4.0
GREAT WALL MOTOR 长城汽车	中国	346.2	51.9	38.6	4.3
TOYODA GOSEI 丰田合成	日本	201.9	1.4	4.0	4.1
PIRELLI 倍耐力	意大利	205.5	3.2	5.5	3.4
DONGFENG MOTOR 东风汽车	中国	80.1	4.3	28.0	3.6
CALSONIC KANSEI 康奈可	日本	189.3	2.5	4.9	2.9

续表

公司名称	国别	研发投入（百万欧元）	同比增长（%）	3年来复合年均增长率(%)	研发投入占销售额比例(%)
KOITO MANUFACTURING 小系制作所	日本	190.9	12.9	12.0	4.0
TESLA MOTORS 特斯拉汽车	美国	382.8	100.3	3.5	14.5
TAKATA 高田	日本	166.5	5.7	8.1	3.8
SUMITOMO RUBBER INDUSTRIES 住友橡胶	日本	160.7	7.9	4.2	2.8
JIANGLING MOTORS 江铃汽车	中国	204.7	30.5	24.0	6.2
TOKAI RIKA 东海理化	日本	153.8	11.2	4.8	5.0
EBERSPAECHER 埃贝赫	德国	138.0	3.0	11.1	4.7
CHONGQING CHANGAN 重庆长安	中国	254.8	16.8	1.1	3.8
NEXTEER 耐世特汽车系统	开曼群岛	155.4	4.5	0.2	6.3
WEBASTO 伟巴斯特	德国	108.9	-9.6	8.2	4.4
GUANGZHOU AUTOMOBILE 广州汽车	中国	214.5	61.5	20.8	7.1
HARLEY - DAVIDSON 哈雷戴维森	美国	113.9	-9.1	1.5	2.2
WEICHAI POWER 潍柴动力	中国	76.8	14.7	-4.8	0.7
ZHENGZHOU YUTONG BUS 郑州宇通	中国	144.0	33.5	38.3	4.5
NHK SPRING(汽车弹簧)	日本	107.2	13.8	11.1	2.6
BENTELER INTERNATIONAL 本特勒国际	奥地利	99.4	-8.4	-7.2	
WABCO 威伯科	美国	122.4	18.5	6.3	5.2
RED BULL TECHNOLOGY 红牛技术	英国	106.9	9.9	8.6	32.2
YOKOHAMA RUBBER 横滨轮胎	日本	91.7	6.4	10.7	2.1
NISSAN SHATAI 日产湘南工场	日本	70.4	-14.7	-1.1	2.2
MAHINDRA & MAHINDRA 马恒达	印度	199.5	127.2	9.7	2.4
LEAR 李尔	美国	84.0	-5.9	-0.7	0.6
HANKOOK TIRE 韩泰轮胎	韩国	104.3	26.5	2.5	2.1
AMERICAN AXLE & MANUF - ACTURING 美国车桥	美国	95.0	3.7	-0.7	3.1

续表

公司名称	国别	研发投入（百万欧元）	同比增长（%）	3年来复合年均增长率（%）	研发投入占销售额比例（%）
CHENG SHIN RUBBER INDUSTRY 正新橡胶	中国台湾	83.9	8.3	15.6	2.5
ASTON MARTIN 英国阿斯顿·马丁	英国	101.5	30.9	14.8	15.2
MANDO 万都	韩国	23.0			1.8
DONGFENG AUTOMOBILE 东风汽车	中国	316.3	43.8	−22.1	2.9
AISAN 爱三	日本	70.6	7.0	9.4	4.9
ELRINGKLINGER（油封产品）	德国	65.7	0.4	8.6	5.0
SOGEFI 索格菲	意大利	56.3	−10.5	17.0	4.2
COOPER–STANDARD HOLDINGS 库博标准汽车配件	美国	84.0	21.5	0.0	3.1
TOYO TIRE 东洋轮胎	日本	69.3	19.6	0.7	2.6
TI FLUID SYSTEMS（流体系统）	英国	89.3	59.0	11.6	3.3
GENTEX 金泰克斯	美国	89.3	59.0	11.6	3.3
SHOWA 昭和	日本	68.9	23.0	11.7	3.8
NISSIN KOGYO 日信工业	日本	58.7	7.0	8.6	3.8
DRB–HICOM	马来西亚	90.2	59.5		2.8
NOK（密封行业）	日本	55.3	6.2	6.0	1.2
AUTONEUM HOLDING 欧拓控股	瑞士	47.5	−11.3	3.4	2.9
MERITOR 阿文美驰	美国	58.5	0.0	−0.9	1.9
HYSTER–YALE MATERIALS HANDLING（叉车及售后配件）	美国	58.8	3.2	4.1	2.6
GRAMMER 格拉默	德国	56.3	15.0	7.6	4.1
FAW CAR 一汽轿车	中国	68.9	−21.7	1.7	1.7
SANDEN 三电	日本	46.0	−5.0	−1.5	2.2
IMMSI	意大利	46.3	−2.9	−11.3	3.6
FORD OTOMOTIV（汽车）	土耳其	106.7	−7.0	45.7	2.5
DANA 德纳	美国	59.3	12.5	3.9	1.1
XIAMEN JINGLONG MOTOR 厦门金龙	中国	50.9	−3.1	5.8	1.8
GEELY AUTOMOBILE 吉利汽车	中国	88.5	74.2		3.0

续表

公司名称	国别	研发投入（百万欧元）	同比增长（%）	3年来复合年均增长率（%）	研发投入占销售额比例（%）
MODINE MANUFACTURING 摩丁制造	美国	51.1	0.5	-4.2	4.1
CHINA MOTOR 中华汽车	中国台湾	53.8	16.8	-0.2	5.8
WANXIANG QIANCHAO 万向钱潮	中国	57.5	18.9	7.2	4.6
NEXEN TIRE 耐克森轮胎	韩国	46.7	10.9	26.0	3.5
TOFAS 托发斯	土耳其	147.9	274.9	24.5	5.6
AEOLUS TYRE 风神轮胎	中国	46.3	8.4	-9.4	4.3
COOPER TIRE & RUBBER 库伯轮胎与橡胶	美国	46.8	11.2	4.7	1.7
STANLEY ELECTRIC 斯坦雷电气	日本	37.6	3.1	-0.5	1.5
KTM(摩托车)	澳大利亚	45.2	23.1	8.4	5.2
GENTHERM 捷温	美国	47.4	15.3	18.8	7.1
STONERIDGE 石通瑞吉	美国	34.3	-8.1	8.7	6.3
TACHI S 泰极爱思	日本	29.0	-9.8	11.3	1.7
ASHOK LEYLAND 阿斯霍克雷兰德	印度	31.1	-13.1	-7.1	1.7
EXEDY 爱思帝	日本	35.6	13.9	1.2	2.0
TENNECO 天纳克	美国	42.0	18.6	1.6	0.6
U SHIN 有信制造	日本	41.5	40.3	35.9	3.9
MINTH 敏实	开曼群岛	40.2	15.0	7.5	4.5
NGK SPARK PLUG(火花塞)	日本	31.4	-76.4	6.6	1.3
MIBA(粉末冶金制品)	澳大利亚	22.7	4.9	-6.6	3.4
NINGBO JOYSON ELECTRONIC 宁波均胜电子	中国	41.7	47.2	452.9	4.6
TPR	日本	26.3	7.0	24.0	2.3
VERITAS	德国	26.3	6.0	11.7	4.6
THULE 拓乐	瑞典	21.4	-6.5	9.2	3.6
MGI COUTIER(汽车零部件)	法国	25.5	5.4	-4.1	3.7
CNHTC JINAN TRUCK 重汽济南卡车	中国	27.7	7.6	31.8	0.9
TAIHO KOGYO(发动机轴承)	日本	21.9	-1.8	2.7	3.3
UNIPRES 优尼	日本	23.7	7.4	10.3	1.1

续表

公司名称	国别	研发投入 （百万欧元）	同比增长 （%）	3年来复合年 均增长率（%）	研发投入占销 售额比例（%）
F. C. C. CO（离合器产品）	日本	21.6	-0.2	2.6	2.0
NINGBO HUAXIANG ELECTRONIC 宁波华翔电子	中国	26.3	7.8	17.8	2.4
FORCE INDIA FORMULA ONE TEAM	英国	25.1	9.6	12.1	44.6
ZHEJIANG WANFENG AUTO WHEEL 浙江万丰奥威	中国	26.5	19.7	28.4	3.6
SANYANG INDUSTRY 三阳工业	中国台湾	19.2	-6.5	-0.6	2.0
APOLLO TYRES 阿波罗轮胎	印度	29.5	41.3	15.5	1.8
F TECH 伟福	日本	22.9	25.8	13.2	1.9
FUTABA INDUSTRIAL 双叶产 业	日本	20.1	13.7	5.3	0.7
LIFAN INDUSTRY 力帆实业	中国	28.6	5.2	18.7	1.9
SANOH INDUSTRIAL 三樱工业	日本	20.2	23.9	9.8	2.3
LINGYUN INDUSTRIAL 凌云工 业	中国	22.9	24.6	17.3	2.7
ANHUI ZHONGDING SEALING PARTS 中鼎密封件	中国	20.4	11.1	18.8	3.2

资料来源：欧盟 Economics of Industrial Research Innovation。

B.12

附录二 2015年度发布或开始实施的
部分汽车政策法规

序号	发布(实施)时间	发布单位	名称	内容要点
1	2015－01－20	国家发改委、财政部、工信部、质检总局	关于再制造产品"以旧换再"推广试点企业资格的公告	公布了具备再制造汽车发动机、变速箱产品推广试点企业资格的10家企业名单,包括:广州市花都全球自动变速箱有限公司、潍柴动力(潍坊)再制造有限公司、济南复强动力有限公司、上海幸福瑞贝德动力总成有限公司、东风康明斯发动机有限公司、陕西法士特汽车传动集团有限责任公司、大众一汽发动机(大连)有限公司(一汽集团)、玉柴再制造工业(苏州)有限公司、无锡大豪动力有限公司(一汽集团)、浙江万里扬变速器股份有限公司
2	2015－03－04	环保部	关于征求国家环境保护标准《三轮汽车用柴油机及其车辆排气污染物排放限值及测量方法(中国第三阶段)》(征求意见稿)意见的函	环保部于2006年下达了《低速货车与三轮汽车用柴油机排气污染物排放限值及测量方法(Ⅲ)》的制订任务。该征求意见稿意见征询截止日期是2015年4月10日

汽车蓝皮书

续表

序号	发布(实施)时间	发布单位	名称	内容要点
3	2015–03–13	交通部	关于加快推进新能源汽车在交通运输行业推广应用的实施意见	在应用规模方面要求,至2020年,新能源汽车在交通运输行业的应用初具规模,在城市公交、出租汽车和城市物流配送等领域的总量达到30万辆。其中新能源城市公交车达到20万辆,新能源出租汽车和城市物流配送车辆共达到10万辆。在使用效率方面要求,纯电动汽车运营效率不低于同车长燃油车辆的85%。在推广扶持政策方面,要求在2014年9月1日至2017年12月31日间,对纯电动汽车、插电式(含增程式)混合动力汽车和燃料电池汽车免征车辆购置税。在创新推广应用模式方面,要求研究完善新能源公交车"融资租赁"、"车电分离"和"以租代售"等多种运营模式
4	2015–03–24	工信部	汽车动力蓄电池行业规范条件	该规范条件所指的汽车动力蓄电池,包括锂离子动力蓄电池、金属氢化物镍动力蓄电池和超级电容器等,但不包括铅酸类蓄电池。该规范提出了包括企业基本要求、生产条件要求、技术能力要求、产品要求、质量保证能力要求、售后服务能力要求等6方面要求。在企业基本要求中提出,锂离子动力蓄电池单体企业年产能力不低于2亿瓦时,金属氢化物镍动力蓄电池单体企业年产能力不低于1000万瓦时,超级电容器单体企业年产能力不低于500万瓦时;系统企业年产能力不低于10000套或2亿瓦时。在技术能力要求中提出,企业的研开人员数量占企业员工总数的比例不得少于10%或总数不得少于100人
5	2015–04–16	财政部、科技部、工信部、国家发改委	关于开展新能源汽车推广应用城市考核工作的通知	通知布置了对新能源汽车推广应用城市(区域)的考核工作。考核将由四部委带队组织专家进行;考核时间为2015年5月15日至6月15日;考核内容包括:新能源汽车推广应用数量、充电设施建设、市场开放程度、商业模式创新、地方扶持政策、组织领导及安全监管等

续表

序号	发布(实施)时间	发布单位	名称	内容要点
6	2015-04-17	财政部、能源局	关于页岩气开发利用财政补贴政策的通知	通知提出,中央财政将继续实施页岩气财政补贴政策。2016～2020年,中央财政对页岩气开采企业给予补贴,其中:2016～2018年的补贴标准为0.3元/立方米;2019～2020年补贴标准为0.2元/立方米
7	2015-04-22	财政部、科技部、工信部、国家发改委	关于2016～2020年新能源汽车推广应用财政支持政策的通知	通知提出,补助对象是消费者;补助产品是纳入"新能源汽车推广应用工程推荐车型目录"的纯电动、插电式混合动力和燃料电池汽车;补助标准主要依据节能减排效果,并综合考虑生产成本、规模效应、技术进步等因素逐年退坡,其中2017～2018年补助标准在2016年基础上下降20%,2019～2020年补助标准在2016年基础上下降40% 2016年补助标准为,乘用车按纯电续驶里程从2.5万元～5.5万元不等;客车按纯电续驶里程和单位载质量能耗从12万元～50万元不等;专用车和货车按电池容量从20万元～50万元不等
8	2015-05-05	国家发改委、财政部、环保部、商务部、工商总局、质检总局、能源局	关于印发《加快成品油质量升级工作方案》的通知	工作方案提出的工作目标是:(1)东部地区11省市(北京、天津、河北、辽宁、上海、江苏、浙江、福建、山东、广东和海南)在2016年1月1日起,全面供应符合国Ⅴ标准的车用汽油(含E10乙醇汽油)、车用柴油(含B5生物柴油);(2)将全国供应国Ⅴ标准车用汽、柴油的时间由原定的2018年1月1日提前至2017年1月1日
9	2015-05-07	财政部、税务总局、工信部	关于节约能源使用新能源车船车船税优惠政策的通知	通知要求对列入《享受车船税减免优惠的节约能源使用新能源汽车车型目录》的节能与新能源汽车进行车船税减免。其中,对于符合规定的油耗和排放条件的1.6升以下(含1.6升)的汽、柴油乘用车(含非插电式混合动力乘用车和双燃料乘用车),以及符合规定的油耗和排放条件的使用天然气、汽油、柴油的重型商用车(含非插电式混合动力和双燃料重型商用车),减半征收车船税;对于符合规定的续驶里程、综合油耗和动力电池类型等条件的纯电动商用车、插电式(含增程式)混合动力汽车和燃料电池商用车,免征车船税

续表

序号	发布(实施)时间	发布单位	名称	内容要点
10	2015 – 05 – 19	国务院	中国制造2025	将节能与新能源汽车作为十大重点领域之一。指出,要继续支持电动汽车、燃料电池汽车发展,掌握汽车低碳化、信息化、智能化核心技术,提升动力电池、驱动电机、高效内燃机、先进变速器、轻量化材料、智能控制等核心技术的工程化和产业化能力,形成从关键零部件到整车的完整工业体系和创新体系,推动自主品牌节能与新能源汽车同国际先进水平接轨
11	2015 – 06 – 02	国家发改委、工信部	新建纯电动乘用车企业管理规定	该文件对新建的纯电动乘用车生产企业应具备的各种能力进行了规定。包括:融资能力、研发经历、研发团队、研发能力、试验验证能力、自由知识产权情况,以及整车试制能力和样车数量等
12	2015 – 06 – 12	工信部、国家发改委、商务部	关于2014年度中国乘用车企业平均燃料消耗量核算情况的公告	公告指出,2014年度乘用车行业平均整车整备质量为1371公斤,行业平均燃料消耗量实际值为7.22升/100公里。其中,88家国产乘用车生产企业累计生产乘用车1901.30万辆,平均整车整备质量为1340公斤,平均燃料消耗量实际值为7.12升/100公里
13	2015 – 06 – 16	质检总局	关于开展"汽车售后服务质量提升"行动的通知	通知提出十项重点任务:(1)继续开展汽车售后服务质量测评;(2)推动汽车售后服务标准自我声明公开;(3)实施汽车售后服务质量对比提升;(4)强化汽车售后服务质量监测;(5)推广汽车售后服务标准化;(6)探索推行汽车"三包"责任保险;(7)构建汽车售后服务领域"互联网+"模式;(8)做好汽车"三包"争议处理与监督检查;(9)建立违规汽车企业约谈常态机制;(10)开展汽车售后服务质量基础研究

续表

序号	发布(实施)时间	发布单位	名称	内容要点
14	2015 – 07 – 01	国务院	关于积极推进"互联网+"行动的指导意见	意见提出11个方面重点行动:(1)"互联网+创新创业";(2)"互联网+协同制造";(3)"互联网+现代农业";(4)"互联网+智慧能源";(5)"互联网+普惠金融";(6)"互联网+益民服务";(7)"互联网+高效物流";(8)"互联网+电子商务";(9)"互联网+便捷交通";(10)"互联网+绿色生态";(11)"互联网+人工智能"。关于"互联网+便捷交通",提出加快互联网与交通运输领域的深度融合,通过基础设施、运输工具、运行信息等互联网化,推进基于互联网平台的便捷化交通运输服务发展,显著提高交通运输资源利用效率和管理精细化水平,全面提升交通运输行业服务品质和科学治理能力
15	2015 – 07 – 23	环保部	关于征求国家环境保护标准《重型车用发动机与汽车车载测量方法及排放限值》(征求意见稿)意见的函	征求意见截止日期为2015年8月30日
16	2015 – 07 – 29	工商总局	关于开展汽车市场专项整治工作的通知	通知指出,此次专项行动要围绕消费投诉的重点、媒体关注的焦点和社会关切的热点,重点查处以下违法行为:(1)侵害消费者权益的行为;(2)虚假或者引人误解的宣传行为;(3)商业贿赂行为;(4)侵犯注册商标专用权等行为;(5)合同格式条款违法行为等
17	2015 – 08 – 03	国家发改委、财政部、国土资源部、住建部、交通部、公安部、银监会	关于加强城市停车设施建设的指导意见	意见提出如下方面政策措施:科学编制规划、明确建设重点、鼓励社会参与、放宽市场准入、简化审批程序、加强公共用地保障、盘活存量土地资源、创新投融资模式、加大金融支持力度、完善停车收费政策、提升装备制造水平、推动停车智能化信息化、加强停车综合治理、加强组织保障等

续表

序号	发布(实施)时间	发布单位	名称	内容要点
18	2015 - 08 - 04	工信部	关于开展节能与新能源汽车推广应用安全隐患排查治理工作的通知	针对个别地区出现纯电动客车、混合动力客车自燃事故,通知要求各示范城市政府牵头对节能与新能源汽车推广应用安全隐患进行排查、治理。排查治理重点是:(1)2009年以来推广应用的节能汽车、新能源汽车运行状况,包括回收报废车辆的处理情况,特别是公共服务领域车辆;(2)充电基础设施包括充换电站、充电桩等的安全状况,包括设施、人员、管理制度等方面是否健全;(3)安全运行监控系统的功能与实际运行情况;(4)停放及电池箱的存放场地及配套管理措施等
19	2015 - 08 - 29	全国人民代表大会常务委员	中华人民共和国大气污染防治法	在关于机动车污染防治方面,有以下几点值得关注:(1)倡导低碳、环保出行,根据城市规划合理控制燃油机动车保有量,大力发展城市公共交通,提高公共交通出行比例;(2)倡导环保驾驶,鼓励燃油机动车驾驶人在不影响道路通行且需要停车三分钟以上的情况下熄灭发动机,减少大气污染物的排放;(3)生产、进口企业获知机动车、非道路移动机械排放大气污染物超过标准,属于设计、生产缺陷或者不符合规定的环境保护耐久性要求的,应当召回
20	2015 - 09 - 07	商务部	关于做好2016年度汽车和摩托车出口资质申报工作的通知	为进一步规范汽车、摩托车出口秩序,该通知对汽车和摩托车出口资质申报工作有关要求,包括申报材料的要求进行了规定
21	2015 - 09 - 14	交通部、环保部、商务部、工商总局、质监总局、认证认可委、知识产权局、保监会	关于印发《汽车维修技术信息公开实施管理办法》的通知	通知要求,各汽车企业要认真贯彻落实《办法》规定,制定本企业维修技术信息公开工作规范,明确责任部门,将有关信息公开工作嵌入企业管理制度和工作流程;要结合企业实际,建立(或委托建立)本企业网络维修技术信息公开系统,及时有效公开本企业车型维修技术信息

续表

序号	发布(实施)时间	发布单位	名称	内容要点
22	2015 – 09 – 29	财政部、税务总局	关于减征1.6升及以下排量乘用车车辆购置税的通知	通知要求,自2015年10月1日起至2016年12月31日止,对购置1.6升及以下排量乘用车减按5%的税率征收车辆购置税
23	2015 – 09 – 29	国务院	关于加快电动汽车充电基础设施建设的指导意见	意见提出了四项基本原则:(1)统筹规划,科学布局;(2)适度超前,有序建设;(3)统一标准,通用开放;(4)依托市场,创新机制。意见提出的工作目标是:到2020年,基本建成适度超前、车桩相随、智能高效的充电基础设施体系,满足超过500万辆电动汽车的充电需求;建立较完善的标准规范和市场监管体系,形成统一开放、竞争有序的充电服务市场;形成可持续发展的"互联网+充电基础设施"产业生态体系,在科技和商业创新上取得突破,培育一批具有国际竞争力的充电服务企业
24	2015 – 10 – 02	国务院	关于实行市场准入负面清单制度的意见	文件规定的市场准入负面清单类型包括:禁止准入类和限制准入类,适用于各类市场主体基于自愿的初始投资、扩大投资、并购投资等投资经营行为及其他市场进入行为 文件规定负面清单的适用条件包括:涉及人民生命财产安全、政治安全、国土安全、军事安全、经济安全、金融安全、文化安全、社会安全、科技安全、信息安全、生态安全、资源安全、核安全和新型领域安全等国家安全的有关行业、领域、业务等;涉及全国重大生产力布局、战略性资源开发和重大公共利益的有关行业、领域、业务等;依法可以设定行政许可且涉及市场主体投资经营行为的有关行业、领域、业务等;法律、行政法规和国务院决定规定的其他情形等 文件规定的实施步骤为,按照先行先试、逐步推开的原则,从2015年12月1日至2017年12月31日,在部分地区试行市场准入负面清单制度,积累经验、逐步完善,探索形成全国统一的市场准入负面清单及相应的体制机制,从2018年起正式实行全国统一的市场准入负面清单制度

续表

序号	发布(实施)时间	发布单位	名称	内容要点
25	2015 - 10 - 09	国家发改委、能源局、工信部	关于印发《电动汽车充电基础设施发展指南（2015 ~ 2020 年)》的通知	发展指南预测,到 2020 年全国电动汽车保有量将超过 500 万辆,其中电动公交车超过 20 万辆,电动出租车超过 30 万辆,电动环卫、物流等专用车超过 20 万辆,电动公务与私人乘用车超过 430 万辆。2015 年到 2020 年需要新建公交车充换电站 3848 座,出租车充换电站 2462 座,环卫、物流等专用车充电站 2438 座,公务车与私家车用户专用充电桩 430 万个,城市公共充电站 2397 座,分散式公共充电桩 50 万个,城际快充站 842 座
26	2015 - 10 - 10	环保部、公安部、财政部、交通部、商务部	关于全面推进黄标车淘汰工作的通知	通知提出五方面工作内容:(1)强化执法监管;(2)严格报废注销;(3)加强政策引导;(4)严格检验检测;(5)严格报废监管
27	2015 - 10 - 13	工信部	关于印发《车用甲醇燃料加注站建设规范》和《车用甲醇燃料作业安全规范》的通知	为推动甲醇燃料加注站规范化建设,指导和规范甲醇燃料加注作业安全操作,保证甲醇汽车试点工作顺利进行,工信部组织编制了《车用甲醇燃料加注站建设规范》和《车用甲醇燃料作业安全规范》两项技术规范
28	2015 - 11 - 02	财政部、税务总局、科技部	关于完善研究开发费用税前加计扣除政策的通知	通知指出,对于企业开展研发活动中实际发生的研发费用,未形成无形资产计入当期损益的,在按规定据实扣除的基础上,按照本年度实际发生额的 50%,从本年度应纳税所得额中扣除;对于形成无形资产的,按照无形资产成本的 150% 在税前摊销。研发费用的具体范围包括:人员人工费用、直接投入费用、折旧费用、无形资产摊销,及新产品设计费、新工艺规程制定费、新药研制的临床试验费、勘探开发技术的现场试验费等
29	2015 - 11 - 03	交通部、财政部、工信部	关于印发《新能源公交车推广应用考核办法(试行)》的通知	这事《财政部 工业和信息化部 交通运输部关于完善城市公交车成品油价格补助政策 加快新能源汽车推广应用的通知》的配套办法。考核内容包括:新能源公交车比重、上牌时间、运营里程等。通知还规定了考核时间和考核程序

续表

序号	发布(实施)时间	发布单位	名称	内容要点
30	2015 – 11 – 04	能源局	关于印发《电动汽车充电设施标准体系项目表(2015年版)》的通知	该标准体系共计58项标准,涉及基础(2项)、动力电池箱(4项)、充电系统与设备(10项)、充换电接口(11项)、换电系统与设备(4项)、充/换电站及服务网络(11项)、建设与运行(13项)、附加设备(3项)
31	2015 – 11 – 26	税务总局	关于发布《车船税管理规程(试行)》的公告	规程要求,车船税管理应当坚持依法治税原则,按照法定权限与程序,严格执行相关法律法规和税收政策,坚决维护税法的权威性和严肃性,切实保护纳税人合法权益;要根据车船税法和相关法律法规要求,提高税收征管质效,减轻纳税人办税负担,优化纳税服务,加强部门协作,实现信息管税。该规程内容涉及车船税的税源管理、税款征收、减免税和退税管理、风险管理等事项
32	2015 – 12 – 02	工信部	特别公示车辆生产企业(第2批)公告	这是继2013年10月15日发布第一批特别公示车辆生产企业(共48家)以来的第二次发布。本次特别公示的企业包括汽车整车生产企业、专用车生产企业和摩托车生产企业,共计92家 特别公示期从2015年12月1日起,至2017年11月30日止。在此期间,不受理这些企业的《车辆生产企业及产品公告》新产品申报。这些企业经考核符合准入条件的,取消特别公示,恢复受理其新产品申报。特别公示期满后,未申请准入条件考核、考核不合格的企业,将暂停其《车辆生产企业及产品公告》,且不得办理更名、迁址等基本情况变更手续
33	2015 – 12 – 09	工信部	关于印发《锂离子电池行业规范公告管理暂行办法》的通知	这是《锂离子电池行业规范条件》的配套办法。该办法规定,工信部和各省行业主管部门为电池行业规范公告的两级管理部门。其中,各省级行业主管部门负责本地区锂离子电池行业企业申请材料的受理、核实和报送工作,监督检查规范条件执行情况;工信部负责全国锂离子电池行业规范公告管理工作,组织对企业申请材料进行复核、抽检、公示及公告,发布锂离子电池行业规范公告名单并实施动态管理

汽车蓝皮书

续表

序号	发布(实施)时间	发布单位	名称	内容要点
34	2015-12-31	工信部	关于调整《道路机动车辆生产企业及产品准入许可》事项审批流程及技术规范的通知	为了进一步规范行政审批行为,提高审批工作效率,推进简政放权、放管结合,解决目前工作中存在的流程复杂、产品检测多、申报工作量大、企业负担重等问题,该文件对《车辆准入许可》审批流程及技术规范进行了调整。主要的调整包括:(1)调整审批流程,取消产品检测方案审批环节;(2)调整技术规范,取消不必要的产品检测;(3)简化申报材料,建立企业准入申报材料清单等

❖ 皮书起源 ❖

"皮书"起源于十七、十八世纪的英国，主要指官方或社会组织正式发表的重要文件或报告，多以"白皮书"命名。在中国，"皮书"这一概念被社会广泛接受，并被成功运作、发展成为一种全新的出版形态，则源于中国社会科学院社会科学文献出版社。

❖ 皮书定义 ❖

皮书是对中国与世界发展状况和热点问题进行年度监测，以专业的角度、专家的视野和实证研究方法，针对某一领域或区域现状与发展态势展开分析和预测，具备原创性、实证性、专业性、连续性、前沿性、时效性等特点的公开出版物，由一系列权威研究报告组成。

❖ 皮书作者 ❖

皮书系列的作者以中国社会科学院、著名高校、地方社会科学院的研究人员为主，多为国内一流研究机构的权威专家学者，他们的看法和观点代表了学界对中国与世界的现实和未来最高水平的解读与分析。

❖ 皮书荣誉 ❖

皮书系列已成为社会科学文献出版社的著名图书品牌和中国社会科学院的知名学术品牌。2011年，皮书系列正式列入"十二五"国家重点出版规划项目；2012~2015年，重点皮书列入中国社会科学院承担的国家哲学社会科学创新工程项目；2016年，46种院外皮书使用"中国社会科学院创新工程学术出版项目"标识。

中国皮书网

www.pishu.cn

发布皮书研创资讯，传播皮书精彩内容
引领皮书出版潮流，打造皮书服务平台

栏目设置：

☐ 资讯：皮书动态、皮书观点、皮书数据、
　　　　皮书报道、皮书发布、电子期刊

☐ 标准：皮书评价、皮书研究、皮书规范

☐ 服务：最新皮书、皮书书目、重点推荐、在线购书

☐ 链接：皮书数据库、皮书博客、皮书微博、在线书城

☐ 搜索：资讯、图书、研究动态、皮书专家、研创团队

中国皮书网依托皮书系列"权威、前沿、原创"的优质内容资源，通过文字、图片、音频、视频等多种元素，在皮书研创者、使用者之间搭建了一个成果展示、资源共享的互动平台。

自2005年12月正式上线以来，中国皮书网的IP访问量、PV浏览量与日俱增，受到海内外研究者、公务人员、商务人士以及专业读者的广泛关注。

2008年、2011年中国皮书网均在全国新闻出版业网站荣誉评选中获得"最具商业价值网站"称号；2012年，获得"出版业网站百强"称号。

2014年，中国皮书网与皮书数据库实现资源共享，端口合一，将提供更丰富的内容，更全面的服务。

法 律 声 明

　　"皮书系列"（含蓝皮书、绿皮书、黄皮书）之品牌由社会科学文献出版社最早使用并持续至今，现已被中国图书市场所熟知。"皮书系列"的 LOGO（▨）与"经济蓝皮书""社会蓝皮书"均已在中华人民共和国国家工商行政管理总局商标局登记注册。"皮书系列"图书的注册商标专用权及封面设计、版式设计的著作权均为社会科学文献出版社所有。未经社会科学文献出版社书面授权许可，任何使用与"皮书系列"图书注册商标、封面设计、版式设计相同或者近似的文字、图形或其组合的行为均系侵权行为。

　　经作者授权，本书的专有出版权及信息网络传播权为社会科学文献出版社享有。未经社会科学文献出版社书面授权许可，任何就本书内容的复制、发行或以数字形式进行网络传播的行为均系侵权行为。

　　社会科学文献出版社将通过法律途径追究上述侵权行为的法律责任，维护自身合法权益。

　　欢迎社会各界人士对侵犯社会科学文献出版社上述权利的侵权行为进行举报。电话：010-59367121，电子邮箱：fawubu@ssap.cn。

社会科学文献出版社

权威报告·热点资讯·特色资源

皮书数据库
ANNUAL REPORT(YEARBOOK)
DATABASE

当代中国与世界发展高端智库平台

S 子库介绍
ub-Database Introduction

中国经济发展数据库

涵盖宏观经济、农业经济、工业经济、产业经济、财政金融、交通旅游、商业贸易、劳动经济、企业经济、房地产经济、城市经济、区域经济等领域，为用户实时了解经济运行态势、把握经济发展规律、洞察经济走势、做出经济决策提供参考和依据。

中国社会发展数据库

全面整合国内外有关中国社会发展的统计数据、深度分析报告、专家解读和热点资讯构建而成的专业学术数据库。涉及宗教、社会、人口、政治、外交、法律、文化、教育、体育、文学艺术、医药卫生、资源环境等多个领域。

中国行业发展数据库

以中国国民经济行业分类为依据，跟踪分析国民经济各行业市场运行状况和政策导向，提供行业发展最前沿的资讯，为用户投资、从业及各类经济决策提供理论基础和实践指导。内容涵盖农业，能源与矿产业，交通运输业，制造业，金融业，房地产业，租赁和商务服务业，科学研究，环境和公共设施管理，居民服务业，教育，卫生和社会保障，文化、体育和娱乐业等 100 余个行业。

中国区域发展数据库

以特定区域内的经济、社会、文化、法治、资源环境等领域的现状与发展情况进行分析和预测。涵盖中部、西部、东北、西北等地区，长三角、珠三角、黄三角、京津冀、环渤海、合肥经济圈、长株潭城市群、关中天水经济区、海峡经济区等区域经济体和城市圈，北京、上海、浙江、河南、陕西等 34 个省份及中国台湾地区。

中国文化传媒数据库

包括文化事业、文化产业、宗教、群众文化、图书馆事业、博物馆事业、档案事业、语言文字、文学、历史地理、新闻传播、广播电视、出版业、艺术、电影、娱乐等多个子库。

世界经济与国际政治数据库

以皮书系列中涉及世界经济与国际政治的研究成果为基础，全面整合国内外有关世界经济与国际政治的统计数据、深度分析报告、专家解读和热点资讯构建而成的专业学术数据库。包括世界经济、世界政治、世界文化、国际社会、国际关系、国际组织、区域发展、国别发展等多个子库。